지극히 사적인 일본

나리카와 아야 成川彩 지음

지극히 사적인 일본

전 아사히신문 기자가
솔직하게 말하는
요즘 일본

틈새책방

일러두기

일본어 표기는 기본적으로 국립국어원 외래어 맞춤법 기준을 따랐다.
하지만 일부는 저자의 판단에 따라 원어에 가깝게 표기했다.

나는 이 책을 읽으며
'일본'이라는 거대한 이름 너머,
살아 숨 쉬며 생활하는 작고 다양한 일본을
발견하는 기쁨을 누렸다.
일본에서 자라나고 한국에서 살아가는
'나리카와 아야'의 탁월한 이방인으로서의
감각 덕분일 것이다.
밉고도 좋은 나의 이웃 나라.
내 마음속 '일본'의 지도가 이 책을 통해 더욱 풍성해졌다.

— **요조** (뮤지션&작가)

나는 한국에서 10년째 살고 있다. 인생의 약 4분의 1을 한국에서 지낸 것이다.

 돌이켜보면 내가 한국에 오게 된 것은 특별한 경험 덕분이었다. 처음 한국 땅을 밟은 것은 1994년 가족 여행 때였다. 그해 한국의 여름은 엄청 더웠다. 하지만 그보다 더 깊이 새겨진 기억은 여행 중에 김일성 주석이 사망했다는 소식이었다. 나는 김일성이 누구인지 잘 몰랐지만 신문과 뉴스에서 온통 김일성 사망을 주요 이슈로 다루는 것을 보고 뭔가 큰일이 났다는 것을 느꼈다. 그런데 우리 가족에게도 큰일이 일어났다. 오빠가 맹장염에 걸리는 바람에 서울의 한 병원에 입원하게 된 것이다. 한국으로 가족 여행을 왔는데 김일성이 사망하고, 오빠는 맹장염으로 외국의 병원에 입원했다. 내 첫 한국 여행은 도저히 잊을 수 없는 일이 됐다.

엄마는 병원에서 오빠 옆을 지켰고, 나는 간호사 언니들과 놀았다. 오빠가 눕는 바람에 원래 가기로 했던 롯데월드도 못 가게 되어 심심했는데, 간호사 언니들이 이런 내 마음을 알아챘는지 같이 놀아준 것이다. 그때 나는 한국어를 전혀 몰랐다. 하지만 간호사 언니들이 한자를 알고 있어서 필담으로 의사소통을 할 수 있었다. 간호사 언니들과의 대화가 좋은 추억이 된 데다가 음식도 잘 맞았기에 한국은 나에게 좋은 기억으로 남았다. 그때부터 대학생이 되면 한국으로 유학을 가고 싶다는 생각을 어렴풋이 하기 시작했던 것 같다.

나와는 달리 오빠는 한국이 좋지 않은 기억으로 남았던 것 같다. 오빠가 큰가방을 들고 버스 좌석에 앉아 있었는데, 한 노인이 오빠에게 소리를 질렀다. 젊은이가 노약자에게 자리를 양보하는 문화가 있다는 것을 몰랐기에 놀랄 수밖에 없었다. 그때 오빠는 배가 아픈 상태였지만 자리를 양보해야 했다. 일본에서는 절대 경험해 본 적도, 들어본 적도 없는 일이라 좋은 기억이 남을 수 없었다. 여기에 맹장염으로 병원에 입원했고, 세계 어디서나 병원 밥은 맛이 없는 법이니 오빠에게 한국 여행은 최악의 기억으로 남게 됐다. 오빠는 한국에 다시는 가고 싶지 않다고 했다.

나는 대학교 2학년 때 한국에 오게 됐다. 일본에서는 법학부에 들어갔는데 1년 공부를 해 보니 아차 싶었다. 이건 내 길이 아니라는 것을 곧바로 깨달았다. 변호사를 꿈꿨지만 일단 보류. 1년 휴가라고 생각하고 한국으로 떠났다. 그때가 2002년이다. 한일 월드컵이 개최된 해였고, 한국은 아시아 국가 중 처음으로 4강에 올라갔다. 그때의 열기는 잊을 수가 없다. 비슷한 시기에 중학교 여학생 두 명이 미군 장갑차에 깔려 목숨을 잃은 사건이 일어났다. 분노한 국민들이 광화문에 모여 촛불 시위를 벌였다. 연말 대선에서는 노무현 후보가 극적으로 대통령에 당선됐다. 그야말로 '다이내믹 코리아'였다. 일본에서 20년간 살아오면서 그렇게 역동적인 분위기를 경험해 본 적이 없었다. 그런 한국에 반해 버렸다.

그렇게 한국을 경험하고 일본에 돌아간 뒤 〈아사히신문〉에 입사해서 기자가 됐다. 9년간 기자로 활동하다 2017년에 다시 한국에 왔다. 남편에게는 "1년만"이라고 하고 왔는데 어느새 8년이 지나 버렸다. 거의 매달 한국과 일본을 왕래하면서 살고 있다. 일본에서 살면 일본에 대해 생

지극히 사적인 일본

각할 기회가 별로 없지만, 한국에서 지내다 보니 일본에 관한 질문을 자주 받기도 하고, 살면서 일본과 한국의 차이를 발견할 때도 많다. 또한 신문사를 그만두고 한국에 온 후 〈중앙일보〉 칼럼을 비롯해서 한국어로 일본에 대해 글을 쓰는 일도 늘어났다. 글을 쓰기 위해 자료를 찾거나 취재를 하면서 일본에 대해 새로 알게 된 것도 많다. 이런 경험들이 쌓이면서 한국인들에게 일본을 소개하는 책까지 쓰게 됐다.

사실 나 스스로는 '평균적인' 일본인과는 다르다고 생각한다. 일단 나는 간사이(関西) 출신이다. 오사카(大阪)를 중심으로 한 간사이와 도쿄(東京)를 중심으로 한 간토(関東)는 사람의 성향이나 사투리, 음식 문화 등이 많이 다르다. 또한 한국에 오래 살면서 한국적인 사고방식에도 영향을 받았다. 그러다 보니 한국과 일본 사이의 사고방식 차이와 문화적인 차이점을 좀 더 많이 알게 됐다.

한국 친구들은 내가 일본인이라는 사실을 잊고 대하는 경우도 많다. 어떨 때는 내 앞에서 일본에 대한 부정적인 이야기를 하다가 "아, 아야 일본 사람이었지" 하고 미안해하는 친구도 있다. 나는 일본과 나를 동일시하지 않기 때문에 일본에 대해 부정적인 얘기를 들었다고 해서 상처받지는 않는다. 하지만 "일본이 태풍을 막아 줘서 고맙다"는 말을 들었는 때는 화를 냈다. 일본에는 태풍으로 매년 심각한 피해를 입는 사람들이 많다. 그 사람들을 생각하면 참을 수가 없었다.

한국에 많이 적응했지만 지금도 익숙지 않은 몇 가지가 있다. 그중 하나는 한국 친구들이 자꾸 나에게 서운해하는 것이다. 나는 일본에서도 한국에서도 일이 없으면 연락을 하지 않는 편이다. 일본에서는 그걸 가지고 뭐라고 하는 사람이 없지만, 한국에서는 자꾸 "서운하다"는 말을 듣는다. 예를 들어, 목 수술을 받고 나서 몇 달간 목소리가 제대로 안 나왔던 때가 있었다. 그때 전화를 받으면 목소리가 안 좋은 이유를 설명했는데, "왜 수술하는데 연락을 안 했어?"라며 서운해하는 사람이 많았다. 타국에서 혼자 지내는 외국인이 안쓰러워서 나오는 마음 씀씀이일 수는 있지만 나는 그런 얘기를 들을 때마다 미안한 마음이 들었다.

일본 친구에게 이런 이야기를 하려다가 깨달았는데, 일본어에는 한국어의 '서운하다'에 해당하는 말이 없다. 비슷한 말은 있지만 딱 맞는 말은 없다. 곰곰이 생각해 봤는데, 일본인은 서운하다는 감정을 별로 느끼지 않아서인 것 같다. 서운한 감정은 상대방에게 뭔가를 기대했지만 기대가

지극히 사적인 일본

충족되지 못했을 때 느끼는 감정이다. 일본 친구들은 내가 연락할 것을 기대하지 않았기 때문에 서운한 감정도 느끼지 않는 게 아닐까. 내가 수술을 받았다고 이야기했을 때 일본 친구들의 반응은 "지금은 괜찮아?"였다. 내가 수술받은 일을 이야기하지 않았다고 섭섭해한 사람은 한 명도 없었다.

그런데 또 한국에서 오래 지내다 보니 일본 사람과 이야기할 때 답답한 면도 있다. 명확하게 의견을 밝히지 않고 돌려서 말하는 사람이 많아서 정확히 무슨 뜻인지 재차 확인하게 된다. 그럴 때는 내가 성질 급한 사람이 되는 느낌이다.

나는 평균적인 일본인도 아니고, 일본인을 대표하지도 않지만, 그래서 보이는 것들이 있다. 지극히 사적인 관점이지만, 그래도 일본인과 한국인 사이의 근본적인 차이점에 대해서는 이해도가 높다고 생각한다. 한국과 일본은 가까우니 비슷할 것이라고 생각해서 오해가 더 많은 면도 있다. 그 작은 오해가 양국 사이에 큰 갈등의 원인이 될 수도 있다. 이 책을 통해 일본인에 대해 조금 더 이해가 깊어진다면 좋겠다.

2025년 초여름

나리카와 아야

차례

PART I.   일본은 한 나라라는 착각

PART II.   내가 생각하는 일본인

PART VIII.　　　　　　　　한일이 진짜 친구가 되는 방법

PART IX.　　　　　　　　무사의 입맛부터 서민의 입맛까지

일본 전도

PART
I

일본은
한 나라라는
착각

47개 색깔의 나라

"고향은 어디예요?"라는 질문에 나는 "오사카와 고치(高知)"라고 답한다. 오사카에서 태어났지만 초등학교 3학년 때 시코쿠(四国)의 고치로 이사를 갔고, 고등학교를 졸업한 뒤 다시 오사카로 돌아왔다. 감수성이 풍부한 초중고 시기에 넉넉한 자연의 품을 자랑하는 고치에서 지냈기 때문에 고치로부터 받은 영향은 크지만, 부모님은 간사이 사람[아버지는 효고(兵庫), 어머니는 오사카]이라 집에서는 줄곧 간사이 사투리를 썼다.

일본 열도를 이루는 4개의 커다란 섬 중 가장 작은 시코쿠는 그 이름(四国)처럼 4개의 현(県)으로 구성되어 있다. 그중 가장 남쪽에 자리 잡은 곳이 고치현이다. 고치현과

시코쿠 섬은 4개의 현으로 이뤄져 있다.
고치현은 가장 남쪽에 있다.
©Getty Images

북쪽의 3개 현 사이는 시코쿠 산지가 있어 산들을 넘어야만 왕래할 수 있다. 그래서 고치는 '육지의 고도(孤島)'라고 불리며 나머지 3개 현과 다른 독특한 문화가 발달했다. 3개 현의 사투리는 간사이 사투리와 비슷하지만 고치는 전혀 다르다. 고치의 사투리는 도사벤(土佐弁)이라고 하는데 아주 독특하다. 도사는 고치의 옛 지명이다. 동서로 긴 고치는 산을 등지고 넓은 태평양을 향하고 있다. 일본보다 오히려 세계를 향하고 있는 형태다. 나는 고치에 살면서 좁은 시골이 아니라 바다 너머 세계를 품고 자랐던 것 같다.

고치 하면 떠오르는 인물은 사카모토 료마(坂本龍馬, 1836~1867)다. 시바 료타로(司馬遼太郎, 1923~1996)의 소설 《료마가 간다》나 후쿠야마 마사하루(福山雅治)가 주연한 NHK 대하드라마 〈료마전〉 등의 영향도 있어서 가장 인기가 많은 역사적 인물이다. 료마는 사이가 안 좋았던 사쓰마(薩摩)번과 조슈(長州)번이 동맹을 맺게 하고, 에도 막부 타도에 큰 역할을 했으나 본인은 암살당해 메이지 시대를 살아보진 못했다. 그 료마의 동상이 태평양을 바라보며 서 있는 건 우연이 아니다. 넓은 태평양을 보고 자랐기 때문에 일본의 미래에 대한 큰 그림을 그릴 수 있었다는 의미다.

시코쿠(四国)는 '4개의 나라'를 뜻한다. 현재는 가가와(香川), 도쿠시마(德島), 에히메(愛媛), 고치의 4개 현으로 이뤄져 있는데, 에도 시대에는 사누키(讚岐), 아와(阿波), 이요(伊予), 도사라는 지명이었다. 옛 이름의 흔적은 지금도 남아 있다. 한국에도 이름이 알려진 가가와현의 사누키 우동이 대표적이다. 도쿠시마의 여름 춤 축제는 '아와 오도리(踊り)'다. 아와의 춤이라는 뜻이다. 에히메는 감귤 산지인데 '이요칸'이라는 품종이 알려져 있다. 시코쿠뿐 아니라 다른 지역에서도 메이지 시대 이전의 흔적이 많이 남아 있다. 한국에서 보면 일본은 하나의 나라처럼 느껴질 테지만 사실 일본은 중앙 집권화되기 이전의 전통과 사고방식이 여전히 남아 있는 나라다.

초등학생 때 고치로 이사를 간 이유는 부모님의 '귀농'이었다. 지금이야 일본이나 한국에서 흔히 들을 수 있는 말이지만, 30년 전에는 도시에서 시골로 농사를 짓는다며 이사를 가는 사람은 거의 없었다. 특이한 가족이었던 것이다. 아버지는 갑자기 "농사를 짓고 싶다"고 하시더니 내가 초등학교 저학년 때는 방학 때마다 이사 갈 곳을 찾기 위해 캠핑을 하면서 여기저기 가족 여행을 다녔다.

여행지는 일단 오사카보다 서쪽을 향했는데, 일본 열도

초등학교 때 어느 날 갑자기 아버지가
귀농을 하고 싶다고 하셔서 정주하게 된 고치.
©나리카와 아야

에서 가장 밑에 있는 규슈(九州) 최남단 가고시마(鹿児島)현의 남쪽에 있는 섬 야쿠시마(屋久島)까지 갔다. 야쿠시마도 산호초와 열대어가 아름다운 바다와 수령 1000년이 넘는 삼나무 숲이 정말 매력적이었지만, 농사를 짓기엔 적합하지 않다는 이유로 포기했다. 고치는 농사를 짓기에도 좋고 바다와 강, 산도 예쁜 최고의 조건을 가진 곳이었다.

그런데 도시에서 살아온 사람이 농사로 갑자기 먹고살 만한 수입을 얻을 수 있을 리가 없다. 아버지는 오사카에서 했던 대로 작은 학원을 차리고 운영하면서, 닭을 키우고 채소나 과일을 재배했다. 자연에 접하려고 시골로 이사했기 때문에 나는 고치에서 태어난 주변 친구들보다 더 강이나 바다로 쏘다니고, 등산도 하고, 농사일도 도우면서 자랐다. 그래서 나에게 지방은 벗어나고 싶은 시골이 아니라 매력적인 곳으로 기억됐고, 그 덕분에 도쿄를 중심으로 생각하는 사고방식과는 다른 생각을 갖게 됐다. 도시에서만 살아온 사람이나, 시골에서 태어나 자란 사람과는 가치관이 다를 수도 있다. 이런 성장 배경도 나를 평균적인 일본인과는 다르게 만든 요인 중 하나인 것 같다.

일본의 지방은 한국의 지방보다 독립적이다. 한국은 중앙 집권 체제가 구축된 지 오래지만, 일본이 중앙 집권 체

지극히 사적인 일본

제가 마련된 것은 메이지 시대 이후다. 게다가 나라가 길고, 크게 4개 섬으로 나뉘어 있어 국내 이동이 쉽지 않아 수도 도쿄의 영향력은 한국의 서울만큼 크지 않다. 모든 것이 서울로 집중되고 있는 한국과 다른 점 중 하나다. 예를 들어, 일본에는 〈도쿄신문〉, 〈홋카이도신문〉, 〈고베신문〉 같이 존재감이 있는 지방 신문이 적지 않다. 고치의 경우, 〈고치신문〉의 점유율이 88퍼센트에 달한다. 〈아사히신문〉이나 〈요미우리신문〉 같은 전국지를 읽는 사람이 소수다.

몇 년 전 중학교 친구끼리 결혼해서 결혼식에 갔더니 중학교 동창회 같은 분위기였다. 오랜만에 만난 친구가 나에게 무슨 일을 하냐고 묻기에 "신문 기자"라고 했더니 어느 신문사냐고 해서 〈아사히신문〉이라고 말했다. 그러자 그 친구는 "응, 들어 본 적 있어"라고 했다. 나는 약간 당황스러웠다. 한국에서도 〈아사히신문〉을 모르는 사람이 별로 없는데 일본의 지방에서는 "들어 본 적은 있는" 신문사에 불과했던 것이다. 한국에도 지방 신문은 있지만 〈조선일보〉나 〈중앙일보〉를 "들어 본 적 있다"고 말하는 사람은 거의 없을 것이다.

일본에는 47개 도도부현(都道府県)이 있다. '1도 1도 2부 43현'이라고도 한다. 1도(都)는 수도 도쿄도(東京都), 1도(道)

지방 분권적인 일본의 모습을 상징적으로
보여 주는 일본 신문. 지방에서는 중앙지보다
지역지가 존재감이 더 크다.

는 홋카이도(北海道), 2부(府)는 오사카부(大阪府)와 교토부(京都府)다. 오사카는 일본 제2의 도시, 교토는 옛 수도다. 기타 43개 현이 있는데 아직 내가 못 가 본 현을 세어 봤더니 14개 현이다. 언젠가 다 가 보고 싶은데 일본은 국내 교통비가 비싸서 쉽진 않다. 죽기 전에 다 가 보는 게 목표다.

지금과 같은 도도부현의 이름이 붙여진 것은 메이지 시대다. 1871년 '폐번치현(廃藩置県)', 즉 다이묘(大名)가 지배하던 번을 폐지하고 중앙 정부가 지방을 부와 현으로 통제하는 개혁이 있었다. 그때 행정 구역의 이름이 바뀌었는데, 사쓰마번은 가고시마현, 조슈번은 야마구치현이 되는 식이었다. 일본은 중앙 집권화가 된 지 200년이 채 되지 않아 그 영향이 지금까지 남아 있다. 그래서 일본은 생각보다 지역색이 강하고 다른 현에 대한 이질감이 크다.

나는 고향인 오사카와 고치 외에도 〈아사히신문〉에 입사한 뒤 나라(奈良), 도야마(富山), 도쿄에도 살아 봤다. 일본 신문사는 전국에 지사를 두고 기자를 보낸다. 2008년에 입사했을 당시 〈아사히신문〉은 나라시의 나라 총국 외에 3개 지국이 있었고, 나라현에서만 20명이 넘는 기자가 일하고 있었다. 그만큼 지방 취재에 힘쓰고 있었다. 이런 이유로 나라에서 3년, 도야마에서 2년 동안 살았다. 지방

1871년 8월 29일 천황 앞에서 다이묘들에게
'폐번치현'의 칙령을 낭독하는
태정대신 산조 사네토미.
ⓒ세이토쿠 기념 회화관

에서 취재를 하게 되면 그만큼 관심을 가지게 되기 때문에 비교적 짧은 기간에 그 지방에 대해 많이 알게 되는 편이다. 신문사 입장에서 일부러 많은 경비를 지출하며 지방에서 기자 경험을 쌓게 하는 것은 도쿄 같은 대도시에만 있으면 일본이라는 나라 전체를 보기 어려우니 지방에서 바라보는 시선도 깨달아 보라는 의도였던 것 같다. 나는 기자 경험을 통해 그렇게 느꼈다.

〈아사히신문〉에서 퇴사한 뒤로는 주로 한국 문화를 일본에 알리는 일을 하고 있다. 인터넷으로 많은 정보에 접할 수 있는 시대지만 직접 한국에 살면서 사람들과 대화를 나누며 문화에 대해 깊이 이해하려고 하는 자세를 갖고 있다. 신문 기자로 지방을 몸소 경험하면서 터득한 것이다. 살아보지 않으면 모르는 일이 많다.

일본은 작은 나라?

대부분의 일본 사람은 일본이 작은 나라라고 생각하는 것 같다. 아마도 중국이나 러시아, 미국과 같은 대국과 전쟁을 한 경험 때문이 아닐까 싶다. 대국과 싸운 작은 일본이라는 이미지다. 일본 동화의 주인공은 남자아이나 체격이 작은 남자가 많다. 커다란 적에게 용감하게 덤비고 이긴다. 이러한 주인공이 일본을 상징하는 것처럼 보이기도한다. 전쟁 후 급성장한 일본은 미국 다음가는 세계 2위의 경제 대국이 됐으니 이렇게 작은 나라가 경제 대국이 됐다는 자부심도 있었던 것 같다.

2022년에 이어령 전 문화부 장관이 돌아가셨을 때 그의 대표작 중 하나인 《축소지향의 일본인》을 읽었다. 이때 나

일본 동화의 주인공 중 하나인 모모타로.

는 일본 동화의 주인공들이 작다는 것을 처음 알았다. 가장 대표적인 '잇슨보시(一寸法師)'와 '모모타로(桃太郎)'가 그렇다. 물론 그들이 작다는 것은 알고 있었지만, 비교 대상이 없어서 작은 것이 특별한 것인 줄 몰랐다. 이어령 선생의 책을 통해 한국 동화의 주인공들은 작지 않다는 것을 알았다. 모모타로는 내가 유치원에서 연극을 할 때 무대에 올랐던 작품이라 잊을 수가 없다. 그들은 작지만 강하다. 이어령 선생은 "작은 거인들"이라고 썼다. 일본인은 작은 거인을 선호한다는 것이다.

한편 한국 사람은 실제 일본보다 일본을 더 작게 보는 것 같다. 긴 섬나라라 작아 보일지 몰라도 사실 일본은 한국에 비하면 4배 정도 크다. 일본 면적은 약 37만 8,000제곱킬로미터이고 한국 면적은 약 10만 제곱킬로미터다. 유럽과 비교하자면, 면적이 약 35만 8,000제곱킬로미터인 독일보다 조금 더 큰 나라다.

홋카이도만 해도 면적이 약 8만 3,000제곱킬로미터로 한국의 80퍼센트가 넘는 크기다. 그런데 한국 사람들은 홋카이도로 여행을 갈 때 홋카이도 전체를 돌아보려는 계획을 세우는 경우가 있다. 홋카이도를 경상도 정도의 크기로 인식하는 것 같아 다시 생각해 보면 어떻겠냐고 얘기해 주고 싶을 때도 있다.

일본의 두드러지는 지리적 특징은 섬나라라는 것 외에도 정말 길다는 것이다. 한국 사람들은 일본 열도라는 말 때문에 남북으로만 긴 나라로 생각할 수 있는데, 일본은 남북으로 약 3,000킬로미터, 동서로도 약 3,000킬로미터에 걸쳐 있다. 한반도는 남북으로는 약 1,000킬로미터, 동서로는 약 300킬로미터이니 비교해 볼 수 있을 것이다. 가장 북쪽의 홋카이도와 가장 남쪽의 오키나와(沖繩)는 기후가 완전히 다르다. 홋카이도와 오키나와의 기온 차가 40도를 넘는 날도 있을 정도다.

도쿄에서 홋카이도의 중심 도시 삿포로(札幌)까지의 거리는 약 820킬로미터, 도쿄에서 오키나와의 중심 도시 나하(那覇)까지의 거리는 약 1,554킬로미터다. 도쿄에서 서울까지가 약 1,150킬로미터다. 도쿄에서 홋카이도나 오키나와로 가는 것은 외국으로 가는 감각과 비슷하다.

나라가 워낙 동서남북으로 길고 섬나라다 보니 교통비도 비싸다. 도쿄에 본사가 있는 대기업에 취직했지만 지방에서 근무하게 되는 경우도 많다. 내가 결혼했을 때 나와 남편은 둘 다 직장이 오사카였는데, 결혼한 지 1년 반 만에 내가 도쿄 본사로 가게 됐다. 신칸센 차비도 비싸고, 나는 주말에 일하는 날도 많아서, 한 달에 한두 번 내가 오사카로 가거나, 남편이 도쿄에 오는 생활을 했다. 도쿄와 오사카 사이의 거리는 약 400킬로미터다. 신칸센을 타면 약 2시간 30분이 걸리고, 왕복하려면 약 3만 엔(약 30만 원) 정도가 든다. 서울과 부산 사이의 거리는 325킬로미터이고 KTX를 타면 약 2시간 15분, 왕복 비용은 약 12만 원이다. 일본의 교통비가 어느 수준인지 머릿속에 그려질 것이다. 일본은 그만큼 국내 교통비가 비싸다.

나는 〈아사히신문〉을 그만둔 후 한국으로 왔는데, 이때도 도쿄와 오사카를 왕복하는 일이나 오사카와 서울을 오가는 거나 별 차이가 없다고 생각했다. 실제로 교통비나 시간을 비교해도 큰 차이가 없었다. 코로나로 한일 간의 이동이 어려워진 시기를 제외하고 한 달에 한두 번 정도 한국과 일본을 왕복하고 있는데, 내게는 한국을 오가는 일이나 일본 내에서 이동하는 일이나 별 차이가 없기 때문이다.

지극히 사적인 일본

시코쿠와 규슈는 가깝고,
홋카이도는 너무 멀다

일본은 4개의 큰 섬, 홋카이도(北海道), 혼슈(本州), 시코쿠(四國), 규슈(九州), 그리고 1만 4,000개가 넘는 작은 섬으로 돼 있다. 가장 큰 혼슈에는 수도 도쿄와 제2의 도시 오사카가 있다. 면적은 약 22만 7,943제곱킬로미터이고, 일본 전체 면적의 약 60퍼센트를 차지하는 규모다. 인구의 약 80퍼센트가 모여 있다. 크기만 보면 남북한을 합친 한반도와 비슷하다. 그만큼 크다 보니 오사카에서 살면 도쿄보다 북쪽의 도호쿠(東北) 지방 같은 곳에 갈 일이 거의 없다. 아예 같은 섬에서 산다는 연대감도 약하다. 오사카 사람 입장에서는 다른 섬인 시코쿠와 규슈가 더 가깝게 느껴진다.

내가 자란 고치는 시코쿠 섬에 있는데, 4개의 섬 중 여기만 신칸센이 없다. 그래서 특히 시코쿠의 가장 남쪽에 있는 고치는 어디서든 오가기가 쉽지 않다. 시코쿠에도 2037년에 신칸센이 생긴다는 이야기도 있지만, 인구가 줄어들고 있는데 만들 필요가 있는지 의문이다.

고치에 살았을 때도 친척은 대부분 오사카와 효고(兵庫)에 있어서 1년에 1~2회 정도 왕래했다. 철도나 버스도 있지만 고치항과 오사카항을 왕래하는 페리를 타는 경우가 많았다. 차를 가지고 탈 수 있기 때문이다. 저녁에 타서 자고 일어나면 아침에 도착했다. 나는 〈아사히신문〉 입사 후 나라에서 근무했던 3년을 제외하면 줄곧 바다와 가까운 곳에서 살았다. 지금은 일산호수공원 앞에 살고 있는데, 답답하면 가끔 차를 끌고 인천이나 강화도의 바닷가로 간다.

일본은 섬나라이기 때문에 주변이 바다에 둘러싸여 있어서 풍부한 해산물을 먹을 수 있었다. 바다에 둘러싸여 있는 또 하나의 장점은 외국의 침략을 받는 일이 적었다는 것이다. 13세기 원나라가 일본을 공격한 적이 있지만 일본군의 저항과 가미카제(神風)로 불린 폭풍우 때문에 침공은 실패로 끝났다.

유럽에서 보면 일본은 동쪽 끝에 있는 궁금한 섬나라였던 것 같다. 13세기 마르코 폴로는 여행기《동방견문록》

에서 일본을 '황금의 나라 지팡구'로 소개했다. 마르코 폴로는 일본에 온 적이 없지만 아시아를 돌면서 일본에 대한 소문을 들었던 모양이다. 실제로 당시 일본은 금을 많이 산출하는 나라였다. 이 '황금의 나라 지팡구'는 콜럼버스가 대항해를 시작한 원동력이 되기도 했지만, 결국 콜럼버스가 도착한 곳은 일본이 아니라 아메리카 대륙이었다.

일본은 외국이 공격하기 어려운 섬나라였기 때문에 에도 시대에도 오랫동안 쇄국 정책을 유지할 수 있었다. 1639년에 포르투갈 배의 입항을 금지한 후 1854년 미일 화친조약을 맺을 때까지 215년 동안 문을 걸어 잠갔다. 현재도 자국 중심적인 경향이 있는 것은 섬나라이기 때문인 것 같다. 일본 내수 시장만 바라보는 상품 개발 때문에 글로벌 스탠더드와 멀어지고 있다는 비판을 받는 일도 종종 있다. 항상 해외 시장을 겨냥하는 한국과 다른 점이다.

홋카이도와 오키나와는 각각 한 번씩 가 봤다. 또 가고 싶지만 비행기 값이 비싸서 쉽게 갈 수 있는 곳은 아니다. 평생 한 번도 못 가 보는 일본 사람도 적지 않다. 지리적으로도 멀지만 역사적으로도 홋카이도와 오키나와는 특별하다.

홋카이도는 원래 에조치(蝦夷地)라고 불렸고 아이누(アイ

홋카이도 오타루 운하.
오사카 사람에게 홋카이도는 너무 멀다.

ㅈ)족이 사는 곳이었다. 1869년 홋카이도로 지명을 바꾸고 메이지 정부가 본격적으로 개척에 나섰다. 아이누어는 일본어와 전혀 다르다. 지금 홋카이도 사람들이 표준어에 가까운 말을 쓰는 이유는 대부분 개척자로 다른 지역에서 이주한 사람들의 자손이기 때문이다. 아이누족은 현재 1만 3,000명 정도라고 하는데 정확한 숫자는 알 수 없다. 국적은 일본이지만 민족이 다르다.

나는 고등학생 때 후나도 요이치(船戶与一)의 소설《에조치 별건(蝦夷地別件)》을 읽은 적이 있다. 후나도 요이치는 아버지와 개인적으로 친한 작가다. 와세다대학교 탐험부(探検部) 선배이기도 하고, 출판사에서 같이 일한 사이였다. 내가 어렸을 때 우리 집에 놀러 오셔서 만난 적도 있다. 개인적으로 알던 분이 사실 대단한 소설가라는 것을 이 소설을 읽고 알았다.《에조치 별건》은 1789년에 아이누족이 일본 상인들의 횡포에 맞서 봉기한 사건을 모티브로 한 소설이다. 일본이 본격적으로 홋카이도 개척에 나선 것은 메이지 시대였지만 그 전부터 에도 막부가 에조치에 진출하기 시작했고 아이누족은 저항했다. 학교에서는 가르쳐 주지 않는 홋카이도의 역사다. 소설은 여러 등장인물의 시선을 보여 주는데, 아이누족 입장에서 보면 살던 땅이 침략

전통적인 일본 성과는 달리 중국풍인 슈리성.
© Getty Images

당한 것이다. 나에게는 하나로 보였던 일본이 다르게 보이기 시작한 순간이었다. 후나도 요이치 작가는 2000년에 나오키상(直木賞)을 받았다.

한편 오키나와는 류큐(琉球) 왕국이었다. 15세기에 탄생한 류큐 왕국은 슈리(首里)를 수도로 하는 왕국이었다. 지금은 왕궁이었던 슈리성(首里城)이 관광지로 유명하다. 나

지극히 사적인 일본

도 슈리성에 가 봤는데, 일본 내 다른 지역의 성과 전혀 다른 중국풍의 성이었다. 이는 오키나와의 역사와 무관치 않다. 류큐 왕국은 1609년 사쓰마번(薩摩藩)의 침략을 받은 후부터 사쓰마번의 지배를 받았는데, 그러면서도 청나라에 계속 조공을 바쳤다. 이후 메이지 정부는 류큐를 일본에 병합하고는 1879년 오키나와현으로 만들었다.

오키나와의 수난은 계속됐다. 태평양 전쟁 말기 미군이 상륙해서 일본군과 대치하는 과정에서 많은 사람들이 희생을 입었다. 군인이 아닌 민간인만 9만 4,000명이 사망한 어마어마한 피해였다. 전쟁 후 오키나와는 미국에 점령됐고 일본에 반환된 것은 1972년의 일이다.

오키나와는 음식도 일본 음식과 많이 다르다. 내가 2002년에 처음 한국에 유학왔을 때 한국어학당에서 가장 친했던 언니가 오키나와 출신이었다. 그래서 그 언니 집에 가서 자주 오키나와의 신기한 요리를 먹곤 했다. 언니는 도쿄에 있는 대학을 나와서 주로 표준어를 썼지만 가끔 오키나와 말이 나오면 알아들을 수 없었다. 한국 사람들이 제주도 사투리를 들을 때와 비슷한 수준인 것 같다. 제주도 사람들이 한반도 본토를 "육지"라고 하는 것과 비슷하게 오키나와 사람들도 오키나와를 제외한 일본을 "나이치

일본군은 오키나와 주민들을 동굴로 끌고 들어가
방패로 삼았고, 미군은 이를 수색·제압하는 과정에서
민간인 희생이라는 비극과 마주해야 했다.
미 해병대 공식 사진.
ⓒThe National WWII Museum

(内地)" 또는 "야마토(大和)"라고 한다. 마치 오키나와는 일본이 아닌 것처럼 느껴지는 말이다. 오키나와를 보면 제주도를 생각하게 된다. 말이 다른 것도 그렇지만 많은 사람들이 희생된 역사가 4.3 사건을 겪은 제주를 떠올리게 한다. 나한테 오키나와와 제주는 공통점이 많은 곳이다.

현민성県民性과 향토애郷土愛

한국은 각 지역마다 특색이 있다. '경상도 사람은 화끈하고', '전라도는 음식이 맛있고' 하는 지역 고유의 특성 같은 것들 말이다. 일본도 이런 게 있다. 일본은 47개 도도부현(都道府県)이 있는데 각 지역 사람들의 특징을 '현민성'이라고 한다. 역사나 지리, 기후, 환경 등에 따라 현민성이 달라지는데, 나의 고향 오사카와 고치는 현민성이 두드러지는 편이다. 일본 사람들은 기본적으로 현민성에 관심이 많고, 현민성을 소개하는 〈비밀의 현민쇼(秘密のケンミンSHOW)〉라는 TV 프로그램도 인기다. 2007년부터 2025년 현재까지 방송하고 있다.

　현민성이라는 주제로 그렇게 오랫동안 프로그램을 만

47개 지역의 특색을 다루는 일본 TV 프로그램 〈비밀의 현민쇼〉.

들 수 있나 싶지만, 일단 지역이 47개나 있으니 끊임없이 이야기가 나온다. 나도 자각하지 못했던 오사카나 고치의 현민성을 발견하는 일은 재미있다. 예를 들어, 오사카 사람이 어딜 가나 당당하게 오사카 사투리를 쓰는 건 알고 있었지만, 〈비밀의 현민쇼〉를 보니까 길거리에서 오사카 사람에게 표준어로 이야기해 보라고 하면 하나같이 다 표준어를 잘 못한다. 표준어를 안 하는 것이 아니라 못하는 것이다. 나는 고치에도 한국에도 오래 살았고 라디오 출연도 하기 때문에 어느 정도 표준어를 쓰는 편이지만, 그럴 필요가 없으면 기본적으로 오사카 사투리를 쓴다. 방심

하면 오사카 사투리가 나온다. 일본 라디오 청취자와 직접 만났을 때 "라디오에서 표준어로 이야기하니까 이렇게 오사카 사투리를 쓰는 줄 몰랐다"며 놀라는 청취자도 있었다. 사실 라디오 MC도 오사카 출신이라 매번 녹음이 끝나면 서로 오사카 사투리로 이야기한다. 듣는 사람은 신기할 수 있다.

내 기준으로 서일본쪽은 대부분 오사카 사투리와 비슷해서 알아들을 수 있는데, 도호쿠(東北) 지방 사투리는 알아듣기 어렵다. 게다가 도호쿠 사람은 말수가 적다는 이미지가 있다. 동일본 대지진 1년 후 취재를 위해 후쿠시마(福島)에 갔는데, 쓰나미로 집을 잃은 사람들이 거주하는 가설 주택을 방문했다. 당연히 거절당할 거라고 각오했는데 뜻밖에도 가는 곳마다 집에 들어오라고 하고 2~3시간 동안 이야기를 해 줬다. 밥까지 먹고 가라고 하는데, 나는 사실 방사능 오염 우려 때문에 되도록 현지 음식은 피하려고 생각했었다. 그런데 그렇게 따뜻하게 대접해 주는데 거절할 수 없었다.

후쿠시마 사람들의 이야기는 안타까웠다. 주변에 쓰나미로 인해 돌아가신 분들이 워낙 많다 보니 살아남은 입장에서는 자신들의 피해에 대한 이야기를 할 수 없었다고 했

지극히 사적인 일본

다. 세월호 생존자들처럼 후쿠시마 생존자들도 죄의식을 짊어지고 있었다. 그래도 나처럼 멀리서 온 사람에게는 그나마 마음 편하게 털어놓을 수 있다고 했다. 쓰나미로 집을 잃은 것도 아주 큰일인데 사망자들을 생각하면 입이 떨어지지 않았던 것이다. 더 큰 피해를 입은 사람들을 배려하는 마음이 인상적이었다. 나는 도호쿠에 살아본 적은 없지만, 취재로 만난 도호쿠 사람들은 말도 많고 자상한 사람들이었다.

오사카, 고치, 한국 다음으로 내가 오래 살았던 곳은 나라(奈良)다. 〈아사히신문〉 입사 후 3년 동안 살았다. 나는 그전까지 나라는 오사카와 사투리도 거의 비슷하고 현민성도 별 차이가 없는 줄 알았다. 그런데 전혀 아니었다. 가장 눈에 띈 것은 일에 대한 태도랄까. 오사카 사람들은 장사를 열심히 하는데, 나라 사람들은 그렇지 않아 보였다. 나라 사람들의 이런 태도는 '대불상법(大仏商法)'이라고 불린다. 나라의 대표적인 관광지인 도다이지(東大寺)는 커다란 불상, 대불로 유명하다. 그걸 보러 관광객들이 몰려와서 돈을 쓰니 장사를 열심히 할 필요가 없다는 말이다. 나라에서 국제 영화제가 열렸을 때 한국 영화 관계자들은 음식점들이 밤 8시면 문을 닫는다며 아쉬워했다. 그런데 교

관광지로 유명한 나라. 그런데 이곳 사람들은
열심히 일하지 않는 듯한 느낌이 든다.
©Getty Images

토는 나라 이상으로 유명한 절이나 신사가 많아 관광객이 많지만 장사도 열심히 한다. 교토는 손님을 대접하는 '오모테나시(おもてなし)' 문화가 몸에 배어 있는 듯하다.

일본 사람은 출신지를 사랑하는 '향토애'가 강한 편이다. 그런데 한국처럼 지역감정이 정치적으로 작동하는 일은 별로 없다. 단순히 자기 고향을 응원하는 마음이 강하다. 그것이 드러나는 이벤트가 고교 야구 전국 대회다. 특히 '고시엔(甲子園)'이라고 불리는 여름 대회가 인기가 많다. 각 도도부현에서 열리는 지방 대회에서 우승한 팀이 대표로 출장한다. 많은 사람들이 출신지의 학교를 응원하고 프로 야구 이상으로 관심을 가진다. 야구보다는 지역 대결에 집중하는 것 같다. 오사카는 인구도 많고 전통적인 '야구 강국'이라 별로 응원할 마음이 안 생기지만, 고치 학교가 본선 토너먼트에서 상위권으로 올라가면 나도 기분이 좋아진다. 고치 출신 친구들이랑 같이 고시엔에 가서 맥주를 마시면서 응원하기도 한다. 그 지역 사람들에게는 축제 같은 것이다. 고시엔은 최대 4,000개의 학교가 참가했던 대회다. 요즘은 저출산의 영향으로 고등학생 수가 적어져서 약 3,500개 학교가 참가한다. 예선부터 본선까지 한 번이라도 지면 끝이다. 단 한 번도 안 진 학교가 우승하

매년 7월에 열리는 교토 기온 마츠리(祇園祭).
마츠리는 일본 사람들의 향토애를 가장 잘 드러내는 축제다.

는 뜨거운 청춘을 지켜보려고 살인적인 폭염이 기승을 부리는 8월에 4만 7,000석의 고시엔 구장은 만석이 된다. 전국에서 응원하러 달려오는 것이다.

스모의 프로 리그 '오즈모(大相撲)'도 마찬가지다. 오즈모는 선수가 경기를 할 때마다 반드시 어디 출신인지 말한다. 그걸 들으면 같은 고향 선수를 응원하게 된다. 오즈모는 1년에 90일 동안 경기가 진행되는데 2024년은 90일간 전석이 매진됐다. 역사 깊은 전통 격투기 스모가 이만큼 오랫동안 사랑받는 데에는 향토애의 힘이 크다.

향토애가 강한 데에는 여러 가지 이유가 있겠지만, 지역 사회의 연결 고리가 되는 축제, 마츠리(祭り)를 빼놓을 수 없다. 전국 각지에 여러 축제가 있는데, 많은 축제가 절과 신사의 행사다. 대부분 마츠리는 종교적인 의미보다는 지역 행사의 의미가 크다. 지역 주민들은 그냥 놀러가는 것이 아니라 그 전통을 이어 가려고 남녀노소가 힘을 합쳐 행사에 참여한다. 그렇게 마츠리를 통해 자연스럽게 지역의 유대감이 생긴다. 한국에서는 지역 주민들이 참여해서 만들어 내는 축제를 보기 어려운데, 한국에 살면서 아쉬운 점이다.

도쿄는 언제부터 수도였을까

일본의 수도는 도쿄다. 그런데 도쿄가 언제부터 수도였냐고 물으면 잠시 생각하게 된다. 한국 사람은 대부분 '에도 시대'의 수도는 에도(현 도쿄)라고 생각하겠지만, 천황의 궁궐이 있는 곳을 수도라고 한다면 에도 시대의 수도는 교토다.

수도라는 말을 흔히 쓰기 시작한 건 1945년 이후라고 한다. 역사적으로는 '미야코(都)'라는 말을 써왔고 미야코는 천황의 궁궐이 있는 곳을 뜻한다. 현재 천황이 사는 궁궐인 고쿄(皇居)는 도쿄도 지요다구(千代田区)에 있다. 원래 에도성이었던 곳으로 도쿠가와(德川) 장군가가 살던 곳이다. 에도 시대가 끝나고 메이지 시대가 열리면서 천황가가 교토에서 에도로 이사한 것이다. 그 전의 천황가는 1000

지극히 사적인 일본

현재 천황이 살고 있는 고쿄는 도쿄에 위치해 있다.

년 이상 교토에 살았다. 교토에서 천황가가 살았던 곳은 지금은 '교토고쇼(京都御所)'라고 불리는 관광 명소다.

한국은 수도 중심이지만, 일본은 조금 다르다. 도쿄 주변 지역을 간토(関東), 오사카 주변 지역을 간사이(関西)라고 하는데 간사이 사람들은 원래 자기네가 수도였다는 자부심이 어느 정도 있다. 오사카 사람들이 표준어를 안 하는(또는 못하는) 데에는 그런 배경도 있는 것 같다.

수도가 도쿄가 된 다음에도 도쿄보다 오사카의 인구가 많았던 시기도 있었다. 20세기에 들어 러일 전쟁(1904~1905), 제1차 세계 대전(1914~1918)으로 인해 군사 관련 수요가 높아지면서 오사카는 중공업이 발전하여 '동양의 맨체스터'라고 불렸다. 1923년에는 간토 대지진이 일어나 간토에서 간사이로 이사하는 사람도 늘어났다. 1925년의 인구는 도쿄시가 199만 명, 오사카시는 211만 명이었다. 2025년 2월 현재 도쿄도(都) 인구는 1,419만 명(도쿄23구 987만 명), 2025년 4월 오사카부(府) 인구는 876만 명(오사카시 280만 명)이다.

일본은 괜찮은 대학교가 지방에 분산돼 있다. 한국은 수도권에 좋은 대학이 집중돼 있고, 서울에 있는 서울대학교, 고려대학교, 연세대학교가 소위 'SKY'라고 불리며

지극히 사적인 일본

도쿄대학교와 거의 동급인 교토대학교. ⓒGetty Images

톱3 대학으로 손꼽히는 것과는 다른 양상이다. 참고로 한국에서는 일본의 게이오(慶応)대학교와 와세다(早稲田)대학교가 연세대학교와 고려대학교 급의 학교로 알려져 있는 것 같다. 게이오와 와세다가 일본의 대표적인 사립 대학교인 것은 맞다. 그러나 일본에는 도쿄대학교와 거의 동급인 교토대학교가 있고, 지방에 있는 국립 대학교의 수준이 높은 편이다.

예를 들어, 2024년까지 일본 국적의 노벨상 수상자는 총 25명인데, 수상자의 출신 대학교는 학사 졸업 기준으로 도쿄대학교가 9명, 교토대학교가 8명이다. 그 외의 수상자들도 대부분 지방에 있는 국립 대학교 출신자다. 내가 다닌 고베대학교도 노벨상 수상자가 1명 있다. 2012년에 노벨 생리학·의학상을 받은 야마나카 신야(山中伸弥) 교수다.

한국에서 모든 것이 수도권에 집중하는 원인의 하나가 '교육'이라는 것을 생각하면 일본처럼 대학이 분산되어 있는 것이 지방에 활력을 불어넣는 데 어느 정도 도움이 되는 일인 것 같다.

지극히 사적인 일본

8명의 총리를 배출한 야마구치현

2024년 말을 기준으로 지금까지 총리대신을 지낸 사람이 총 65명이다. 그중 가장 많은 총리를 배출한 지역은 야마구치현(山口縣)이다. 1885년 초대 총리대신이 된 이토 히로부미(伊藤博文, 1841~1909)부터 재임 일수 최장 총리가 된 아베 신조(安倍晋三, 1954~2022)까지 8명이다. 인구는 47개 도도부현 중 27위인데, 혼슈 서쪽 끝에 위치해 있는 지리적 특성과 인구를 생각하면 대단히 많은 숫자다. 야마구치현이 총리를 많이 배출한 것은 우연이 아니다. 에도 막부를 무너뜨린 중심 세력이었던 조슈번(長州藩)이 지금의 야마구치현에 해당한다.

에도 막부를 무너뜨리는 데 중요한 역할을 한 인물이 조슈번의 무사이자 사상가이자 교육자였던 요시다 쇼인(吉田松陰, 1830~1859)이다. 요시다 쇼인은 자신이 인수한 사설 학당 쇼카손주쿠(松下村塾)에서 에도 막부를 타도하고 메이지 시대를 이끌어 갈 인재를 다수 가르쳤던 것으로 알려져 있다. 쇼카손주쿠는 2015년 유네스코 세계문화유산에 등재됐다. 쇼카손주쿠에서 배운 그의 제자로는 이토 히로부미, 다카스기 신사쿠(高杉晉作, 1839~1867) 등 유명한 인물들이 많다. 쇼카손주쿠가 있는 야마구치현 하기시(萩市)에는 이들이 태어나서 자란 집과 같은 역사 관련 볼거리가 많다.

나는 tvN의 〈벌거벗은 세계사〉에 출연했을 때 쇼카손주쿠가 소개되는 것을 보고 한번 가 보고 싶다고 생각했었다. 2025년에 하기시에 갈 일이 생겨서 쇼카손주쿠도 가 봤는데 생각보다 꽤 작아서 놀랐다. 그런데 옆에 있는 설명을 보고 더 놀랐다. 여기서 요시다 쇼인이 가르친 기간은 고작 1년이라는 것이다. 1년 만에 역사에 그렇게 큰 영향을 미칠 수 있었을까? 방문해 보면 느낄 수 있겠지만, 하기시는 야마구치현의 중심도 아니고, 멀리서 사람이 몰릴 만한 곳도 아니다. 쇼카손주쿠에서 공부한 쇼인의 제자들은 대부분 가까이에 살았던 사람들이다.

요시다 쇼인이 그렇게 훌륭한 스승이었을까? 의문이 들

지극히 사적인 일본

요시다 쇼인이 인수해 운영했던 사설 학당 쇼카손주쿠.
그의 제자 이토 히로부미(두 번째 줄 오른쪽 끝의 인물)도 보인다.
한국인들에게는 불편한 일이지만,
2015년 유네스코 세계문화유산에 등재됐다.
ⓒ나리카와 아야

기 시작했다. 물론 폭넓은 지식을 가진 요시다 쇼인의 가르침이 컸겠지만, 요시다 쇼인이 30세라는 젊은 나이에 처형당한 일이 제자들에게는 에도 막부를 타도하고 새로운 시대를 만드는 원동력이 된 면도 있는 것 같다.

또 하나 마음에 걸린 것은 쇼카손주쿠가 쇼인 신사 부지 안에 있다는 것이다. 요시다 쇼인을 신으로 모시는 신사다. 메이지 시대에 이토 히로부미 주도로 만들어졌다. 요시다 쇼인은 실제 업적 이상으로 신격화된 게 아닐까 하는 생각도 들었다. 에도 막부를 무너뜨리고 출범한 메이지 정부의 정당성을 강조하기 위해서다.

요시다 쇼인은 쇼카손주쿠의 선생이 되기 전에 어떤 일을 했던 사람일까? 에도 막부가 흔들리기 시작한 결정적인 사건은 1853년 쿠로후네(黑船) 내항이다. 미국의 페리 제독이 이끄는 함선 4척이 에도만(灣)의 우라가(浦賀) 앞바다로 들어와 오랫동안 외국에 빗장을 걸어 잠근 일본에게 개국을 요구한 것이다. 이때 에도에 있었던 요시다 쇼인은 직접 쿠로후네를 목도했고, 선진 문화를 배우기 위해 해외로 나가려고 시도했다가 실패했다. 쇼카손주쿠에서 가르친 것은 이 사건 후의 일이다.

이런 용감한 행동을 한 요시다 쇼인 밑에서 배우고 싶다

지극히 사적인 일본

1853년 미국 페리 제독이 이끄는 쿠로후네를 본 일본인들의
인식을 보여 주는 그림. 1854년에 제작된 목판화로서
작가는 알려지지 않았다.

© Wikipedia

고 온 사람들은 새로운 시대를 만들려는 뜻이 있는 사람들이었을 것이다. 결국 1년밖에 가르칠 수 없었던 것은 요시다 쇼인이 에도 막부의 핵심 인물을 암살하려고 했다는 이유로 처형당했기 때문이다. 요시다 쇼인이 이때 죽지 않았다면 어떤 활약을 했을까 하는 상상도 하면서 한편으로는 스승의 죽음이 제자들에게는 에도 막부 타도에 큰 동기부여가 됐을지도 모르겠다는 생각이 든다.

하기시는 역사 탐방뿐만 아니라 복어가 맛있고 온천까지 있어서 여행하기엔 딱 좋은 곳이다. 야마구치에는 일본에서 유일한 복어 전문 도매 시장이 있어서 전국의 복어가 모인다. 복어 전문점도 많다. 하기시에 간다면 역사 탐방을 한 뒤 복어를 코스로 실컷 먹고 온천을 즐기면 딱 좋다.

한국과 닮은 오사카

복어는 야마구치현에 모이지만, 일본에서 가장 복어를 많이 먹는 곳은 오사카다. 복어를 조리하려면 면허가 필요한데, 오사카에서 복어 조리 면허를 갖고 있는 사람은 무려 11만 명이나 있다. 반면 도쿄는 2만 명 정도다. 원래 복어는 서일본(西日本)에서 많이 먹는 편이다. 일본은 지역마다 음식 문화도 많이 다르다.

내가 일본에서 가장 오래 살았던 곳은 오사카다. 태어나서 초등학교 3학년까지, 대학생부터 〈아사히신문〉 입사까지(그 사이 2년은 한국에 유학했다), 그리고 〈아사히신문〉 재직 중에도 2년 반 동안 오사카 본사에서 근무했다.

이렇게 이야기하면 〈아사히신문〉은 본사가 도쿄에 있는

〈아사히신문〉 오사카 본사.

게 아니냐고 묻는 사람이 많다. 도쿄도 본사지만, 오사카도 본사다. 원래 〈아사히신문〉은 1879년 오사카에서 시작했다. 〈아사히신문〉뿐만 아니다. 〈마이니치신문〉이나 〈산케이신문〉도 오사카에서 시작했다. 신문사들이 오사카에서 시작한 데에는 나름의 역사적 배경이 있다. 에도 시대에는 오사카와 교토를 중심으로 한 가미가타(上方) 문화라는 것이 있었다. 가미(上)는 천황이 살던 교토를 뜻한다. 천황이 있는 곳이니 '무사 중심' 도시 에도보다 문화가 발달하는 게 당연하다. 막부 시대라고 해도 천황의 영향력은 무시할 수 없었다. 여기에 오사카는 상업 도시로 발전하면서 다양한 문화를 꽃피운 곳이다. 문화 도시로서의 전통과 상업 도시로서 변화를 빠르게 수용하는 감각이 있었다. 근대에 오사카에서 신문사들이 태어난 배경이다.

처음 오사카를 방문한 한국 사람은 대부분 "오사카가 이렇게 큰 도시인 줄 몰랐다"고 한다. 신문사뿐만 아니라 오사카에 본사가 있는 대표적인 기업으로는 파나소닉과 샤프가 있다. 모든 것이 수도권에 집중되어 있는 한국과는 다르다.

코로나로 막혔던 하늘길이 열리면서 한국에서 오사카로 놀러 가는 사람이 다시 늘어났는데 도쿄보다 오사카에 친근감을 느낀다고 하는 사람이 많다. 내가 느끼기에도 오사카는 가장 한국과 닮은 도시인 것 같다. 일단 에스컬레이터를 탈 때 오사카는 한국과 마찬가지로 오른쪽에 서는데 도쿄는 왼쪽에 선다. 나는 도쿄에 도착하여 에스컬레이터를 타면서 '아, 일본에 왔구나' 하고 실감한다. 그런데 오사카에 도착하면 그냥 한국에 있는 것처럼 느껴진다.

오사카와 한국이 닮았다고 생각하는 것 중 하나는 사람들 사이에 벽이 없다는 점이다. 물론 개인차가 있고 비교적 그렇다는 것이지만, 모르는 사람에게 말을 거는 사람이 많은 편이다. 마트에서 장을 보는데 갑자기 옆에서 모르는 아줌마가 "이게 더 싸" 하며 반말로 말을 거는 건 오사카에선 흔한 일이다. 이런 일은 도쿄에선 경험해 본 적이 없다. 마트 직원도 아니고 내가 무엇을 얼마에 사든 무슨 상관인가. 그래도 알려 주고 싶은 것이다. 한국식으로 표현한다면 오지랖이 넓다. 오사카에는 이렇게 오지랖이 넓은 사람이 많다. 아마도 한국 관광객이 길을 물어보면 오사카 사람들이 도쿄 사람들보다 적극적으로 대답해 줄 확률이 훨씬 높다. 오사카 사람은 모르는 사람과 대화를 나누는 데 거부감이 없는 편이다.

〈아사히신문〉 오사카 본사에 근무하는 기자들 중 오사

카 출신은 일부다. 대부분은 다른 지역 출신이다. 그래서 다른 지역 출신 기자들이 보는 오사카 사람들의 특징을 들을 기회가 많았다. 일단 다른 지역보다 인터뷰에 응해 주는 시민이 많다. 사건 현장 근처에서 취재를 한다고 해 보자. 오사카에서는 초인종을 누르면 나와서 이야기해 주는 사람이 많은 편이다. 기자 입장에선 고마운 일이다. 그런데 조심할 점도 있다. 말은 많이 해 주지만 반드시 팩트 체크를 해야 한다. 근거 없는 이야기를 전하는 경우도 적지 않다. 이걸 상징하는 말이 '시랑케도(しらんけど)'다. '잘 모르지만'이라는 뜻인데, 오사카 사람들은 이야기를 할 때 마지막에 "시랑케도"라고 덧붙이는 버릇이 있다. 생각해 보니 나도 가끔 무의식적으로 쓰는 것 같다.

'시랑케도'는 오사카에서 일상적으로 쓰는 말이다. 2022년에는 유행어 대상 10위권에 들어갔다. 일본에서는 매년 연말에 그해 유행한 말을 발표하는데, 나는 2022년에 거의 한국에만 있었기에 시랑케도가 전국적으로 유행하고 있다는 사실을 몰랐다. 개그맨들이 방송에서 쓰면서 퍼진 듯하다. 시랑케도는 이런 식으로 쓴다. 100퍼센트 확신은 없지만 대충 그런 것 같다는 이야기를 하고서는 "시랑케도"를 덧붙인다. '아닐 수도 있지만 뭐 어때?'라는 느낌.

그래서 오사카 사람이 하는 말을 곧이곧대로 다 믿으면 안 된다.

오사카 출신 개그맨이 많은 것은 잘 알려진 사실이다. 오사카 사람들은 농담을 잘하고 웃기는 이야기를 선호하는 편이다. 일본에서는 '웃음의 성지'라고도 불릴 정도다. 오사카 사람끼리 이야기하면 '웃겨야 한다'는 강박을 느낄 때도 있다. 나는 웃긴 이야기를 듣는 건 좋은데, 웃겨야 하는 분위기는 약간 피곤할 때도 있다.

처음 만난 사람과 거부감 없이 이야기하고, 말이 많고, 웃긴 이야기를 선호하는 이런 오사카 사람의 성향은 아마 상업 도시로 발전해 온 것과 상관이 있는 것 같다. 장사를 잘하려면 말을 잘해야 하기 때문이다.

오사카에 살면서 오사카가 상업 도시라는 사실을 별로 의식해 본 적이 없었다. 그런데 오사카 옆의 나라(奈良)에서 지내면서 그 차이를 느꼈다. 나라에서는 식당에서 음식을 주문하면 손님이 많지도 않은데 음식이 나올 때까지 시간이 오래 걸릴 때가 많다. 나는 대학생 시절 오사카 음식점에서 아르바이트를 했었는데 기본적으로 '회전율'을 의식하면서 일했다. 빨리 먹게 하고 내보내야 다음 손님을 받을 수 있기 때문에 주문이 들어오면 되도록 빨리 제공했

지극히 사적인 일본

다. 기다리는 손님이 있으면 "○○명 기다리고 계십니다"라고 외쳤다. 이는 종업원끼리 정보를 공유하는 척하면서 손님들한테 먹으면 빨리 나가라고 은근히 재촉하는 것이다. '시간은 돈이다'라는 말처럼 회전율을 높이는 노력을 하는 게 상식이라고 생각했는데, 나라에선 별다른 이유 없이 천천히 음식을 제공하는 걸 보고 문화 충격을 받았다. '빨리빨리' 문화에 익숙한 한국 사람들은 나라의 식당에 가면 답답함을 느낄 수도 있다.

한국 사람들이 오사카로 많이 가는 이유 중 하나는 음식 때문인 듯하다. 오사카에는 비교적 저렴하면서 맛있는 가게가 많은 편이다. 오사카에서 유명한 음식은 오코노미야키나 다코야키, 구시카츠 같은 서민적인 음식이 많다. 도쿄에도 비싸고 맛있는 가게는 많지만 저렴하면서 맛있는 가게는 오사카가 훨씬 많은 것 같다. 이것도 상업 도시의 특징이 아닐까 싶다. 가성비가 중요한 것이다.

오사카는 에도 시대 때 '천하의 부엌'이라고 불렸다. 물류의 중심지로 전국에서 온갖 음식과 물건이 오사카로 모여서 다시 전국으로 뿌려졌다. 상징적인 장소로 '구로몬 시장(黑門市場)'을 들 수 있다. 수상 시장으로 발전했기에 부근에는 스시 식당을 비롯해 맛집이 많다. 개장한 지 200주년을 맞이한 2023년 봄에 한번 가 봤는데 손님의 반은 외국 사람으로 보였다. 해산물부터 야채, 과일, 육류, 과자 등 다양한 음식 가게들이 줄지어 들어서 있고, 사서 그 자리에서 바로 먹을 수 있는 곳도 많았다. 외국인 관광객이 늘어나면서 가격대가 올랐지만 '천하의 부엌' 분위기를 느끼기엔 좋다.

그 밖에 오사카의 대표적인 관광지로는 오사카성(大阪城)과 도톤보리(道頓堀)가 있다. 나는 대학원생 시절 오사카성에서 아르바이트를 했다. 한국에 유학한 다음 한국어를 살릴 수 있는 아르바이트를 찾다가 오사카성에서 일하게 된 것이다. 한국 관광객을 위해 한국어로 방송하거나 한국어로 질문에 답하는 일이었다. 거기서 "풍신수길 싫어"라고 말하면서 오사카성에 들어가는 한국 관광객을 여러 번 봤다. 나는 그때까지 한국에서 도요토미 히데요시(豊臣秀吉, 1537~1598)를 풍신수길이라고 부르는 것도 몰랐고 한국에서 임진왜란이 얼마나 큰 영향을 끼쳤는지도 잘 몰랐다.

오사카성은 도요토미 히데요시가 만든 성이다. 오사카성 내부는 박물관으로 돼 있고 오사카성과 히데요시에 관한 전시를 볼 수 있다. 그중 내가 인상 깊었던 것은 '황금 다실'이다. 이름 그대로 금색으로 된 다실(茶室)로 히데요

지극히 사적인 일본

내가 대학원생 때 아르바이트를 했던 오사카성.

오사카는 문화 도시로서의 전통과
상업 도시로서의 감각이 살아 있다.
©Getty Images

시의 권력을 과시하는 상징이었다. 다도(茶道)의 정신과 금색의 화려함은 어울리지 않지만, 임진왜란을 일으킨 욕심 많은 히데요시의 이미지와 잘 어울리는 것 같다.

화려함을 선호하는 것도 오사카의 특징 중 하나다. 국내외 관광객들이 많이 찾는 도톤보리는 크고 다양한 색깔의 간판들로 알려져 있다. 이 풍경을 보고 "한국 같다"고 말하는 사람도 있다. 큰 복어 모형 간판도 도톤보리의 상징이다. 이 또한 일단 간판이 눈에 띄어야 한다고 생각하는 장사꾼의 발상인 것 같다.

오사카 사람들이 화려한 것을 선호한다는 이미지의 대표적인 예로는 오사카 아줌마들이 즐겨 입는다는 '표범 무늬'가 있다. '모피보다 싸지만 비싸 보인다'는 이유로 많이 입는다고 하는데 이 또한 가성비를 중요하게 생각하는 오사카답다는 생각이 든다. 오사카 사람들의 이런 특징이 한국과 닮았다고 하면 실례일지도 모르겠다. 하지만 나는 오사카 사람으로서 이런 오사카 사람들이 친근하고 사랑스럽다.

라틴계 같은 고치 사람

내게 또 하나의 고향은 고치다. '잘 웃는다'는 말을 많이 듣는데, 고치에서 자랐기 때문일 수도 있다. 어떤 한국 친구가 "일본 여성들이 이렇게 잘 웃는 줄 몰랐다"고 해서 깨달았다. 친구가 만난 일본 여성들은 모두 고치 출신인 내 친구들이었기 때문이다. 확실히 고치 여성들은 잘 웃는 것 같다. 그것도 입을 크게 벌리고 큰 소리로, 가끔 옆 사람을 때리기도 하면서 아주 즐겁게 웃는다.

고치 여성을 '하치킨(はちきん)'이라고 부른다. 하치는 숫자 '8', 킨은 '킨타마(きんたま)'의 줄임말이다. 킨타마는… '불알'이다. 불알이 8개. 고치 여성은 남성보다 힘이 네 배 세다는 뜻이다. 기가 세고 일을 열심히 잘한다. 한국 사람

지극히 사적인 일본

들이 상상하는 얌전한 일본 여성과는 거리가 멀다.

여성뿐만이 아니다. 고치 사람은 '라틴계' 같다는 말을 듣는다. 대체로 노래나 춤을 좋아하고 술을 잘 마신다. 한마디로 밝다. 고치 사람들이 왜 밝은 성격인지 생각해 봤는데, 역시 날씨의 영향을 빼놓을 수 없을 것 같다. 햇빛이 쏟아지는 곳이라 식물들이 생명력을 마음껏 뽐낸다. 고치에 도착해서 풍경을 둘러보면 진한 초록색이 넘친다는 느낌을 받는다. 그래서 야채도 맛있다. 특히 토마토는 최고다. 새빨갛고 정말 맛있다. 태양을 먹는 것 같은 기분이 든다. 토마토를 싫어하는 사람은 고치의 토마토를 안 먹어 봤기 때문이라고 생각한다.

고치 사람은 저축을 별로 안 하는 편이다. 돈이 생기면 마시고 노는 데 써 버린다. 평균 저축액은 전국에서 늘 하위권이다. 그래도 "뭐 어때?" 하며 살 수 있는 곳이다. 굶어죽을 일이 없는 동네다. 산에서 나물을 캐고 바다에서 해산물을 잡으면 된다. 겨울도 별로 춥지 않다.

나는 겨울이면 눈으로 덮이는 도야마에서 지내면서 이지방 사람들이 부지런한 이유를 알았다. 따뜻할 때 열심히일해서 벌어 놓지 않으면 눈에 파묻히는 추운 겨울에 살아남을 수가 없다. 도야마는 평균 저축액이 상위권이다. 고치가 저축액이 낮아도 살 만한 곳이라는 의미일 것이다.

고치의 1인당 술 소비량은 전국 2위다. 1위는 도쿄다. 도쿄 사람들이 많이 마셔서가 아니라 수도권 사람들이 도쿄에서 술을 마셔서 나온 결과인 것 같다. 도쿄 사람들이 특별이 술을 많이 마신다는 느낌은 받지 못했다. 실질적으로는 고치가 1위가 아닐까 한다.

음주 문화도 다르다. '겐파이(献杯)'와 '헨파이(返杯)'는 한국 사람에게도 완전히 낯설지 않을 음주 문화다. 술잔을 채워 연장자에게 주는 것을 겐파이, 연장자가 받은 잔을 단번에 '원 샷'을 한 뒤 잔을 다시 돌려주는 것을 헨파이라고 한다. 그러면 다시 잔에 술을 따라 겐파이를 한다. 그러다 보면 많이 마실 수밖에 없다. 코로나19가 유행했을 때는 고치현에서 겐파이와 헨파이를 자제해 달라고 공지를 올렸다. 같은 잔으로 여러 사람이 술을 마시면 감염이 확산될 위험이 컸기 때문이다.

'베쿠하이(べく杯)'라는 술자리 게임도 있다. 팽이를 돌려 쓰러진 방향에 걸린 사람은 베쿠하이용으로 만들어진 특별한 술잔으로 술을 마셔야 한다. 텐구 가면이나 효토코 가면 모양의 술잔은 바닥면이 뾰족해서 술을 다 마시기 전에는 내려놓을 수가 없다.

지극히 사적인 일본

'기쿠노하나(菊の花)'라는 놀이도 있다. 술자리 인원에 맞춰 술잔을 뒤집어 놓고 국화꽃 한 송이를 그중 하나에 숨겨 놓는다. 그러고는 한 사람씩 술잔을 뒤집는데 국화가 나온 사람은 그때까지 뒤집어 놓은 술잔에 술을 따라 마셔야 한다. 어떻게든 마시게 하겠다는 의지가 충만한 음주 문화들이다.

또 있다. 고치현 아카오카초(赤岡町)에서는 매년 4월에 '도로메 마츠리(どろめ祭り)'라는 술 축제가 열린다. 이 축제의 백미는 일본주 빨리 마시기 대회다. 남성은 한 되(1.8리터), 여성은 반 되(0.9리터)의 사케를 단번에 마시는데 얼마나 빨리 마시는지뿐만 아니라 그 먹는 모습까지 점수를 매기고 종합 점수로 경쟁한다. 술잔도 독특하다. 얼굴을 가리는 큰 대접 같은 직경 30센티미터짜리 잔으로 물 마시듯 술을 들이켜는 참가자들의 모습이 압권이다. 하여튼 술꾼들의 천국이다.

고치의 최대 축제는 '요사코이 마츠리(よさこい祭り)'다. 덥디 더운 8월에 이틀 동안, 말 그대로 아침부터 저녁까지 춤을 추며 거리를 누빈다. 전야제와 후야제까지 합치면 4일 동안 이어진다. 전통적인 일본 춤은 잔잔한 이미지가 있는데 요사코이 춤은 격하다. 음악을 크게 틀어 놓고 손에 나루

술꾼 천국인 고치에서 매년 열리는 '일본주 빨리 마시기 대회'.
ⓒVisit Kochi Japan

고등학교 1학년 때 요사코이 마츠리에 참가했던 나. ⓒ나리카와 아야

코(鳴子)라는 소리가 나는 도구를 들고 힘차게 춤춘다.

이 축제는 1954년에 시작해서 현재는 약 190팀 2만 명 정도가 참가한다. 고치시 인구가 32만 명인데 고령화로 노인이 많은 것을 감안하면 젊은 사람들이 얼마나 많이 참가하는지 알 수 있다. 나도 고1 때 참가했다. 체력에 자신이 있는 편이었지만, 한 달 동안 거의 매일 연습하고, 뜨거운 햇빛 아래서 이틀 동안 춤을 추고 나니 완전히 방전되어 버렸다. 잊을 수 없는 청춘의 추억이긴 하지만 다시는 나가지 않겠다고 다짐했다. 그런데 지금까지도 매년 참가하는 친구들이 적지 않다. 춤에 미친 사람들 같다.

나는 이런 곳에서 고등학교를 졸업할 때까지 약 10년을 보냈다. 고치로 이주하기로 결심한 아버지에게 진심으로 감사드리는 일이다.

애니메이션과 드라마로
인기 관광지가 된 고치

고치는 산림 면적이 전체 면적의 84퍼센트를 차지한다. 비율로는 전국에서 가장 높다. 농업이나 임업, 어업 같은 1차 산업에 종사하는 비율은 전국에서 두 번째로 높다. 어떻게 보면 아무것도 없는 그냥 시골이다. 그런데 오히려 그런 점을 잘 살려 홍보해서 관광지로 인기가 많다.

　우리 가족은 농사를 목적으로 이주했기 때문에 땅을 빌려서 농원을 만들었다. 그 농원이 니요도(仁淀) 강 가까이에 있었다. 그래서 초중학생 시절 주말에는 농원에서 일하고 니요도 강에서 자주 놀았다. 국토교통성의 조사에 따르면, 니요도 강은 일본의 1급 하천 중 가장 수질이 깨끗하다. 내가 고치에 살던 당시에는 그다지 전국에서 주목받는

'니요도 블루'로 유명한 니코부치.

강은 아니었지만, 언젠가부터 '니요도 블루'라고 불리면서 전국에서 관광객들이 찾는 명소가 됐다. '니요도 블루'라는 말은 니요도 강을 오랫동안 찍어온 어떤 사진작가가 쓰기 시작했다고 하는데, 그 상징적인 장소가 니요도 강 상류에 있는 '니코부치(にこ淵)'라고 불리는 곳이다.

2023년 한국 친구와 함께 니코부치에 가 봤다. 작은 폭포가 흘러내리는 곳인데, 정말 코발트블루로 채워진 아름다운 풍경이었다. 산속인데 많은 사람들이 찾아왔다. 니코부치에 가는 길은 내가 고치에 살던 당시 집에서 농원으로 가는 길이었다. 렌터카로 달리면서 어렸을 때 일상적으로 봤던 모습이 새삼 멋진 풍경이었다는 사실을 확인했다.

니요도 강이 전국적으로 주목받게 된 데에는 호소다 마모루(細田守) 감독의 애니메이션 영화 〈용과 주근깨 공주〉(2021)의 영향도 크다. 이 영화에 니요도 강이 등장했다. 일본은 애니메이션 성지 순례를 하는 사람이 많다. 특히 호소다 감독 작품이나 한국에서도 인기가 많은 신카이 마코토(新海誠) 감독의 작품은 어디가 배경인지를 확실히 알 수 있게 풍경을 그리기 때문에 애니메이션 장면과 실제 풍경을 비교하면서 다니는 재미가 있다.

〈용과 주근깨 공주〉를 통해 유명해진 풍경 중 하나는 니

지극히 사적인 일본

고치의 풍경을 알린 애니메이션 〈용과 주근깨 공주〉.

요도 강의 침하교(沈下橋)다. 다른 지방에도 침하교가 있지
만 고치에는 특별히 많다. 니요도 강에도 여러 개 있다. 한
강의 잠수교처럼 비가 많이 와서 강물이 넘쳤을 때 아예 침
수되게끔 만든 다리다. 침하교에는 난간이 없어서 처음 고
치에 이주했을 때 건너기가 무서웠는데 얼마 지나지 않아

내 고향 고치에 있는 니요도 강 침하교.
©나리카와 아야

최고의 놀이터가 됐다. 침하교에서 강에 다이빙하는 것이
다. 지금도 침하교를 보면 다이빙하고 싶어진다. 그렇게 놀
았던 어린 시절 놀이터가 관광지가 될 줄은 꿈에도 몰랐다.

침하교처럼 단순한 다리도 없다. 단순하면서 합리적이
다. 고치는 매년 강물이 넘치는 곳이다. 고치의 연간 강수

지극히 사적인 일본

량은 전국 1위다. 1991년부터 2020년까지 평균 강수량은 2,666밀리미터, 일본의 전국 평균 1,661밀리미터를 크게 웃도는 수치다. 참고로 서울의 같은 기간 평균 강수량은 1,417밀리미터로 일본 평균보다 적다. 일본어로 '양동이를 뒤집은 것처럼 비가 온다'라는 표현이 있는데 고치에서는 정말 그렇게 느낄 정도 쏟아진다. 하늘에 이렇게 많은 물이 있을 수 있나 싶다. 내 기억으로는 침하교가 잠기지 않았던 해는 없었다. 침하교는 물에 저항하지 않는다. 난간이 있으면 다리가 잠겼을 때 저항이 생겨 다리가 떠내려갈 수도 있다. 그렇지 않더라도 호우로 인해 흘러오는 나무나 쓰레기가 난간에 걸린다. 큰비가 오면 잠기지만 며칠만 기다리면 다시 수면 위로 무사히 얼굴을 내미는 침하교가 합리적이다. 그렇게 돈을 안 쓰고, 안 쓰기 위해 만든 다리가 애니메이션 덕분에 관광지가 됐다.

사실 내가 다녔던 고등학교도 애니메이션에 나온 걸로 유명하다. 고치의 중심에 위치한 고치오테마에(高知追手前) 고등학교라는 곳인데 시계탑이 눈에 띈다. 유형 문화재로 등록돼 있는 멋진 건물이다. 스튜디오 지브리(スタジオジブリ)의 작품 〈바다가 들린다〉(1993)에 등장했다.

애니메이션을 통해 지방이 알려지는 효과도 크지만,

NHK 대하드라마와 아침 드라마의 영향력도 크다. 대하드라마는 1년 동안, 아침 드라마는 6개월씩 방영된다. 촬영지가 되면 많은 관광객들이 찾아온다.

최근 몇 년 사이에 고치는 두 번이나 NHK 아침 드라마의 무대가 됐다. 아침 드라마는 평일 아침 15분씩 총 156회 정도 방영된다. 고치는 2023년과 2025년에 아침 드라마에 등장했는데 이례적인 일이다. 도도부현 47개 중에 이렇게 짧은 기간에 두 번이나 선택되는 일은 거의 없다.

2023년에 방영된 아침 드라마 〈란만(らんまん)〉의 주인공은 식물학자 마키노 도미타로(牧野富太郎, 1862~1957)였다. 마키노의 출신지 고치현 사카와쵸(佐川町)가 촬영지가 되고 주목받았다. 직접 방문해 보면 마키노가 사카와에서 지냈던 에도 말기부터 메이지 초기의 풍경이 지금도 남아 있다는 것을 확인할 수 있다. 그대로 촬영지로 쓸 만하다. 단지 문화재로 남아 있는 것이 아니라 생활과 함께 남아 있다.

그 중심에 있는 건 양조장이다. 사카와에는 옛날부터 사케를 만드는 양조장이 많았는데, 대표적인 양조장 '츠카사보탄(司牡丹)'은 400년 이상의 전통을 이어 오고 있다. 사케가 맛있다는 건 물이 맛있다는 것이다. 츠카사보탄 양조장 건물만 여러 개가 있고 대부분 메이지 이전에 만들어진 건물들이다.

2023년에 갔을 때는 사전에 신청해서 현지 안내원에게 해설을 부탁했다. 츠카사보탄을 운영하는 다케무라가(竹村家) 주택은 중요 문화재로 지정되어 있어서 원래는 밖에서만 볼 수 있는데 안내원 할아버지가 집주인에게 부탁해서 특별히 안에 들어갈 수 있게 해 줬다. 점포 쪽은 1780년쯤, 객실 쪽은 1838년에 건축되어 도쿠가와 막부의 높은 사람이 오면 숙박했다고 한다. 밖에서는 알 수 없지만 안쪽의 장식들은 아주 화려했다. 이처럼 일본은 역사가 깊은 건물들이 지방 곳곳에 남아 있고 드라마나 영화에 쓰이는 경우도 많다.

2025년에 방영된 아침 드라마 〈앙팡(あんぱん)〉도 고치가 무대다. 만화 〈앙팡맨(アンパンマン)〉의 원작자 야나세 다카시(やなせたかし, 1919~2013)와 그의 아내를 모델로 한 드라마다. 앙팡은 단팥빵인데 한국에서는 단팥빵맨이 아닌 〈호빵맨〉이라는 제목으로 알려져 있다. 야나세가 성장한 곳인 고치는 앙팡맨의 동네이기도 하다. 아이들이 좋아하는 앙팡맨뮤지엄도 있고, 고치를 달리는 JR 열차는 앙팡맨이 그려진 앙팡맨 열차다.

그런데 고치가 인기 관광지가 된 가장 큰 계기는 뭐니

뭐니 해도 사카모토 료마(坂本龍馬)다. 고치라고 하면 료마를 떠올리는 사람이 많다. 고치공항도 2003년부터 '고치 료마공항'이라고 불린다.

료마는 사실 역사 교과서에서 언급되는 분량은 얼마 안 된다. 앞에서 언급했듯이 료마는 사쓰마(薩摩)번과 조슈(長州)번이 동맹을 맺게 함으로써 에도 막부를 무너뜨리고 메이지 유신에 기여했지만 31세의 젊은 나이에 암살당했다. 메이지 시대를 살았다면 어떤 활약을 했을지 궁금하긴 하다. 가장 좋아하는 역사 인물이 료마라고 답하는 일본인이 많은 건 인기 작품들의 영향도 크다.

태평양을 바라보며 서 있는 료마 동상. ⓒ나리카와 아야

지극히 사적인 일본

하나는 시바 료타로(司馬遼太郎)의 소설 《료마가 간다》
다. 시바는 일본에서 가장 인기 있는 역사 소설가로 그중
에서도 《료마가 간다》는 그의 대표작이다. 〈산케이신문〉
에서 1962~66년까지 연재된 후 베스트셀러가 됐다. 총 8
권으로 2,500만 부가 팔렸다고 한다. 드라마로 여러 번 만
들어지기도 했다.

오사카에 있는 시바 료타로 기념관에도 여러 번 갔는데
시바의 자택 부지에 건축가 안도 다다오(安藤忠雄)가 설계
한 건물이다. 시바의 장서 2만 권과 저서가 높이 11미터의
책장에 전시돼 있다. 보기만 해도 압도당한다. 실제로 꺼
내서 읽기엔 불편하지만 그만큼 시바가 많은 책을 읽고 집
필했다는 것을 안도가 표현한 것 같다.

또 하나는 NHK 대하드라마 〈료마전〉(2010)이다. 인기 가
수 후쿠야마 마사하루(福山雅治)가 주인공 사카모토 료마를
연기해 시청률 24.4퍼센트를 기록했다. 그해 드라마로는
최고 시청률이었다. 이 드라마를 통해 고치성(高知城)이나
가쓰라하마(桂浜) 등 고치의 촬영지가 주목받으면서 관광
객이 확 늘어나는 계기가 됐다.

도쿄에서
시골 동네 고치로
이사한 디자이너

나는 2017년에 〈아사히신문〉을 퇴사한 후 한국 대학원에서 공부하면서 프리랜서로 일하기 시작했다. 글을 쓰는 일을 비롯해 강연, 방송 출연, 통번역 등 다양한 일을 하고 있는데 지인이 "어떤 일을 하는지 한눈에 알 수 있는 개인 웹사이트를 만드는 것이 좋겠다"고 조언해 줬다. 바로 웹사이트를 만드는 일을 하는 고등학교 때 친구가 떠올랐다. 도야마 료코(遠山亮子) 씨는 고치 출신이지만 대학교 때부터 도쿄에서 살다가 내가 〈아사히신문〉을 그만둘 때쯤 결혼하고 고치로 이사했다. 친구의 남편 나가누마 데쓰로(長沼鉄朗) 씨는 도쿄에서 태어나서 자란 사람이다.

친구 부부가 고치에서 운영하는 디자인 회사 'DanceDanceDesign'에서 만들어 준 웹사이트는 내 기대를 훨씬 뛰어넘은 멋진 웹사이트가 됐다. 주변에서 많은 칭찬을 받고 소개해 달라는 연락도 많이 받았다. 솔직히 이렇게 수준 높은 디자인 회사가 고치에 있다는 게 신기했다. 일본에서는 도시에서 시골로 이주하는

지극히 사적인 일본

젊은 사람들이 늘어나고 있는데 친구 부부는 도쿄에서 고치로 이주했다. 궁금함에 인터뷰를 요청했다.

친구 부부가 제작해 준 나의 홈페이지.

Q. 둘 다 도쿄에서 직장을 다니고 있었는데, 어떻게 고치에 이주하게 됐어요?

나가누마 오래전부터 도쿄에서 벗어나고 싶었어요. 도쿄에 있을 땐 스트레스가 많았어요. 사람도 많고 공기도 안 좋고. 할아버지가 돼도 디자인 일을 계속하고 싶은데 그러려면 건강해야 하잖아요. 도쿄에 계속 있으면 지쳐요. 옛날부터 도쿄 출신이 아닌 사람이랑 결혼해서 도쿄를 떠나고 싶었어요.

도야마 대학교를 졸업할 때는 3년 정도 도쿄에서 일한 다음 고치에 돌아갈 생각이었는데, 막상 일하기 시작하니까 그게 쉽지 않았어요. 회사에서 10년 정도 일하고 이제 독립해도 되겠다 싶을 때 남편이 고치로 가자고 해서 동의했죠.

Q. 고치에서 일하면 어떤 장점이 있나요?

나가누마 해외에서 일하고 싶은 것도 있었어요. 1년 중 반 정도는 해외에서 일하고, 반 정도는 일본에서 일하고. 그런 생활을 꿈꾸고 있었는데 도쿄에서 6개월간 집을 비우기엔 월세가 너무 비쌌어요. 고치는 월세가 싸니까 부담이 덜했죠. 도쿄에서 배운 지식과 기술로 지방에서 일해 보고 싶은 마음도 있었어요.

Q. 해외에서 반년 동안 일하는 생활은 코로나19 때문에 포기한 건가요?

나가누마 네. 코로나19 전까지 반년까진 아니지만 해외에서 몇 개월 일하는 스타일은 어느 정도 했었어요. 코로나19 때문에 어려워졌죠.

Q. 고치에 살아보니까 어때요?

나가누마 문화 충격이 있긴 했어요. 일단 이동 수단이요. 도쿄에서는 대중교통을 이용하다가 여기서는 차로 이동하는데요. 고치 사람들은 교통 매너가 좋지 않아요. 한때 정신적으로 힘들었어요. 사무실을 빌려서 제대로 일하기 시작하니까 나아졌어요. 일이 점점 늘어나니까 한 명씩 직원도 늘리고 이제 6명입니다.

도야마 막상 고치로 돌아오니 적응하기 힘들었어요. 대학생 때부터 15년이나 도쿄에 살아서 고치가 이런 곳이었나 싶기도 했고, 남편이 문화 충격으로 힘들어하니까 미안한 마음도 들고. 그래도 부모님이 가까이에 사는 건 좋네요.

Q. 코로나19로 업무 형태가 변했나요?

나가누마 사실 디자인 일은 여러 업계의 일을 하는 거라 살아남기엔 유리하죠. 사람을 직접 만나는 일이 줄어들어서 종이 디자인은 많이 줄었는데 우리는 웹디자인을 중심으로 하고 있어서 의뢰는 오히려 늘어났어요. 온라인으로 판매를 시작하는 회사도 늘어났고요.

Q. 지방은 도쿄처럼 디자인의 힘이 닿지 않은 부분이 많을 것 같아요.

나가누마 그런 면은 있죠. 그래서 디자인의 중요성을 이해시키기 쉽지 않죠. 디자인의 힘으로 비즈니스의 전략이 바뀐다는 인식이 별로 없으니까. 그래서 고치에 와서 상대적으로 사회적 지위가 낮아진 것 같아요. 하하. 고치 사람들은 나를 그냥 '도쿄에서 온 사람'으로만 생각하고 디자이너가 무슨 일을 하는 사람인지 잘 모르는 거죠.

Q. 그게 또 가능성이 있다는 장점이기도 할 것 같아요.

나가누마 맞아요. 고치에서 큰 일을 두 가지 맡고 있어요. 고치에는 상장 기업이 7개밖에 없는데 그중 두 기업의 일을 맡고 있어요. 하나는 총을 만드는 회사, 하나는 건설 회사. 도쿄에서는 디자이너가 만나는 건 부장급까진데 고치에서는 이사들 앞에서 설명하기도 하고 대표하고도 여러 번 만나요. 고치에 와서 새로 배운 것도 많죠.

Q. 코로나19는 어느 정도 진정됐는데 앞으로 해외에서 일할 계획은 있나요?

나가누마 한국도 그렇지만 일본은 앞으로 계속 인구가 감소할 거니까 국내만 생각하면 안 되죠. 이제 온라인으로 미팅하거나 해외에 가지 않아도 해외 일을 할 수 있게 됐으니 여러 나라에서 일을 해 보고 싶어요.

Q. 마지막으로 고치의 매력은?

나가누마 그건 많죠. 대충 하는 게 좋아요. 도쿄는 엄밀히 따지고 정하는데 고치는 적당히 하잖아요. 서로 봐주는 문화라고 할까요? 그런 부분을 리스펙트하고 있어요. 스트레스는 많이 안 느끼죠. 아주 심플한 생활이 마음에 들어요.

PART
II

내가
생각하는
일본인

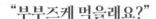

"부부즈케 먹을래요?"

"아야는 한국 사람 다 됐네"라는 말을 자주 듣는다. 한국 사람처럼 한국어를 잘한다는 칭찬일 때도 있지만, 언행이 한국 사람 같다는 뜻일 때도 있다. 예를 들어, "한국 사람 다 됐네" 다음 말은 "왜 이렇게 뻔뻔해졌어?"다. 나는 일본에 있을 때도 뻔뻔한 편이었지만, 확실히 한국에서 지내면서 더 뻔뻔해졌다. 꼭 나쁜 뜻이라고 생각하진 않는다. 내 의견, 내 희망을 더 적극적으로 전달할 수 있게 됐다.

나를 보고 "일본 사람답지 않다", "한국 사람 같다"고 하는 사람이 적지 않다. 한국에 오래 살고 있는 영향도 있겠지만, 원래 일본에서 오래 살았던 지역이 오사카와 고치이다 보니 평균적인 일본 사람하고 다를 수 있다. 그리고 오

사카 사람도, 고치 사람도 약간 한국 사람과 비슷한 편이
다. 어쨌든 한국이 잘 맞아서 한국에 살고 있다. 안 맞았으
면 벌써 귀국했을 것이다.

그런데 전형적인 일본 사람은 어떤 사람일까?

나는 신문사 입사 후 두 번째 근무지인 도야마(富山)에
가서 처음으로 '아, 내가 생각했던 일본 사람다운 일본 사
람이 여기 있었구나' 하는 생각이 들었다. 도야마 사람은
성실하고 얌전하며, 부끄러움을 많이 타고, 끈기가 있다.
그런데 신문 기자로 도야마로 간 나로서는 취재하기 쉽지
않았다. 친해졌다 싶으면 말하면 안 되는 것도 흘리고 해
줘야 특종을 쓰는데 그런 느슨한 사람이 별로 없었다. 규
칙을 잘 지키는 모범생 스타일. 그것이 나의 도야마 사람
에 대한 인상이었다.

오사카 사람은 정반대에 가깝다. 한국 친구가 일본에 여
행을 다녀와서 "일본 사람은 질서를 잘 지키는 줄 알았는
데 의외로 빨간불에도 길을 건너는 사람 많아"라고 한 적
이 있다. 반사적으로 "여행지가 오사카였어?"라고 물어봤
는데, 역시 오사카였다. 오사카는 눈치껏 건너는 사람이
많은 편이다. 게다가 오사카는 자전거 보유율이 전국 2위
다. 보행자도 자전거도 신호를 안 지키거나 횡단보도가 아

지극히 사적인 일본

오사카 사람들은 일본인들이 질서를 잘 지킨다는
고정 관념을 깨는 경우가 많다.

닌 데서 건너는 경우가 많아 약간 카오스 같다. 왜 자전거가 많은가 생각해 봤는데 '경제적'이라는 이유 같다. 오사카는 역사적으로 상업 도시로 발달해서 경제 관념이 있는 편이다.

나는 반대로 도쿄에 그렇게 사람이 많은데도 모두가 신호를 잘 지키는 걸 보고 조금 놀랐다. 어렸을 때 엄마가 내 손을 꼭 잡고는 빨간불에 길을 건너면서 "혼자 다닐 땐 이러면 안 돼"라고 납득할 수 없는 말을 했던 기억이 난다. 엄마는 오사카 사람이다.

일본 사람은 대체로 섬세한 사람이 많은 편이다. 조금 다르게 말하면 상처받기 쉽다는 이야기다. 나도 처음 한국에 유학 왔을 때는 직설적으로 이야기하는 한국 친구들에게 상처받곤 했는데 이제는 그게 편하다. 오히려 일본 사람과 이야기할 때 조금 조심스럽다. 이런 말을 하면 상처받지 않을지, 오해하지 않을지 생각하면서 이야기하게 된다. 실제로 악의 없이 던진 말로 상처를 주고 후회한 적도 많다.

일본 사람 특징을 이야기할 때 흔히 '혼네(本音)'와 '다테마에(建前)'가 있다고 한다. 혼네는 '속마음', 다테마에는 속마음과 다르게 드러내는 '겉'이다. '다테마에'라고 하면 교

지극히 사적인 일본

토 사람을 떠올릴 사람이 많다. 가장 유명한 이야기가 '부부즈케(ぶぶ漬け)'다. 밥에 따뜻한 녹차를 부어 먹는 음식인데 교토 사람이 집에 놀러 온 손님한테 "부부즈케 먹을래요?"라고 하면 '슬슬 집에 가라'는 뜻이다. "라면 먹고 갈래?"가 '자고 갈래?'라는 의미로 통하는 한국과 정말 극과 극이다. 그만큼 교토 사람은 품위 있고 완곡한 표현을 쓴다는 이미지가 있다. 나쁘게 말하면 속마음을 알기 어렵다는 이미지다.

밥에 따뜻한 녹차를 부어 먹는 음식, 부부즈케. ©아프로

사실 일본 사람이든 외국 사람이든 '일본인'이라고 하면 떠오르는 이미지는 도쿄 사람보다 교토 사람 아닐까 싶다. 교토는 옛 수도이기도 하고 지금도 전통이 많이 남아 있는 도시다. 반면 도쿄 사람이 어떤 사람이냐고 하면 사실 떠오르는 특징이 별로 없다. '도쿄는 시골 사람이 많다'는 말도 있다. 수도인 만큼 전국에서 모인 사람들이 살고 있어 한마디로 어떻다고 정의하기 어렵다.

일본 사람의 특징을 나를 통해 이야기해 보자면, 나는 어렸을 때부터 별나다는 말을 많이 들었다. 나는 그런 말을 긍정적으로 받아들이는 편이다. 틀에 박히는 건 좋아하지 않는다. 이런 성향은 부모님의 영향이 크다. 일본에서는 초등학생이 되면 거의 100퍼센트 란도셀(ランドセル)이라는 가방을 메고 다니는데 나는 란도셀이 없었다. 란도셀은 딱딱하고 무거운 가죽으로 만든 책가방인데 가격이 5만 엔 정도 한다. 란도셀을 메야 한다는 법률이나 교칙이 있는 것도 아닌데 입학하면 모두가 이 가방을 지고 다닌다. 그런데 우리 부모님은 '비싸고 무겁다'는 이유로 사주지 않았다. 요즘은 지역이나 학교에 따라 란도셀을 메지 않는 경우가 늘고 있다. 우리 부모님은 시대를 앞서간 사람들이었다.

지극히 사적인 일본

아빠는 학원을 경영했고 엄마는 요가 선생님이었다. 집안에 회사원이 없어서 그런지 나도 프리랜서 아니면 자영업을 하는 게 꿈이었다. 고등학생 때는 변호사를 목표로 했는데 법대에 들어가자마자 법학이 적성에 맞지 않는다는 걸 깨닫고 바로 포기했다. 2학년 때 휴학하고는 한국으로 어학연수를 와서 한국 영화의 매력에 빠졌다. 그런데 당시에는 영화 쪽이 내 직업이 될 수 있다는 생각은 하지 못하고, 대학 졸업 후 통번역대학원에 입학해서 프리랜서 통번역사가 되려고 했다. 대학원을 다니면서 실제로 법원이나 경찰 등에서 통번역 일을 해 봤는데 곧바로 프리랜서로 일하기엔 사회 경험이 너무 부족하다는 걸 통감했다. 그래서 취업한 회사가 〈아사히신문〉이었다. 당시에 일본도 언론사 입사가 쉽지 않았지만 〈아사히신문〉 동기들을 보면 뭔가 하나씩 특기가 있는 사람이 많았다. 무려 고시엔 우승 팀 출신도 있었다. 나는 물론 한국어 실력을 어필했다.

한국에서 "왜 〈아사히신문〉 같은 좋은 회사를 그만뒀냐"는 질문을 수백 번은 들은 것 같다. 원래 입사 때부터 10년 이상 근무할 생각이 없었다. 프리랜서로 일할 수 있는 지식과 능력을 갖추는 것이 목표였다. 해 보니까 기자라는 직업은 나한테 잘 맞긴 했다. 취재도 글쓰기도 좋아한다. 퇴사하고 나서 통번역 일도 하고 있지만, 메인으로 하고 있는 일은 집필이다.

내가 "일본 사람답지 않다"는 말을 듣는 또 다른 이유는 한일 관계 때문인 것 같다. 직업상 일본과 한국에 대해 이야기하거나 글을 쓸 기회가 많은데 어느 한쪽 입장만 대변하지 않으려고 노력한다. 그러다 보니 일본을 비판하게 될 때도 꽤 있다. "균형 감각이 좋다"는 칭찬을 받을 때도 많지만 "일본에 대한 시선이 차갑다"는 말을 듣기도 한다. 물론 내가 태어나고 자란 일본에 대한 애착은 있다. 그런데 그것과 일본에 대해 쓴소리를 하는 것은 내 안에서는 전혀 모순되는 일이 아니다. 일본 사람이지만 일본에 대해서도 비판적으로 보기 때문에 이 책을 집필할 기회를 얻었다고 생각한다.

그런데 사실 내가 한국화된 가장 큰 계기는 한국 남자와 사귄 경험 때문인 것 같다. 언어를 배울 때는 그 나라 사람과 연인이 되면 빨리 배운다는 말이 있다. 이런 이유로 사귄 건 아니었지만, 언어와 습관에서 많은 영향을 받은 건 사실이다.

사무라이보다는 농민

일본 역사를 다룬 미국 드라마 〈쇼군〉(2024)이 미국 방송계 최고 권위의 에미상을 18개 부문에서 수상하고 화제가됐다. '쇼군'은 장군(將軍)의 일본어 발음이다. 일본 배우들이 출연하고 대사 대부분이 일본어다. 〈오징어게임〉(2021)이 에미상 6관왕을 달성했을 때의 한국처럼 일본은 축제 분위기였다. 그런데 〈오징어게임〉은 한국 드라마지만 〈쇼군〉은 미국 드라마다. 이를 보면서 해외에서는 여전히 사무라이를 일본인의 상징으로 여기는 것 같다고 생각했다. 일본 야구 국가 대표팀을 '사무라이 재팬'이라고 부르고, 일본 축구 국가 대표팀을 '사무라이 블루'라고 부르는 것처럼, 일본인도 해외에서 갖는 일본인의 이미지를 자신들

1860년대 사진가 펠리체 베아토가 찍은 사무라이.
ⓒWikipedia

의 이미지로 받아들이고 있다.

　일본인에 대한 이미지가 만들어지는 데 기여한 대표적인 책은《국화와 칼》이다. 미국의 인류학자 루스 베네딕트가 미국 정부의 지원을 받아 쓴 책으로 1946년에 출간됐다. 태평양 전쟁 중이었기 때문에 베네딕트는 일본에 직접 가 보지 못한 상태에서 이 책을 집필했다. 태평양 전쟁은 1941년 12월 7일 일본이 하와이 진주만을 기습 공격해서 시작되어 1945년 8월 15일 일본이 항복 선언을 하며 끝났다. 일본에서 '전쟁'이라고 하면 보통 태평양 전쟁을 가리킨다.《국화와 칼》은 현지 조사 없이 쓴 것치고는 대단한 분석이라고 생각하지만, 세월이 흐른 지금 읽으면 맞지 않는 부분도 있다. 일본은 당시 미국의 적국이었다. 즉《국화와 칼》은 적국 일본과 일본인을 분석한 책이었던 것이다.

　《국화와 칼》은 읽어 보지 않았어도 제목을 아는 사람이 많다. 베네딕트는 '국화'와 '칼'이 일본인의 이중성을 상징하는 말이라고 했다. 일본인은 온화하지만 공격적이라는 의미를 '국화'와 '칼'에 비유한 것이다. 무력을 우선으로 하면서 아름다움도 추구하는 이중성이다. 제목에서 얻는 이미지는 사람마다 다를 수 있지만, 나는 국화는 황실, 칼은 '부시도(武士道)', 즉 무사도가 연상됐다. 일본을 대표하는 꽃으로 벚꽃을 생각하는 사람이 많겠지만, 국화와 벚꽃 둘 다 일본의 국화(国花)다. 벚꽃은 대중적인 이미지, 국화는 고귀한 이미지를 가지고 있으며, 황실의 상징이다. 반면에 부시도는 무사 계급의 도덕 규범과 가치 기준의 근본을 이루는 사상이다. 나는 《국화와 칼》이라는 제목이 일본을 '천황의 나라이며 무사의 나라'임을 의미한다고 생각하는데, 그렇다고 하면 반 정도는 베네딕트의 분석에 동의한다. 일본을 이야기할 때는 천황을 빼놓을 수는 없다.

일본인이 쓴 책 중 해외에서 많이 읽힌 책으로 니토베

일본을 '사무라이의 나라'로 인식하게 만든 두 책,
《국화와 칼(The Chrysanthemum and the Sword)》과 《부시도(Bushido: The Soul of Japan)》.

　　　　　　　　　　　　　　　지극히 사적인 일본

이나조(新渡戸稲造, 1862~1933)의 《부시도(Bushido: The Soul of Japan)》(1899)가 있다. 니토베는 국제연맹 사무차장을 역임한 학자로 도쿄여자대학교의 초대 학장이다. 미국에 유학해서 미국 여성과 결혼했다. 1984년부터 2007년까지 5,000엔 지폐의 얼굴이었다. 그만큼 일본을 대표하는 역사적인 인물이다. 영어로 쓴 《부시도》는 1899년 미국에서 출간되고 세계적으로 큰 반향을 일으켰다. 이 책은 일본인의 도덕관에 '무사도'가 깔려 있다고 설명한다. 무사가 지배 계급이었던 에도 시대는 1867년에 끝났는데, 《부시도》가 출간된 시기는 에도 시대가 끝난 지 30년이 지난 시기다. 니토베는 서구화가 진행되는 일본을 보고 '일본인이란 무엇인가'를 다시 생각했다고 한다. 무사도야말로 일본인의 전통적인 정신이라고 생각한 니토베는 그 가치를 세계에 알리기 위해 영어로 책을 썼다. "사무라이에게 있어서 비겁한 행동이나 부정행위만큼 수치스러운 일은 없다"라는 문장이 유명하다. 그런데 사실 부시도는 해외에 알리고 싶은 일본인 상(像)이 아니었을까? 정말 일본의 서구화를 우려하고 무사도의 정신으로 돌아가야 한다고 생각했다면 일본 독자를 상대로 일본어로 썼을 것이다.

일본에 대해 영어로 읽을 만한 책이 적었던 시대였으니

《국화와 칼》도 이 책의 영향을 받지 않았을까 싶다. 《국화와 칼》에서는 미국인과는 다른 일본인의 특징을 지적하는데, 그중 흥미로웠던 것은 일본인은 정신이 물질보다 우월하다고 믿는다는 점이다. 이런 점에 대한 예로 폭탄을 실은 비행기로 미국의 군함에 충돌한 가미카제(神風) 특공대를 들었다. 전쟁 막바지에 대대적으로 특공대가 출격해서 미군에게 큰 피해를 입혔다. 원래 가미카제는 '신의 바람'이라는 뜻으로 13세기에 일본을 원나라로부터 구해 준 폭풍을 가리킨다. 원나라가 폭풍 때문에 물러선 것이다. 그런 기적이 두 번이나 일어났다고 학교 역사 시간에 배웠던 기억이 난다.

《부시도》에 등장하는 "사무라이에게 있어서 비겁한 행동이나 부정행위만큼 수치스러운 일은 없다"라는 관념은 국가를 위해 희생하지 않으면 수치스러운 것이라는 가치관과 연결되는 면도 있는 것 같다. 일본군의 극단적 자기희생은 미국인들이 이해하기 어려웠을 것이다.

미국과 같은 강대국과 전쟁을 벌인 일본의 무모함이 어디서 왔나 생각해 보면, 실제로 정신이 물질보다 우월하다고 믿은 것도 원인 중 하나인 것 같다. 초강대국 미국을 물질적인 힘으로 이기는 것은 불가능했다. 당시 일본 상

지극히 사적인 일본

1945년 4월 11일 일본 전투기가
USS 미주리함으로 충돌하기 직전의 모습.
ⓒWikipedia

층부도 알 만한 사람은 알았을 것이다. 그런데 청일 전쟁(1894~1895)과 러일 전쟁(1904~1905)에서 연달아 승리한 것이 독이 됐다. 국민들은 일본은 지지 않는다는 환상을 갖게 됐다. 이번 전쟁도 신이 지켜 줄 것이라는 신앙에 가까운 환상 말이다. 그러나 가미카제는 불지 않았다.

학교에서 가미카제 특공대에 대해 배웠을 때 출격하기 직전에 쓴 대원들의 유서를 읽었다. 전사한 대원들은 대부분 20대 초반의 젊은이들었다. 10대도 있었다. 거의 우리 또래인 대원들의 유서를 읽고 우는 학생도 많았다. 한 23세 대원은 약혼자에게 유서를 썼다.

"당신의 행복만을 바랄 뿐이오.
용기를 갖고 과거를 잊고 새로운 미래를 보시오.
나는 이제 현실 세계에는 존재하지 않으니."

얼마나 살고 싶었을까. 이 대원은 약혼자가 선물해 준 머플러를 두르고 출격했다고 한다. 이 글을 읽으면서 국가를 위해 목숨을 걸고 싸우는 게 멋지다고 생각한 학생은 없을 것이다. 다시는 이런 일이 반복되면 안 된다는 취지로 배웠다.

　　　　　　　　　지극히 사적인 일본

미국인이 태평양 전쟁을 통해 상대한 일본인들은 그 당시 사람들이었다. 내 머릿속의 일본인은 대부분 온화한 사람들이다. 지금이나 과거나 일상의 일본인들이 크게 바뀌었을 것 같지는 않다. 그러나 전쟁이 그들의 온화함과 인간성을 앗아갔다.

사무라이의 이미지는 구로사와 아키라(黑澤明) 감독의 영화 〈7인의 사무라이〉(1954)와 같은 문화의 영향도 큰 것 같다. 〈7인의 사무라이〉는 베니스 국제 영화제에서 은사자상을 받으면서 서양에 알려졌고, 1960년에 미국에서 〈황야의 7인〉으로 리메이크되기도 했다.

그런데 사실 에도 시대 당시 무사는 인구의 10퍼센트 미만이었다. 인구의 대다수는 농민으로 85퍼센트를 차지했다. 나는 일본인의 성향을 이야기할 때 사무라이보다 농민이 더 적합하다고 생각한다. 일본에는 '무라하치부(村八分)'라는 말이 있는데, 마을 공동체의 질서를 어긴 사람을 왕따시키는 일을 가리킨다. '무라(村)'는 마을을 뜻하고, '하치부(八分)'는 8부다. 마을에는 공동체가 함께하는 10가지 일이 있는데, 그중 장례식과 화재가 났을 때 불을 끄는 일만 같이하고 결혼이나 출산 같은 나머지 8가지 행사는 따돌린다는 뜻이다. 장례와 소화만 끼워 주는 이유는 방치하면

폐를 끼치기 때문이다. 사체를 방치하면 전염병이 유행할
수 있고, 화재가 나면 이웃집으로 번질 수 있다. 무라하치
부는 마을 공동체의 행동 방식을 의미하는 말인데, 왕따라
는 의미로도 많이 쓰인다.

일본인이 생각하는 일본의 상징

일본의 상징은 뭘까? 서울의 국립중앙박물관에 가서 유명한 호랑이 그림을 보면서 생각했다. 한국을 상징하는 동물은 호랑이라는 이미지가 있는데 일본은 뭘까? 학이 장수나 부부의 행복을 상징하는 동물로 예부터 그림에 많이 등장하긴 했지만 이는 한국도 비슷한 것 같다. 찾아보니까 일본의 국조(国鳥)는 일본 꿩이라고 한다. 꿩은 한국에도 있지만 일본 꿩은 일본의 고유종이다. 꿩이 국조인 이유 중 하나는 일본의 설화 '모모타로(桃太郎)'에 나오기 때문이라고 한다. 그만큼 '모모타로'는 일본 사람이라면 누구나 아는 이야기라는 의미이기도 하다. 주인공 모모타로는 오니(鬼, 귀신)를 퇴치하러 오니가 사는 섬으로 가는데 그 여정

중에 개, 원숭이, 꿩을 만나 함께 오니와 싸워서 이긴다.

그런데 사실 일본 꿩이 일본의 국조라는 사실은 일본 사람도 대부분 모를 것이다. 나도 찾아볼 때까지 몰랐다. 그것보다 일본의 상징이라고 하면 후지산(富士山)을 떠올리는 사람이 많을 것 같다. 높이 3,776미터인 후지산은 일본에서 가장 높은 산이다. 무엇보다 그 아름다운 풍경이 해외에도 잘 알려져 있다. 후지산을 그린 작품으로는 가쓰시카 호쿠사이(葛飾北斎, 1760~1849)의 '후가쿠 36경(富嶽三十六景)'이 대표적이다. 에도 시대 후반에 후지산의 풍경을 그린 시리즈인데 이름은 36경이지만 46점이 있다. 여러 장소에서 보이는 후지산을 그렸는데 산이 높다 보니 다양한 그림이 나왔다. 원래 36점만 그리려고 했는데 아주 인기가 많아져서 10점을 추가했다고 한다.

46점 중 가장 유명한 작품이 '가나가와 해변의 높은 파도 아래'라는 제목의 작품이다. 높은 파도가 후지산을 삼킬 듯한 모습이 인상적이다. 이 그림은 개인적으로도 추억이 있다. 중학교 3학년 때 이 그림을 친구들과 함께 그렸기 때문이다. 운동회 때 우리 반은 청팀이었다. 각 팀은 자신을 나타내는 큰 간판을 그리는데 우리 팀은 이 '가나가와 해변의 높은 파도 아래'를 그렸다. 백팀은 미야자키

가쓰시카 호쿠사이의 '후가쿠 36경' 중 가장 유명한 작품인
'가나가와 해변의 높은 파도 아래'.

하야오(宮崎駿) 감독의 애니메이션 주인공인 '모노노케 히메'를 그렸다. 〈모노노케 히메〉는 내가 중학교 3학년 때인 1997년에 개봉된 작품이다. 운동회에서 우리 팀이 이겼는지 졌는지는 기억이 안 나는데, 간판 그림만은 기억한다. 아마 한국에서는 상상하기 어려울 정도로 일본 중학생들은 운동회에 힘을 쓴다. 운동회는 청춘 그 자체였다. 적어도 우리 때는 그랬다. 수업이 끝나고 매일 늦게까지 학교에 남아서 간판 그림을 그리고 응원단은 춤을 연습했다. 그때 부단장을 맡았던 것도 기억난다.

목욕탕에 후지산이 그려져 있는 경우도 많다. 벽에 아주 크게 그려져 있는 후지산이다. 후지산을 보면서 목욕하는 기분을 즐기는 것이다. 요즘은 목욕탕에 가는 사람이 적어졌는데 살아남기 위해 새롭게 후지산을 그리는 목욕탕도 적지 않다고 한다.

실제 후지산이 보이는 온천도 인기가 많다. 그중 하나는 도쿄 근교의 하코네(箱根) 온천이다. 호수 뒤에 후지산이 보이는 절경을 보며 온천에 몸을 담근다. 나도 한번 가 봤는데 그야말로 천국같았다. 후지산은 보기만 해도 좋은 기운을 받는 것 같다. 날씨가 좋으면 신칸센 창문에서도 후지산이 예쁘게 보일 때가 있다. 그런 날은 뭔가 좋은 일이 생길 것 같은 기분이 든다.

후지산과 함께 벚꽃도 일본의 상징이라고 할 수 있다. 일본 사람에게 벚꽃이 특별한 이유는 3월 말부터 4월 초에 피기 때문이다. 한국은 3월에 신학기가 시작하지만 일본은 4월에 시작한다. 졸업, 입학, 입사 시즌이 3월 말부터 4월 초다. 그래서 벚꽃을 보면 헤어짐과 만남의 추억이 떠오른다. 슬픔, 불안, 설렘 같은 감정을 벚꽃을 통해 느끼게 된다. 벚꽃 개화 시기는 '사쿠라 전선(桜前線)'이라고 불리며 매년 지도와 함께 뉴스에 나온다. 따뜻한 남쪽에서 홋카이도까지 꽃 피는 시기가 점점 올라온다.

사쿠라 전선이 중요한 이유는 하나미(花見)의 시기를 알아야 하기 때문이다. 하나미는 '벚꽃 구경'을 의미하는데 한국처럼 걸어 다니면서 보는 것이 아니라 벚나무 밑에 앉아서 음식과 술을 먹고 노는 일이다. 친구들과 즐기기도 하지만 회사에서 친목을 위한 행사로 하는 경우도 많다. 예전에는 하나미 때 좋은 자리를 미리 가서 확보하는 것이 신입 사원의 일이었는데, 요즘에는 '갑질'이라는 지적을 받을 수 있어서 대행업자를 고용해서 자리를 지킨다고 한다.

벚꽃은 영화에도 많이 나온다. 특히 신카이 마코토(新海誠) 감독의 애니메이션 〈초속 5센티미터〉(2007)는 벚꽃이

하나미를 즐기는 도쿄 시민들. ©Getty Images

효과적으로 쓰인 영화다. 서로에게 끌렸지만 초등학교 졸업 후 떨어져 살게 된 소년과 소녀의 이야기다. 영화에서는 '초속 5센티미터'를 벚꽃이 떨어지는 속도라고 표현한다. 일본 사람은 흩날리는 벚꽃에 가슴이 움직이는 경향이 있다. 애니메이션은 배우의 표정처럼 섬세한 감정까지 그리기 어렵기 때문에 등장인물의 감정을 흩날리는 벚꽃으로 표현한 것이 〈초속 5센티미터〉의 가장 큰 특징이다.

지극히 사적인 일본

'일본인 = 근면'설의 유래

내가 일본인을 생각할 때 가장 먼저 떠오르는 단어는 '근면'이다. 열심히 일하고 돈을 저축하는 이미지다. 그런데 사실 오랫동안 내 주변에는 그런 사람이 많지 않았다. 신문사에 입사하기 전 한국에 유학했을 때를 제외하고 오사카와 고치에 살았는데 오사카 사람과 고치 사람은 '근면'이라는 단어가 그리 어울리지 않는다.

오사카 사람들은 기본적으로 말이 많다. 일본의 개그맨 중에는 오사카나 그 근교인 간사이 출신이 많다. 일반인들도 대부분 농담을 잘한다. 고치 사람들도 잘 웃고 노래하고 춤추는 것을 좋아한다. 술을 잘 마시고 돈이 생기면 다 써버리는 편이다. 30년 가까이 살면서 내가 생각하는 근면하

도야마에 눈이 내리면 이렇게 쌓인다.
겨울을 나려면 저축을 안 할 수가 없다.
©Getty Images

고 성실한 일본인이 어디에 있는지 궁금했는데, 이에 대한 대답도 역시 두 번째 근무지였던 도야마에서 찾았다.

도야마 사람들은 꾸준히 돈을 모아 집을 사는 사람이 많다. 자가 보유율이 전국 2위다. 저축률은 1위다. 2년 정도 살아 보니까 도야마 사람들이 어느 정도 이해가 됐다. 도야마는 눈이 많이 오는 지역이다. 겨울에 눈에 쌓이면 일을 하기 어려우니 따뜻할 때 열심히 저축해야 겨울 동안 살아남을 수 있다.

나뿐만 아니라 일본인들도 대체로 일본인은 근면하다는 이미지를 가지고 있다. 내각부가 1970년대부터 2000년대에 걸쳐서 일본인의 이미지에 대해 조사한 결과, 40년 동안 '근면'이 1위를 차지했다. 외국인 대상 조사에서도 한국을 포함한 여러 나라 사람들이 일본인의 이미지로 '근면'을 가장 많이 뽑았다.

그런데 나는 왜 오사카나 고치에서 직접 만나 본 일본인과는 다른 '근면한 일본인'이라는 이미지를 가지게 됐을까. 어쩌면 '이코노믹 애니멀(economic animal)'이라는 말 때문일 수도 있다. 국제 사회에서는 고도 성장기 시절에 경제적 이익만을 좇는 일본인을 이렇게 불렀다.

일본이라는 나라를 처음 인식한 것은 초등학교 1학년

때였던 것 같다. 집에 지구본이 있었는데, 그걸 보고 일본이 아주 작은 나라라는 것을 알게 됐다. 그때 오빠는 일본이 미국 다음으로 부유한 나라라고 가르쳐 줬다. 당시는 버블 경제가 절정에 달했을 때다. 미국 다음으로 부유한 나라라는 말은 일본 GDP가 미국에 이어 세계 2위라는 의미였던 것 같다. 일본은 1968년에 독일을 제치고 2위를 차지했다. 1945년 패전 후 엄청나게 빠른 속도로 경제 성장을 이룬 것이다.

'이렇게 작은 나라가 2위라니 대단하다'라며 자랑스러워했던 것 같다. 그런데 얼마 지나지 않아 거품이 터지면서 '잃어버린 30년'이 시작됐다. 그전에는 돈벌이만 생각하는 사람이 많았지만, 버블 붕괴를 계기로 일본인의 가치관은 많이 달라졌다. '이코노믹 애니멀'처럼 맹목적으로 일하는 사람은 별로 없어졌다. 실제 세상은 바뀌었는데, 고도 성장기 당시의 일본인의 이미지가 내게 남아 있었던 것 같다.

그런데 일본인이 원래 근면 성실했던 것은 아니다. 1800년대 후반 일본을 방문한 서양 사람들은 일본인의 '게으름'을 지적했다. "일본의 노동자들은 거의 모든 곳에서 게으르다", "이 나라에서는 빨리 진행되는 일이 없다",

도쿄 신주쿠역에서 내려 출근하는 일본 직장인들. ©Getty Images

"일본인의 '곧'은 지금부터 크리스마스까지라는 뜻이다" 등 시간 개념이 없는 일본인에 대한 글들이 많다. 메이지 시대 이후 근대화 과정에서 시간 개념이 생긴 것이다.

시간 개념은 지금도 지역마다 다를 수 있다. 오사카는 상업 도시이기 때문에 한국 같은 '빨리빨리' 문화가 있지 만, 고치 사람들은 그렇지 않았다. 약속 시간을 안 지키는 경우도 많았고 시간을 아끼는 분위기도 별로 없었다. 몇 년 전 〈아사히신문〉 서울지국의 송년회에 갔을 때 나처럼 신문사를 퇴사하고 한국에 사는 선배가 15분 정도 늦게 왔다. 여러 명이 "코리안 타임이네" 하고 웃었는데, 나는 속으로 '고치 타임이겠지'라고 생각했다. 그 선배는 고치 출신이다. 2000년대 초반에 처음 한국에 유학했을 때는 약속 시간에 늦는 사람도 있었고, '코리안 타임'이라는 말도 들었지만, 이제는 한국 사람들 대부분이 시간을 잘 지킨다. 도시라서 시간을 잘 지키고 시골이라서 안 지키는 것도 아니다. 도야마 사람들은 시간을 잘 지킨다. 이러면 고치를 비난하는 것처럼 보일 수 있는데, 나는 그런 여유로운 고치를 사랑한다.

다시 이야기를 메이지 시대에 돌려 보자. 정부는 '부국강병'을 슬로건으로 내걸고 서구 열강들을 쫓아가려고 했다. 그래서 국민들에게 '근면'을 요구했다. 물론 그렇다고 해서 바로 근면해지는 건 아니지만 여러 방면으로 그런 이미지를 만들기 위해 노력했다. 그 대표적인 사례가 니노미야 긴지로(二宮金次郎, 1787~1856)다. 일본에서 니노미야는 근면, 근검절약의 상징이다. 내가 어렸을 때는 니노미야의 동상이 여기저기에 많이 있었다. 그 동상은 장작을 잔뜩 등에 짊어지고 책을 보면서 걸어가는 아이의 모습이다. 일하면서 공부하는 부지런한 소년. 니노미야가 무엇을 한 사

지극히 사적인 일본

가나가와현 호토쿠 니노미야 신사의
니노미야 긴지로 동상.
ⓒWikipedia

람인지는 몰라도 동상을 보면 열심히 살았던 사람이라고 생각하게 된다.

니노미야 긴지로는 일본에서는 역사적으로 존재감이 있는 인물이다. 동상으로 등장할 때는 친근감 있게 '긴지로'라고 불리지만, 역사 인물로 등장할 때는 주로 니노미야 손토쿠(尊德)라고 불린다. 에도 시대 말기에 농촌 부흥 정책을 추진한 농업 행정가이자 사상가다. 에도 시대에는 흉작으로 기근에 시달리는 일이 많았는데, 니노미야의 정책으로 살아난 농촌이 많았다. 니노미야의 업적이 널리 알려진 데에는 메이지 천황을 빼놓을 수 없다. 메이지 천황이 니노미야에 관한 책을 읽고 새로운 일본을 만들기 위한 필독서로 생각하고, 전국의 지사에게 읽도록 지시한 것이다. 메이지 시대부터 니노미야의 이야기가 교과서에 실렸고, 쇼와 시대 초기부터 니노미야의 동상이 전국의 초등학교에 세워졌다. 쇼와는 1926년에 시작했다.

요즘은 니노미야의 동상을 철거하는 경우도 많다. 그 이유를 살펴봤더니 "아이가 일하는 모습이 교육에 안 좋다"는 의견이 있어서라고 한다. "책을 보면서 걷는 건 위험하다"는 의견도 있다. 아이들에게 스마트폰을 보면서 걸으면 안 된다고 교육하는데, 니노미야의 동상을 보면 설득력이

지극히 사적인 일본

없어진다는 아주 현대적인 이유다. 한마디로 이제 니노미야의 근면 성실은 시대에 맞지 않는 것이다. 어쨌든 아이들에게 열심히 살아야 한다고 강조하는 시대는 지나간 것 같다.

"분노를 품어도
다정함이 이기는 당신"

외국인이 일본인의 특징을 이야기할 때 흔히 '혼네(本音)'
와 '다테마에(建前)'를 언급한다. 일본어 발음을 영어로 표
현하여 'Honne and tatemae'로 표기할 정도로 세계적으로
알려져 있는 일본인의 특징이다. 혼네는 '속마음', 다테마
에는 속마음과 다르게 드러내는 '겉'이다. 거짓말이 아니
라 돌려서 이야기하는 것인데, 'Yes', 'No'를 명확히 표현하
지 않기 때문에 외국인은 이해하기 힘들다고 한다. 그런데
나도 겉으로 드러난 말 외에 다른 뜻을 알아채기가 힘들
다. 일본인이라고 모두가 혼네와 다테마에를 잘 구분하고
이해하는 것은 아니다.

　비즈니스로 일본과 거래한 적이 있다면 어느 정도 알고

있겠지만, 일본인이 "검토하겠다"고 하면 대부분 '거절'이라는 뜻이다. 그런데 나도 헷갈릴 때가 있다. 인터뷰를 신청했는데, 답변 메일을 아무리 읽어도 응하겠다는 건지 거절한다는 의미인지 알 수 없던 적이 있었다. 정말 여러 사람에게 해석을 물어봤다. 결론부터 말하면 응하겠다는 것이었다. 응하는 거라면 좀 더 알기 쉽게 답해 주면 좋을 텐데. 하여튼 일본인은 완곡어법을 많이 쓴다. 그것이 더 품격이 있다고 생각하는 것 같다.

외국인은 이해하기 어려울 수 있지만, 일본인 입장에서 다테마에는 상대방을 위한 배려나 매너라고 생각한다. 그렇게 해야 인간관계가 부드럽게 유지된다고 생각해서 서로 다테마에로 대화를 하는 것이다. 예를 들어, 거래처에서 미팅을 하다가 "바쁘시죠?"라는 말을 들었다면 무슨 뜻일까? 정말 바쁜지 물어보는 것일 수도 있지만, 바쁜데 그만 갔으면 좋겠다는 의사 표시일 가능성이 크다.

2024년 일본에서는 곳치노 겐토(こっちのけんと)의 '하이 요로콘데(はいよろこんで)'라는 제목의 노래가 주목받았다. '하이 요로콘데'는 '네 기꺼이'라는 뜻이다. 이 노래가 인기를 얻은 것은 가사에 대한 공감 때문이다. 가사에 위로를 받았다고 하는 사람이 많았다. 일본에서는 미소를 짓

일본에서는 미소를 짓고 "네 기꺼이"라고 하면서 마음속으로는
화를 내고 있거나 울고 있을 수도 있다. ©Getty Images

고 "네 기꺼이"라고 하면서 마음속으로는 화를 내고 있거
나 울고 있을 수도 있다. 감정을 억누르고 살다가 조울증
에 걸리는 경우도 있다. 가수 곳치노 겐토도 조울증을 앓
고 있다. 가사에는 "분노를 품어도 다정함이 이기는 당신"

지극히 사적인 일본

이라는 부분이 있다. 화가 나도 참고 웃어 주는 그런 사람들을 위로하기 위해 만든 노래다.

일본인은 화(和)를 중요하게 생각한다. 일본 발음으로는 '와'다. 일본의 고급 소고기 품종인 와규(和牛)의 와다. 집단의 조화를 중요하게 생각하는 것인데, '和'는 일본을 표현하는 한자이기도 하다. 한국에서는 일본 음식을 일식이라고 하지만, 일본에서는 와쇼쿠(和食)라고 한다. 거슬러 올라가면 쇼토쿠 태자(聖德太子, 574~622)가 604년에 제정한 일본 최초의 성문법 '십칠조헌법'의 제1조에도 화를 존중해야 한다고 돼 있다. 쇼토쿠 태자는 황족이자 정치인으로 불교를 통해 일본의 초기 국가 체제를 만든 인물이다. 천황을 중심으로 한 중앙 집권 체제를 확립하려고 했다. 쇼토쿠 태자는 1958년에 처음으로 1만 엔 지폐가 등장했을 때 1만 엔의 얼굴이었다. 화를 존중하라는 것은 모두가 사이좋게, 싸우지 말고 지내자는 의미다. 이것이 앞에서 언급한 에도 시대에 85퍼센트를 차지했던 농민적 성향과 통하는 것 같다. 마을 공동체에 폐를 끼치지 않게 질서를 지키는 것이다.

화를 존중해야 한다는 것이 일본의 전통적 가치관인 것은 맞는데, 나는 집에서 조금 다르게 교육받았다. 우리 집

604년 쇼토쿠 태자가 제정한 '십칠조헌법' 제1조에는
'화(和)'가 등장한다.
©나라국립박물관

에서는 싸우면 안 된다는 식으로 배우지 않았고, "누가 아야를 때리면 아야도 때려"라고 배웠다. 그렇다고 실제로 누가 나를 때린 적은 거의 없었고, 서로 때리면서 싸운 건 거의 오빠와 싸웠을 때였다. 부모님은 '불합리한 일을 당하면 참지 말고 싸우라'는 뜻으로 교육한 것 같다. 생각해 보니까 엄마와 아빠 모두 1970년대에 외국에서 유학한 경험이 있다. 아빠는 사우디아라비아, 엄마는 프랑스에서 유학했다. 나는 일본적 가치관에 갇혀 살 필요가 없다고 생각하는 부모 밑에서 자랐다.

'다테마에'라고 하면 교토(京都) 사람을 떠올릴 사람이 많다. 실제로 교토 사람들이 품위 있게 완곡어법을 잘 쓴다. 예를 들어, 아이들이 시끄럽게 떠들고 있으면 부모에게 "아이가 기력이 넘치네요"라고 말하는 식이다. 조용히 해 달라는 뜻이다.

나의 출신지 오사카는 교토 옆에 붙어 있지만, 성향은 꽤 다르다. 교토 사람은 부드러운 이미지, 오사카 사람은 시끌벅적한 이미지가 있다. 사투리도 비슷하면서 조금 다르다. 내가 가장 놀랐던 것은 교토 사람은 강아지나 고양이에도 존댓말을 쓰는 것이다. '하루(はる)'라는 간사이 사투리는 동사에 붙으면 존댓말이 되는데, 교토 사람은 "고양이가 담장에서 떨어지셨다(猫が塀から落ちはった)"라는 식으로 다른 지역에서 존댓말을 안 붙일 만한 주어에도 존댓말을 쓴다. 이것도 어떻게 보면 완곡어법 같은 것이다.

오사카 사람은 반대로 직설적으로 이야기하는 편이다. 앞에서 언급한 〈비밀의 현민쇼(秘密のケンミンSHOW)〉라는 인기 TV 프로그램에서 가장 많이 소개되는 지역이 오사카 사람이다. 그만큼 일본인이 보기에도 특징이 많다. 예를 들어, 오사카 사람은 같이 있는 사람에게 전화가 걸려 오면, 통화가 끝나자마자 누구 전화인지 꼭 물어본다는 식이다. 길거리 인터뷰로 오사카 사람들에게 제작진이 그 소문이 진짜인지 확인하면, 대답하는 사람마다 다 맞다고 한다. 그게 상식 아니냐고 반문한다. 나도 자연스럽게 물어볼 것 같다. 또 도쿄에서도 길거리 인터뷰로 같은 질문을 하면 하나같이 누구 전화인지 물어보지 않는다고 한다. 오히려 통화 내용을 듣지 않으려고 거리를 둔다고 답한 사람도 있었다. 오사카 사람은 궁금하면 바로 물어보는데, 도쿄 사람은 물어보면 실례일 수도 있다고 생각하는 것 같다.

그런데 한국에 오래 살다 보면 한국 사람도 다테마에로 이야기하는 경우가 꽤 많다고 느낀다. 어떤 연구소 관계자가 나에게 발표 제안을 했을 때 내가 "그 주제로는 제가 발표하기 어려울 것 같다"고 솔직하게 대답했더니 그 관계자는 연구소 소장에게는 다른 일정이 있어서 어렵다고 전달하겠다고 했다. 일본과 비슷하구나 생각했다. 거절할 땐 일정을 이유로 해야 실례가 안 된다고 생각하는 것이다. 나는 오사카 출신이라서 그런지 일본에서도 한국에서도 이런 것들이 어렵다.

'혼밥'이 왜 문제지?

한국에서도 '혼밥'이라는 말이 유행할 정도 요즘은 혼자
밥을 먹는 사람이 늘어났지만, 일본에서는 옛날부터 혼밥
은 특별한 일이 아니었다. 처음 한국에 유학을 왔을 때는
혼자 밥을 먹었다고 하면 그러면 안 되는 것처럼 왜 자기
를 부르지 않았냐고 하는 사람이 많았다. 나는 어쩔 수 없
이 혼자 먹은 것이 아니라 약속을 잡는 것이 귀찮기도 하
고, 누군가와 먹으면 메뉴 선택도 상대방을 신경 써야 해
서 혼자 먹고 싶은 것도 있었다. 내가 어느 식당에서 뭘 먹
었다는 이야기를 하면, 한국 친구들은 "누구랑?"이라고 물
어보는 경우가 많다. 일본에서는 보통 맛이 어땠는지 물어
본다. 일본에서는 내가 혼자 먹었든 누구랑 먹었든 별로

지극히 사적인 일본

일본에서는 혼자 밥 먹는 일이 전혀 이상한 일이 아니다.
© Getty Images

관심이 없다. 그래서 한국에서는 혼자 먹었다는 이야기를 점점 하지 않게 됐다. 누구랑 먹었냐고 물어보면 혼자 먹었을 때도 "친구"라고 대충 얼버무리기도 한다.

일본에서 누군가와 밥을 먹으려면 보통 일주일 이상 전에 약속을 잡는다. 그것도 어디서 몇 시에 만날지 미리미리 정한다. 그런데 한국에서는 갑자기 연락이 와서 오늘 먹자거나 지금 나오라고 하는 경우가 많다. 마감이 있어서 어렵다고 해도 밥 먹고 하라고 한다. 내가 간다고 답하기도 전에 내 것까지 주문했다고 하는 경우도 있다. 주변 한국 지인에게 이런 이야기를 하면 "요즘은 그런 일이 별로 없을 것 같은데?"라며 갸우뚱하는데, 나에게는 자주 일어나는 일이다. 외국에서 혼자 살고 있으니 내게 신경을 써 주느라 그럴 수도 있다. 나도 누군가와 대화를 나누면서 먹는 것은 좋아하지만 갑자기 일정이 바뀌는 것은 지금도 적응하기 힘들다.

일본인이 한국에서 당황하는 것 중 하나는 인사 대신 밥 먹었냐고 묻는 말이다. 나는 처음에 인사말인 줄 모르고 "아직 안 먹었어요", "빵 먹었어요" 같이 솔직하게 답했다. 그러면 "왜 아직도 안 먹었냐", "왜 빵으로 때웠냐" 같은 잔소리를 듣거나, 같이 먹으러 가자고 하는 사람도 있었다. 인사말이지만 그냥 인사말도 아닌 것이 내가 제대로 먹고 사는지 걱정해 주는 마음을 느낄 때도 있다. 일본에서는 엄마 빼고 그런 사람이 없었다. 빵을 간식처럼 생각하는 것도 신기했다. 나는 어렸을 때부터 아침은 100퍼센트 빵이었고, 점심도 빵을 먹을 때가 많았다. 초등학교 급식에도 빵이 나오는 날이 많았고 중고등학교 때는 도시락을 안 갖고 온 학생은 대부분 빵을 사 먹었다.

지극히 사적인 일본

또 하나는 한국에서는 혼자 식당에 가면 거절당하거나 2인분부터 주문 가능한 메뉴가 많다는 것이다. 이 점이 아쉽다고 하는 일본 사람이 많다. 일본에서는 혼자라고 거절당하는 일은 거의 없고 대부분 메뉴가 1인분부터 주문이 가능하다. 그런데 나도 한국 생활이 오래돼서 일본에 돌아갔을 때 혼자 먹는 사람이 너무 많아서 깜짝 놀랄 때가 있다. 특히 도쿄에서 맥도날드 같은 패스트푸드 식당에 가면 거의 100퍼센트 혼자 온 손님이다. 좁은 자리에서 묵묵히 햄버거를 먹고 있거나, 스마트폰을 보고 있거나, 사람은 많은데 아무도 대화를 안 하는 풍경이 삭막해 보여서 뭔가

도쿄 소재 맥도날드에 한번 들어가 보시라.
대부분이 혼자 온 손님일 것이다. ⓒGetty Images

쓸쓸한 기분이 들기도 한다.

한국에서 일본 드라마 〈고독한 미식가〉를 좋아하는 사람이 많은데 일본에서는 사실 특별히 인기가 많은 프로그램은 아니다. 2024년 부산국제영화제에 〈고독한 미식가〉의 주연 배우 마쓰시게 유타카(松重豊)가 나타났을 때, 여느 스타 배우 못지않게 주목을 받았는데, 일본인들은 그 뉴스를 보고 놀랐다. 나도 한국에 와서 주변 친구들이 많이 보는 영향을 받아 〈고독한 미식가〉를 자주 보게 됐다. 드라마지만 실제로 존재하는 음식점이 나와서 일본에 돌아가면 〈고독한 미식가〉에 나온 식당을 찾아간 적이 여러 번 있다. 내가 보는 목적은 맛집 정보 수집이다.

한국에서는 일본 음식에 대한 관심이 높기도 하지만 수많은 일본 음식 프로그램 중 특별히 〈고독한 미식가〉가 인기가 많은 이유는 주인공 이노가시라 고로가 아주 당당하게 혼밥을 즐기는 모습 때문이 아닐까 싶다. 일본에 가 본 적도 없고, 갈 계획도 없는데, 즐겨 보는 사람도 꽤 많기 때문이다. 한국에서는 '혼밥'이 늘어났다고 해도 아직 혼자 외식하는 것은 눈치가 보인다는 사람이 많다.

마쓰시게 유타카가 한국 방송에 출연했을 때 자기는 일본에서 촬영 현장으로 스스로 운전해서 간다고 이야기했

다. 혼자만의 공간이 마음이 편하다는 것이다. 나도 마찬
가지다. 물론 나는 매니저가 같이 다니는 연예인이 아니지
만, 신문 기자 시절 지방에서 근무할 때 주로 차로 이동하
다 보면 자기만의 공간에 있는 느낌이 들었다. 편의점에서
음식을 사 와서 차 안에서 먹는 일도 많았고, 차 안에서 낮
잠을 자거나 운전하면서 노래를 해도 다른 사람에게 신경
쓸 필요가 없어서 마음이 편했다. 반대로 이야기하면 일본
사람은 한국 사람에 비해 다른 사람과 있을 때 신경을 더
많이 쓴다는 것일 수도 있다. 물론 개인차가 있지만 일본
사람에게 혼밥이 편한 것은 그런 이유가 큰 것 같다.

그런데 사실 일본에서는 혼밥보다 '혼술'을 한국에 비해
흔히 볼 수 있다. 한국에서도 바 같은 데서는 혼자 술을 마
시는 사람이 있겠지만, 바에서 먹는 것 자체가 그렇게 흔
한 일이 아니다. 일본에서는 기본적으로 식당이든 술집이
든 카운터가 있는 데가 많고 카운터에 앉아서 종업원이나
주인과 이야기를 나누면서 혼술하는 사람도 많다. 손님은
혼자지만 혼자 가만히 마시는 것은 아니다.

일본 사람은 한국 사람에 비해 모르는 사람한테 말을 거
는 게 드문 편이지만, 술집 특히 카운터 자리에 앉으면 대
화를 나누는 사람이 많다. 종업원이나 주인은 물론 옆자리

일본 식당과 술집은 카운터를 사이에 두고
주인과 손님이 이야기를 주고받는 경우가 많다.

©Getty Images

에 앉은 사람과도 이야기를 나누는 경우가 많다. 단골끼리 서로 가족 이야기나 직장 이야기를 털어놓기도 한다. 거기서만 만나는 사람이라서 더 마음이 편한 것일 수도 있다. 일본 드라마 〈심야식당〉에 나오는 분위기다.

나도 오사카에서 대학생 때부터 자주 갔던 단골 술집이 있었는데, 코로나19 시기에 문을 닫았다. 문을 닫기 며칠 전에 갔더니 단골들이 "몇십 년 다녔는데 이제 어디로 가야 하냐"고 아쉬워하면서 술을 마시고 있었다. 여기가 없어지면 이제 만날 일이 없는 사람들이다. 술집이 하나의 커뮤니티 역할을 했던 것이다. 뭔가 한 시대가 끝난 것 같은 쓸쓸함을 느꼈다.

PART
III

일본 사회의
속살

같아야 하는 '동조 압력'

'동조 압력'이라는 말은 일본에서 자주 쓰는 말이다. 이런 말을 한국에서는 별로 들어보지 못한 것 같다. 직장 같은 특정 집단에서 소수 의견을 가진 사람에게 은연중에 다수 의견에 맞출 것을 강요하는 압력이다. 일본에서는 좀 더 폭넓게 쓰이고 있다. 퇴근 시간이 됐지만 아무도 퇴근하지 않아서 자리를 뜰 수 없는 동조 압력을 일상적으로 느낀다. 한국을 포함해서 다른 나라에서도 동조 압력은 어느 정도 있겠지만, 일본은 동조 압력이 생기기 쉬운 나라다. 에도 시대 때 오랫동안 쇄국 정책을 펼치면서 외국과의 교류가 막혔고, 섬나라이기 때문에 이민이 적어서 그렇다는 지적도 있다.

동조 압력이 일본의 빠른 경제 발전에 기여한 면도 있다고 한다. 일본이 경제 발전을 이룩한 분야는 주로 자동차 산업이나 전자 산업 같은 제조업인데, 대량 생산에 필요한 인재는 개성을 발휘해서 새로운 아이디어를 내는 사람보다 규칙을 지키며 똑같은 작업을 반복할 수 있는 사람이다. 1990년대 이후 IT화에 일본이 뒤처지기 시작한 것은 참신한 아이디어로 새로운 도전을 하는 인재가 부족했기 때문이 아닐까 싶다.

사실 한국도 일본과는 다른 기준에서 동조 압력이 있는 것 같다. 나이대에 따라서 어떻게 살아야 한다는 기준이 있고, 거기서 벗어나면 뒤떨어진 것처럼 보는 시선이 있다. 서울이나 수도권에 살아야 한다거나, 아파트에 거주해야 한다는 식의 사회적 압력은 일본에서는 없는 것들이다. 일본에서는 노인이 머리를 화려한 색깔로 염색하거나, 젊은이나 입을 법한 옷을 걸쳐도 뭐라고 하는 사람이 거의 없다. 개인의 자유라고 생각하고 별로 신경 쓰지 않는다. 지방에 살든 도쿄에 살든 별 상관이 없다. 오히려 지방에 살고 싶어도 일자리 때문에 어쩔 수 없이 수도권에 사는 경우가 많다. 한국과 일본은 동조 압력을 느끼는 포인트가 다른 것 같다.

지극히 사적인 일본

외국인이 지적하는 일본의 신기한 풍경 중 하나는 똑같은 복장으로 다니는 젊은이들이다. 취업 활동을 하는 학생들은 교복처럼 똑같이 하얀색 셔츠에 검은색 정장을 입고 다닌다. 남성은 흰 양말에 검은색 구두, 여성은 색이 없는 스타킹에 굽이 낮은 검은색 펌프스다. 나도 일본에서 취업 활동을 경험했지만 누가 그래야 한다고 정해 준 것도 아닌데, 복장 때문에 떨어지기 싫다는 심정으로 똑같이 입고 취업 활동을 했다. 지금 생각해 보면 왜 그래야 했나 싶다. 개성보다 집단에 맞출 줄 알아야 한다는 압박으로 느꼈던 것 같다.

일본에서는 특히 코로나19가 유행했던 시기에 동조 압력이라는 말을 자주 듣게 됐다. 코로나19 시기에 일본은 다른 나라에 비해 법적으로 통제하는 일은 별로 없었다. 정부가 권고만 해도 대부분 알아서 따르기 때문이다. 나는 코로나19 시기에 7개월 동안 일본에 있었는데 주로 남편이 있는 도쿄와 엄마가 있는 오사카에서 지냈다. 지방은 도시에서 사람이 오는 것을 싫어해서 나는 도쿄와 오사카만 왕래했는데 지방에서 몰래 오사카로 나를 만나러 온 친구는 절대 비밀로 해 달라고 부탁했다. 오사카에 다녀온 것을 주변 사람에게 들키면 '무라하치부' 상태가 된다는

코로나19가 창궐하던 시기에 일본인들은
그 어느 때보다 '동조 압력'과 '무라하치부' 상태를 경험했다.
ⓒGetty Images

것이다. 감염보다 사람들의 시선이 더 무서웠던 것이다.

'자숙'이라는 단어는 일본에서의 동조 압력을 상징하는 말 같다. 한국에서는 유명인이 사회적으로 물의를 일으켰을 때 활동을 삼가는 행위를 가리킬 때가 많은데, 일본에서는 스스로 행동을 자제할 때 쓴다. 감염병이 돌 때 외출을 자제하는 것도 자숙이다. 지방에서 도시로 가면 안 된다는 룰은 없지만 다들 자숙하는 것이다. 자숙하는 사람은 자숙하지 않는 사람에게 불만을 갖기 쉽다. 그러면서 '자숙 경찰'이라는 말이 유행했다. 경찰이 아닌 일반 시민이 나서서 자숙하는지 감시하는 것이다. 마스크를 쓰지 않은 사람에게 소리를 지르는 등의 지나친 자숙 경찰의 행동들이 화제가 됐다.

나도 코로나19 시기에 SNS상에서 비난받은 경험이 있다. 그것도 지금 생각해 보면 자숙 경찰의 행동이었을지 모른다. 일본에서 한국으로 들어와서 격리를 하는 사이에 내가 살고 있는 고양시에서 라면이나 인스턴트 카레 같은 구호 물품이 도착했다. 외출을 하지 못하는 상태에서 구호 물품을 받으니 고마웠다. 이런 걸 받았다고 트위터(X)에 사진을 올렸더니 갑자기 비난 댓글들이 달렸다. "일본에 돌아오지 마", "한국에 귀화하라" 같은 말이었다. 내가 누군가에게 폐를 끼친 것도 아닌데 왜 이러는지 깜짝 놀랐다. 사진을 보고 한국이 잘하고 있다고 칭찬하고 일본은 이렇게 못한다고 비판한 것처럼 받아들인 것인지, 이것이 왜 그렇게 화가 나는 일인지 이해하기 어려웠다. 다들 외출을 자제하고 있는데 해외로 나간 것 자체가 마음에 안 들었는지도 모른다. 다르게 행동하는 사람을 비난하는 무라하치부의 하나였던 것 같다.

일본에는 '공기를 읽다(空気を読む)'는 표현도 있다. 내가 싫어하는 말이다. '분위기를 파악한다'는 뜻인데, 말을 하지 않아도 분위기를 파악하고 주변에 맞추라는 것이다. 분위기 파악이 필요한 것도 일본 마을 공동체의 특징으로 개인보다 집단을 우선으로 하는 가치관이다. 일본에서는 어렸을 때부터 "폐를 끼치면 안 돼"라는 말을 귀에 못이 박히게 듣는다. 이 또한 같은 맥락이라고 생각한다.

2004년 4월에 이라크에서 일본인 5명이 무장 세력의 인질로 잡힌 사건이 발생했다. 5명은 자원봉사 활동가와 저널리스트였다. 무장 세력은 자위대가 이라크에서 철수할 것을 요구했고 일본 정부는 거부했다. 다행히 이라크의 종교 지도자가 무장 세력을 설득해서 무사히 풀려났는데, 그들이 일본으로 돌아오자 위험한 지역에 가는 이기적

지극히 사적인 일본

인 행동으로 국가(일본)에 폐를 끼쳤다는 비난 여론이 쏟아졌다. 인질이 된 5명의 집에는 비난의 전화와 편지가 쇄도했다. 나나 내 주변 사람에게 폐를 끼친 것도 아닌데 국가에 폐를 끼쳤다고 화가 나는 감정은 나는 잘 모르겠다. 살아 돌아온 사람들에게 오히려 비난이 쏟아지는 여론이 끔찍했다.

당시 총리는 고이즈미 준이치로(小泉純一郎)였다. 고이즈미 총리의 말 중에 잊을 수 없는 말들이 몇 가지가 있는데, 그중 하나는 자위대 이라크 파견에 관한 것이다. 자위대가 갈 수 있는 곳은 비전투 지역으로 정해져 있는데, 야당 국회 의원이 고이즈미 총리에게 비전투 지역의 정의가 뭐냐고 질문하자, 고이즈미 총리는 "자위대가 활동하고 있는 곳이 비전투 지역"이라는 말도 안 되는 답변을 했다. 그런 논리라면 자위대는 어디든 갈 수 있다. 상식적으로 당시 이라크는 전투 지역이었다. 이런 발언이야말로 국민이 비판해야 하는데, 인질로 잡혔다가 해방된 5명이 훨씬 거센 비판을 받은 것이다.

사건이 발생한 지 20년이 지난 뒤 인질로 잡혔던 남성이 당시 자신이 받은 비난의 편지를 공개했다. "죽어", "사죄하라", "세금 도둑" 등 심한 욕들이 적혀 있었다. 사건 당시 10대였던 남성은 대인 공포증에 시달렸다고 한다.

물론 5명을 지지하는 여론도 있었다. 그들은 세계 평화를 위해 활동한 사람들이며 자신의 이익을 챙기려는 행동은 아니었기 때문이다. 사실 위험을 무릅쓰고 취재하고 보도하는 저널리스트가 없으면 위험 지역의 실제 상황을 알 수 없다. 이라크를 비전투 지역이라고 주장한 고이즈미 총리는 이라크의 위험한 상황을 알리는 저널리스트가 눈엣가시였을지도 모른다. 정부가 동조 압력을 이용해서 여론을 움직인 사건이었던 것 같다.

자이니치 차별

일본의 자이니치 차별도 동조 압력과 연관이 있는 것 같다. 자이니치는 '재일(在日)'의 일본식 발음인데, 재일코리안(在日コリアン)을 뜻한다. 여기서는 자이니치라는 말을 쓰기로 하지만 정말 다양하게 불린다. 한국에서는 재일동포나 재일교포라고도 하는데, 〈아사히신문〉에서는 '재일코리안'이라고 썼다. 재일코리안이라고 하면 재일한국인도 재일조선인도 둘 다 포함할 수 있기 때문이다.

사실 자이니치 차별 문제는 아주 복잡해서 어디서부터 써야 할지 모를 정도다. 먼저 말하고 싶은 것은 일본이나 한국이나 자이니치에 대한 오해가 많지만 한국에서 더 오해가 많다는 것이다. 양국 모두 관심이 없는 사람이 제일 많고, 뉴스나 영화, 드라마 등을 통해서 접한 일면을 가지고 그것이 자이니치라고 오해하는 사람도 많은 것 같다.

한국에서 오해가 많은 이유 중 하나는 남북 분단 때문이라고 생각한다. 자이니치는 주로 '특별 영주자'를 가리킨다. 기본적으로 1945년 일본의 패전, 즉 조선의 해방 전부터 일본에 거주했던 사람과 그 후손들이다. 광복 이후에 밀항으로 일본에 건너온 사람들도 일부 포함되지만, 중요한 것은 분단 전에 일본으로 이주한 사람들과 그 후손들이라는 것이다. 현재 자이니치는 대한민국 국적을 가진 사람이 대부분이지만, '조선적(朝鮮籍)'인 사람도 있다. 조선적이라고 하면 많은 사람들이 조선민주주의인민공화국(북한) 국적이라고 착각한다. 조선적의 조선은 분단 전의 조선이다. 엄밀히 말하면 국적이 아니다. 무국적자다. 이는 내가 〈아사히신문〉 기자였을 때 법무성에 직접 확인한 내용이다.

법무성은 조선적의 조선은 나라가 아니라 지역이라고 설명했다. 분단 전의 조선 출신으로 새로 국적을 취득하지 않은 사람과 그 후손이 조선적을 유지하고 있다. 대한민국 국적은 자이니치에게 자연스럽게 주어진 것이 아니라 취득해서 가진 국적이다. 조선적 자이니치 중에는 북한을 지지하는 사람도 있지만, 분단된 조국을 인정하지 않는 사람도 있다. 조국 통일을 바라고 어느 한쪽 국적을 갖는 것을 거부하는 것이다. 이 부분이 정말 어렵고, 사실 본인들도 북한 국적으로 착각하고 있는 경우도 많이 봤다.

조선적 자이니치는 한국의 정권에 따라 한국에 입국 가능 여부가 갈릴 때도 있다. 대부분 그런 사실이 드러나지 않지만, 유명인은 주목받을 때가 있다. 2015년 자이니치 김석범 작가가 입국을 거부당했을 때는 양국에서 화제가 됐다. 김석범 작가는 제주 4.3 사건을 소재로 한 소설《화산도》로 알려져 있다. 2015년은《화산도》한국어 번역판

제주 4.3 사건을 소재로 한 소설《화산도》를 쓴 김석범 작가.
조선적을 유지하고 있는 자이니치다. ⓒ연합뉴스

출간을 기념하는 행사에 출석하려고 했는데, 한국 정부가 입국을 막았다. 김석범 작가는 남북 통일을 바라는 마음으로 조선적을 유지하고 있다.

여기서 조금 개인적인 이야기를 하면 《화산도》는 나와도 인연이 있다. 내가 〈아사히신문〉을 그만두고 동국대학교에서 유학한다고 했을 때, 지인이 "동국대로 가면 이 사람을 찾아가"라며 연락처를 줬다. 그 사람이 바로 《화산도》를 번역한 동국대학교 일본학연구소 김환기 소장이었다. 그런 인연으로 나도 재일코리안 연구 프로젝트에 참여하게 됐다.

어쨌든 자이니치가 일본에 있게 된 원인은 일본의 식민 지배 때문이다. 2023년 시점으로 한국적/조선적 특별 영주자는 27만 7,707명, 그중 조선적은 2만 4,305명이다. 일본 국적을 취득한 사람도 많지만 그건 통계상 알 수 없다. 1945년 해방 당시 일본에 있던 조선 출신자는 약 200만 명이었고 그 후 일본에 남은 사람이 약 70만 명이다. 이것이 자이니치의 시작이라고 이야기할 수 있다.

자이니치에 대한 설명이 길어졌지만, 내가 동조 압력과 자이니치 차별을 연관시켜서 이야기하는 것은 일단 외모가 닮았기 때문이다. 서양 사람이 일본에 거주한다고 해서 동조 압력이 생길 것 같지는 않다. 하지만 자이니치는 겉으로는 일본인과 거의 구별하기 힘들다. 그리고 일본은 식민 지배 시절 동화 정책을 실시했다. 그중 하나가 일본식 성명을 강요하는 창씨개명이다. 자이니치 1세들은 조국으로 돌아가려고 했던 경우도 많았지만, 3세나 4세가 되면 일본 국적을 취득하는 것이 편하긴 할 것이다. 그런데 일본 국적을 취득하지 않는 배경에는 1세가 창씨개명을 강요당했던 역사도 있는 것 같다. 동조 압력에 저항하는 것이다.

자이니치 차별로 일어난 가장 큰 사건은 1923년 간토 대지진 직후 발생한 조선인 대학살 사건이다. 간토 대지진은 사망자와 행방불명자가 10만 5,000명 이상 추정되는 엄청난 피해가 발생한 지진이었다. 1919년에 일어난 3.1 만세 운동도 대학살과 연결된 것 같다. 나는 당시 일본인의 심리는 미움보다 공포심이었지 않나 생각한다. 조선인이 대지진이라는 혼란 상황을 이용해서 식민 지배에 대한 복수를 하는 게 아닐까 하는 공포심 말이다. "조선인이 방화했다", "조선인이 우물에 독을 탔다" 등의 유언비어가 퍼져서 다수의 조선인이 학살당했다.

이때 일본인과 외모가 비슷한 조선인을 구별한 방법은

1923년 간토 대지진 당시 요코하마.
©요코하마 중앙 도서관

간토 대지진 때 자행된 조선인 학살.
©Wikipedia

발음이었다. "주고엔 고주센(15円50銭)이라고 해 봐"라고 해서 발음이 이상하면 조선인으로 간주했다고 한다. 그런데 지방 출신 일본인 중에도 발음 때문에 조선인으로 오해를 받아 살해당한 이도 있었다. 100년 전의 사건이지만 지금도 이 역사적 사실을 부정하는 일본 정치인들이 있다. 그러나 한편으로 이 사건을 꾸준히 조사하고 밝히며 일본 국가의 책임을 추궁해 온 일본인들도 있다.

나는 2010년대 〈아사히신문〉 기자 시절에 대학살 사건에 대해 자세히 알게 됐다. 그런 사건이 있었던 것은 알고 있었지만, 자이니치를 겨냥해서 차별적 발언을 하는 '헤이트 스피치(혐오 발언)'가 심해지면서 다시 주목받기 시작한 시기였다. 옛날의 끔찍한 사건을 떠올리면서 다시는 그런 일이 일어나면 안 된다는 경각심을 주기 위해서였다. 나는 문화부 소속으로 '문화인이 젊은이에게 권하는 책' 코너를 담당했는데 자이니치 김시종 시인이 권했던 책이 간토 대지진 후의 조선인 대학살에 관한 책이었다. 가토 나오키(加藤直樹, 1967~)의 《구월, 도쿄의 거리에서》라는 책이다. 한국어로도 출판됐다. 이 책은 헤이트 스피치의 뿌리를 찾아서 쓴 책이다. 나는 이 책으로 처음 그 당시의 잔혹한 상황을 읽고 충격을 받았다. 김시종 시인은 제주 4.3 사건을 직접 경험한 사람이다. 학살에 대한 남다른 기억이 있는 사람으로서 이 책을 소개한 것 같다.

현재 자이니치 차별은 완전히 사라진 것은 아니지만, 1세나 2세가 겪었던 심한 차별은 많이 사라졌다. 이렇게 된 데에는 2000년대 한류 붐도 한몫했다. 한국에 대한 이미지가 바뀌면서 자이니치에 대한 시선도 달라진 것이다. 친구의 아이들 이야기를 들어 보면 우리 때와는 한국에 대한 이미지가 확연히 달라진 것을 느낀다. 내가 고치에서 자라서 그랬던 것도 있겠지만, 친구들 사이에서 한국이나 한국 문화에 대해 화제가 된 기억은 거의 없다. 한국과 인연이 깊은 오사카에서 자랐다면 좀 더 화제가 됐을 수도 있다.

어쨌든 친구 아이들을 보면, 초등학생 때부터 K-POP 아이돌을 좋아하고 한국에 관심이 많은 학생이 많은 듯하다. 내가 한국에서 도쿄에 있는 친구 집에 놀러 갔을 때는 친구 아들이 학교에서 "한국에서 이모가 온다"고 자랑했다고 한다. 나도 친구도 그게 자랑할 일이냐면서 놀랐다. 사실 내가 2000년대 초반에 한국에 유학을 올 때만 해도 "미사일 쏘는 나라가 아니냐"며 말리는 사람이 있었다. 북한과 한국을 구분하지 못할 정도였다. 드라마 〈겨울연가〉가 기폭제가 돼서 한류 붐이 시작된 것은 내가 한국 유학을 마치고 난 2003년 이후의 일이다.

한국 관련 강의를 하는 대학 교수들도 학생들의 변화를 느끼고 있다. 10년 전만 해도 자신이 자이니치라는 사실을 조심스럽게 교수에게 고백하는 학생이 있었는데, 요즘은 당당하게 이야기한다고 한다. 한국이 젊은 사람들의 동경의 대상이 되면서 자신이 자이니치라는 것을 긍정적으로 느끼고 있는 것 같다.

다만 북한에 대한 이미지는 여전히 좋지 않다. 그로 인해 피해를 입는 것은 주로 '조선 학교' 아이들이다. 나는 자이니치 차별의 복잡함은 단순화하지 않고, 복잡한 사실 그대로 받아들여야 한다고 생각한다.

자이니치에 관심을 쏟는 일본인

내가 재일코리안에 관심을 갖게 된 계기는 오멸 감독의 영화 〈지슬〉(2013)이었다. '지슬'은 제주도 말로 '감자'라는 뜻이다. 〈지슬〉은 제주 4.3 사건에 관한 영화다. 당시 〈아사히신문〉 오사카 본사에서 문화 담당 기자였던 나는 〈지슬〉 개봉에 맞춰 오사카에 온 오멸 감독을 인터뷰했다. 오멸 감독은 오사카에서 이 영화를 상영하는 것에 특별한 의미를 느끼고 있었다. 오사카에 제주도 출신자가 많기 때문이다. 그중에는 제주 4.3 사건 때문에 피난 온 사람도 많다.

오사카에서 특히 재일코리안이 많이 사는 곳은 오사카시 이쿠노구(生野区)다. 이쿠노구에는 코리아타운이 있다. 옛날에는 '조선 시장'이라고 불리며 재일코리안들이 한국 식재료나 생활용품을 사는 곳이었다. 1993년부터 '코리아타운'이라고 불리게 됐고 한류 붐 이후에는 젊은 사람들이 한국 문화를 즐기러 오는 한류 거리가 됐다. 그런 젊은 사람들에게도 재일코리안이나 코리아타운의 역사를 알리기 위해 2023년 4월 '오사카

코리아타운 역사자료관'이 문을 열었다. 부관장을 맡은 이지치 노리코(伊地知紀子) 오사카공립대학교 교수는 재일코리안에 대한 연구, 특히 제주도 출신자들에 관한 연구에 힘을 써 왔다. 오사카 코리아타운 역사자료관에서 이지치 부관장을 만나 인터뷰를 했다.

Q. 이지치 선생님은 어떻게 재일코리안에 관심을 갖게 됐어요?

<u>이지치</u>   저는 고등학교까지 교육 속에서 재일코리안에 대해 배우지 못했어요. 대학교에 들어가서 식민 지배에 관한 역사를 알게 되면서 제가 몰랐다는 사실에 충격을 받았습니다. 그래서 졸업 논문에 식민 지배에 관한 무엇인가를 쓰고 싶다고 생각했어요. 마침 어떤 선생님이 재일코리안에 대해 쓰면 어떻겠냐고 조언해 주셨고요. 그때 재일코리안의 귀화 문제, 일본 국적 취득에 관한 문제를 알아보기 시작했는데, 당시 재일코리안 관련 책은 차별에 관한 것과 운동에 관한 것밖에 없었어요. 남성만 나오고. 저는 여성들의 일상적인 이야기를 알고 싶었는데요. 그러다가 석사 과정 때 '어머니 학교'에 대해 알게 됐어요. 재일코리안 어머니들이 일본어를 배우는 곳인데 제가 다니기 시작한 건 1992년쯤이었어요. 그땐 아직 조선 시장이었는데 그 후 코리아타운으로 바뀌었어요.

Q. 조선 시장 때는 어떤 분위기였나요?

이지치   그땐 어둡고 지금처럼 반짝반짝하지는 않았어요. 어머니 학교는 조선 시장 가까이에 있었는데 어머니들은 대부분 제주도 출신이었어요. 저는 일본어를 가르치고 어머니들을 인터뷰하고 석사 논문을 쓰기로 한 겁니다. 어머니들 이야기를 듣다가 그분들의 고향인 제주도에 가 보고 싶어졌어요.

Q. 오사카 코리아타운 역사자료관을 만들게 된 계기를 알고 싶습니다.

이지치   저는 오사카공립대학교에 있는데 다나카 히로시(田中宏) 히토츠바시대학교 명예 교수가 재일코리안에 관한 책이나 자료를 기증해 주셨어요. 그런데 그런 책이나 자료가 대학교에 있어도 일반 사람들이 볼 기회가 없잖아요. 도서관이나 자료관 같은 일반 사람들이 접근하기 쉬운 공간이 있으면 좋겠다고 생각했어요. 코리안타운은 관광객들이 연간 200만 명이 와요. 대부분 한류를 소비하는데 코리안타운의 역사는 잘 몰라요.

Q. 그런데 그런 공간을 만들려면 돈이 필요하죠?

이지치   그래서 '도쿠야마(德山)물산'과 상의한 겁니다. 도쿠야마물산은 오사카 코리아타운에 있는 한국 음식을 파는 상사예요. 떡, 냉면, 김치 등을 팔아서 성공했죠. 제주도 출신 아버지와 어머니가 시작했고 아들 홍성익 씨가 아버지의 뜻을 따르고 싶어 했어요. 아버지는 재일코리안에 관한 자료관이나 박물관을 만들고 싶었는데, 실현하기 전에 돌아가셨거든요. 그래서 홍성익 씨한테 연락하니까 "같이 합시다"라고 해서 2021년에 이사회를 만들어서 사단법인을 만들었죠. 여기 오사카 코리아타운 역사자료관의 건물과 땅은 홍성익 씨가 무상 제공해 주신 겁니다. 홍성익 씨는 화가거든요. 여기는 아틀리에였고.

재일코리안 홍성익 씨의 도움으로 건립된
오사카 코리아타운 역사자료관. ⓒ나리카와 아야

Q. 크라우드 펀딩 같은 것도 하셨어요?

이지치   크라운드 펀딩은 하지 않고 민간인 기부는 전단지를 배포하거나 SNS를 통해서 모았어요. 9개월 만에 3,000만 엔. 저는 1,000만 엔이 있으면 시작할 수 있겠다고 생각했는데, 이사 중에 부유한 분이 있어서 큰돈을 내주셨어요. 그리고 우치다 다쓰루(內田樹)라는 유명한 분한테 합기도를 배우는데, 우치다 선생님도 기부해 주시고, 또 트위터(X)를 통해서 홍보해 주셔서 전혀 모르는 사람들이 전국에서 기부를 해 줬어요. 제가 하려고 한 일이 작은 일인 줄 알았는데, 이렇게 기대해 주는 사람들이 많다는 건 예상 밖이었어요.

Q. 생각해 보니까 코리아타운에 관한 자료관은 없었던 것 같아요.

이지치   맞아요. 그래서 개관 후 반응이 좋습니다. 한 달에 1,000명씩 방문하고 있어요. 여러 학교 선생님이나 학생들이 단체로 오기도 하고요. 저는 안내 의뢰를 받으면 나오는데 의뢰가 꽤 많아요.

Q. 대학교에서 가르치시는데 요즘 학생들은 재일코리안에 대해 관심이 있나요?

이지치   지금은 할아버지, 할머니보다 더 위 세대가 조선에서 왔다는 학생도 많은데 그런 학생들은 옛날이랑 다르게 아무렇지도 않게 이야기해요. 20년 전에는 숨기려고 하는 학

생이 많았어요. 그런 학생들이 재일코리안에 대해 배울
기회를 주고 싶었어요.

Q. 한국에서도 자료관에 찾아오나요?

이지치   제주MBC를 비롯해서 제주 언론들이 많이 보도해 준 덕
분에 종종 와요. 제주대학교 총장도 오셨었고.

1994년과 1997년에 제주에서 생활을 한 적이 있는
이지치 부관장 ⓒ이지치 노리코

Q. 이지치 선생님도 제주대학교에 계셨죠?

이지치   1994년도에 1년, 1997년도에 1년 동안 제주대학교 소속
이었죠. 그런데 학교보다 마을에서 지냈어요. 어떤 분이

자기 집이 비어 있으니까 무료로 빌려주겠다고 하셔서 거기서 살았어요. 그분 아버지는 식민지 시기에 국민학교를 다녀서 일본어를 조금 하셨어요. 그리고 마을 사람들은 오사카에서 살아본 적이 있는 분이 많아서 오사카 사투리를 쓰더라고요. 저는 해녀들과 함께 물질도 하고 같이 생활하면서 조사를 했어요. 한국어를 못하는 상태로 가서 제주 말부터 배웠어요.

Q. 물질은 바로 할 수 있는 건가요?

이지치 저는 원래 수영을 좋아해요. 그런데 물질은 정말 힘들어요. 특히 전복이 어려워요. 강하게 붙어 있어서 떼려고 하다가 손이 안 빠지게 될 수도 있어요. 아주 위험해요. 그래서 자연산 전복이 비싼 거예요. 제가 제주도에서 많은 것을 배웠는데 그걸 사람들과 공유하고 싶었던 것도 자료관을 만든 이유입니다.

지극히 사적인 일본

매뉴얼 사회의 명암

한국에서 자주 쓰는 일본어 중에 '유도리'라는 말이 있다. 그런데 일본어 유토리(ゆとり)는 한국에서 쓰이는 의미와 다르다. 일본어 유토리는 '여유'라는 뜻이다. "경제적으로 유토리(여유)가 있다", "시간적으로 유토리(여유)가 있다"는 식으로 쓴다. 한국에서는 융통성이라는 뜻으로 '유도리'라는 말을 쓴다. "유도리가 없다"고 하면 융통성이 없다는 뜻이다. 나는 처음 한국 사람들이 말하는 '유도리'가 일본어와 다른 뜻인 줄 몰라서 당황했다. 원래는 일본어지만 한국에선 다른 뜻으로 쓰이는 말들이 있다.

일본 사람은 한국 사람에 비해 '유도리(융통성)'가 없는 경우가 많다. 일본에서 살아 본 한국 사람은 매뉴얼대로만 하는 일본식 대응에 대해 "답답하다"고 이야기한다. 매뉴 얼대로만 대응하니 개선의 여지가 없다. 문제가 있으면 바꿔야 하는데, 하던 대로만 하니까 일본은 변화가 느리다는 지적을 받는 것 같다.

한국 대학의 박사 과정에 입학하려는데, 영문 석사 졸업 증명서가 필요했다. 이 서류를 오사카대학교에 신청했을 때의 일이다. 한국 대학은 바로 온라인으로 발행되는 경우가 많은데 일본 대학은 신청과 발행을 모두 우편으로 하거나 직접 대학 창구로 가야 했다. 창구로 신청하러 가도 발행은 일주일 정도 걸려서 다시 창구를 방문하거나 우편으로 받을 수밖에 없었다. 코로나19 이후로는 온라인이 가능해졌을지도 모르겠다. 답답한 마음에 우편으로 신청했는데 오사카대학교에서 전화가 왔다. "석사 논문 제목이 일본어라서 영문 졸업증명서는 발행할 수 없어요." 일본 대학이니 당연히 논문 제목은 일본어로 쓰여 있는 경우가 많을 것이다. 오사카대학교는 유학생도 많은데 영문 졸업증명서를 발행이 안 될 리 없다고 생각해서 제목만 일본어로 하고 영문으로 발행해 달라고 부탁했다. 그렇지 않으면 영문으로 번역해서 아포스티유(apostille)*를

---

* 한 국가가 발행한 공문서를 다른 국가에서 사용할 수 있도록 인정받는 절차.

받아야 하는데 시간이 걸리고 비용도 비싸다. 서류를 받는 한국 대학은 바로 준비할 수 있는 서류로 알고 있어서 제출 기한이 짧았다. 오사카대학교 담당자에게 사정을 설명하니 곤란해하는 말투로 상사와 상의하겠다고 했다. 며칠 기다린 다음에야 영문으로 발행해 주겠다는 연락을 받고 서류를 발급받았던 기억이 난다.

해외 대학 박사 과정에 진학하려면 당연히 영문 석사 졸업 증명서가 필요한데 내가 말도 안 되는 부탁을 하는 것처럼 대응해서 놀랐다. 매뉴얼에 없었던 모양이다. 졸업생에게 졸업 증명서를 발급해 주는 의미를 생각하면 바로 발행할 수 있을 것이다. 이런 일이 정말 많다. 매뉴얼대로만 대응하는 답답한 일본 경험담은 경험해 본 사람끼리 이야기를 시작하면 끝이 없을 정도다.

그런데 '유도리'가 없는 일본에 대해 한참 이야기하다가도 "그래도 일본이 예측 가능성이 있는 건 좋다"는 결론으로 마무리될 때도 있다. 사실 장점도 있다. 매뉴얼대로 할 것이라는 믿음은 소비자 입장에서 손해를 볼까 봐 여러 가지 생각을 할 필요가 없어서 편한 부분도 있다. 특히 자동차 수리 같은 경우가 그렇다. 적절한 금액을 알기 어려운 분야의 경우 일본에서는 매뉴얼대로 계산할 거라는 믿음

일본에서는 여자 혼자 자동차를 수리하러 가도
비용이 터무니없을 것이라 생각하지 않는다.
매뉴얼대로 처리할 것이라는 믿음이 있기 때문이다.

이 있다. 그래서 별 걱정 없이 혼자 자동차 수리를 맡기러 갈 수 있다.

반면 한국에서는 '외국인 여자가 혼자 가면 바가지를 씌우지 않을까' 하는 걱정 때문에 남성 지인에게 같이 가 달라고 부탁하게 된다. 한국에서는 손님에 따라 금액이나 제공되는 서비스가 달라질 가능성이 있지만, 일본에서는 어떤 손님에게도 매뉴얼대로 같은 금액에 같은 서비스가 제공될 거라는 믿음이 있다.

이 매뉴얼이라는 것이 언제부터 쓰이게 됐는지 찾아보니 19세기 미국 회사에서 작업 효율화를 목적으로 작성된 것이 첫 사례라고 한다. 그것이 일본으로 넘어온 때는 1971년. 도쿄 긴자에 일본 1호점을 낸 맥도날드다. 조리법부터 접객에 이르기까지 순서나 서비스 내용을 자세하게 정한 매뉴얼이 도입됐다. 아무 때나 어느 지점을 가도 같은 맛과 서비스를 제공받을 수 있게 한 것이다.

일본에서도 '매뉴얼 인간'이라는 말은 나쁜 이미지다. 매뉴얼대로만 행동하는 사람을 비꼬는 말이다. 실제로 한국보다는 매뉴얼대로 행동하는 사람이 많다. 리스크 회피가 가장 큰 이유인 것 같다. 매뉴얼대로만 하면 책임을 면할 수 있다. 매뉴얼에서 벗어나는 행동으로 뭔가 문제가 생기면 책임을 져야 하기 때문이다. 최근 이런 이야기를 한국 지인과 하면서 한국에서는 매뉴얼 자체가 없는 경우가 많다는 것을 알게 됐다. 물론 사업이나 분야에 따라 다르겠지만 아르바이트를 쓰는 업종의 경우는 매뉴얼이 거의 없다는 것이다. 나는 일본에서 아르바이트를 할 때마다 면접 때 매뉴얼을 받고 첫 출근 날까지 열심히 외웠다. 이럴 땐 이렇게 말하고 저렇게 한다는 내용이다. 예를 들어, 중국집에서는 주문을 주방에 전할 때 중국어로 해야 했다. 외우는 데 시간이 꽤 걸렸다. 한국에서도 매뉴얼이 아예

일본 식당은 아르바이트생에게도 문서화된 매뉴얼을 제공하고 숙지하도록 한다. ©Getty Images

　　　　　　　　　　　　　　지극히 사적인 일본

없는 것은 아니겠지만 구두로 전달하지 종이로 따로 주는 경우는 별로 없다고 들었다. 한국과 일본의 차이점 중에는 일상의 기록 문화도 있다. 일본은 모든 것을 글로 남기는 문화가 한국보다는 보편적인 것 같다.

어쨌든 일본은 형식을 중요시한다. 한국의 학위 수여식은 일본과 달리 처음부터 끝까지 정신없는 분위기여서 재미있었다. 행사가 시작되어도 사진 촬영을 권하는 아저씨가 자꾸 말을 걸어오고 무대에서 학위기를 받는 졸업생에게 객석에서 친구들이 "잘 생겼어요!"라고 외치면, 사회자도 "예, 정말 잘 생겼네요"라면서 맞장구를 쳐준다. 흐르는 음악도 경쾌한 음악이었고 학위기를 받으면 원래 자리로 돌아가지 않고 사진을 찍거나 그대로 나가 버리는 졸업생도 많았다. 일본에서는 좀 더 엄숙한 분위기로 진행될 것이다.

초등학생 때는 졸업식 연습을 여러 번 한 기억이 있다. 행사 진행에 따라 기립하고 절하고 착석하는 연습을 다 같이 하는데 누군가가 조금 늦거나 하면 전체가 다시 하는 식이었다. 군대에 입대한 적은 없지만 군대 같은 분위기였던 것 같다. 의미 없고 괴로운 시간이었는데 나보다 스무 살 어린 친구도 그랬다고 한다. 졸업식이란 원래 졸업을 축하하는 자리인데 좋은 추억으로 남지 않아 안타깝다. 이렇게 형식을 중요시하는 교육을 받다가 머리로 생각하지 않는 매뉴얼 인간이 되는 것 아닐까 하는 생각도 든다

　　　　　　　　　　　지극히 사적인 일본

일본 사회를 더욱 보수화한
동일본 대지진

2002년 처음으로 유학차 한국에 왔을 때, 나는 다이내믹한 한국에 흥미를 느꼈다. 한일 월드컵 4강 진출, 미군 장갑차에 여중생 두 명이 깔려 숨진 사건에 항의하는 촛불 시위, 대통령 선거에서는 노무현 후보가 아슬아슬하게 역전해서 당선되는 등 그전까지 일본에서 20년간 경험해 본 적이 없던 '시대가 움직이고 있다'는 감각을 느껴서 신선했다.

　일본에 비해 한국은 정치에 관심이 많은 편인데 대통령 선거와 정권 교체가 있다는 것이 큰 차이다. "일본은 직접 총리를 뽑지 않는데 그래도 괜찮냐"는 질문을 여러 번 받았다. 사실 한국에 오기 전까지 이런 걸 생각해 본 적도 없었다. 총리는 국회 의원 중에서 국회 의결로 선출된다. 국

일본인들이 정치적 선택을 할 수 있는 때는
국회 의원 선거와 지방 선거이지만 별로 관심이 없다.
사진은 2016년 참의원 선거 모습.
©Getty Images

회 의원은 선거로 뽑지만 결국 국회 의원이 가장 많은 자민당 총재가 총리가 되기 때문에 '우리가 뽑은 총리'라는 느낌은 없다.

국회 의원 선거에 대한 관심도 별로 없다. 요즘은 투표율이 50퍼센트대다. 내가 기억하는 선거 중에서 가장 분위기가 고조됐던 건 2009년 민주당이 압승하고 정권 교체를 실현한 선거였다. 의석 480개 중 308석을 획득했다. 이때는 투표율도 69.3퍼센트로 높았다. 나는 당시 기자로 선거를 취재하면서 설렜던 기억이 난다.

2008년 리먼 쇼크로 경제가 또다시 어려워지면서 민주당이면 어떻게 해 주지 않을까 하는 기대도 컸던 것 같다. 정권 교체 직전의 총리는 아소 다로(麻生太郎)였는데 내각 지지율이 10퍼센트를 밑돌았다.

정권 교체 후 민주당의 하토야마 유키오(鳩山由紀夫) 내각은 70퍼센트를 넘는 높은 지지율로 시작했다. 그런데 되돌아보면 민주당의 최대 정략이 '정권 교체'였던 것 같다. 정권 운영 능력은 부족했다. 경험이 없었으니 어쩔 수 없는 면도 있지만 성과를 보여 주지 못한 채 2011년 동일본 대지진이 발생하고 이듬해 다시 자민당이 여당이 됐다. '역시 자민당이 낫다'고 생각하는 사람이 많았던 모양이다.

동일본 대지진 후 쓰나미로 인해 폐허가 된 이시노마키.
©Getty Images

큰 재해를 겪으면 변화보다는 안정을 추구하는 심리가 생긴다.
©Getty Images

이때부터 현재까지 자민당이 쭉 정권을 잡고 있다. 정권 교체에 도전할 야당도 없다. 큰 재해를 겪고 나서 국민들은 다이내믹한 정치보다 경험이 많은 자민당에 맡기고 큰 실수 없는 정치를 원하게 된 것 같다.

자민당이 다시 정권을 잡으면서 아베 신조가 총리로 복귀했다. 민주당이 정권을 잡기 전에 한 번 총리가 됐지만 궤양성 대장염 때문에 1년 만에 사임했다. 병 때문에 사임한 건 안타깝지만 그렇게 그만둔 사람이 다시 총리가 될 줄은 몰랐다. 결국 총리 재임 기간은 합쳐서 3,188일로 역대 최장수 총리가 됐다.

자민당 지지자 중에는 젊은 사람들도 많다. 지지하는 이유를 물어보면 "다른 정당보다 믿을 수 있다", "지금까지 정권을 운영해 온 경험치가 장점이다" 같은 변화에 대한 기대보다는 현상 유지라는 보수적인 생각이 지배적이다.

한일을 비교하면 한국은 새로운 일에 도전적이고 일본은 리스크 회피를 최우선으로 생각하는 경향이 있다. 영화 제작만 봐도 그렇다. 한국은 투자를 받아 예산 규모가 큰 영화를 만들고 대히트를 치면 큰돈을 벌지만 흥행에 실패하는 작품도 많다. 일본에서는 제작위원회 방식으로 제작사, 배급사, 방송국, 출판사 등 여러 회사가 영화 제작에 참여하고 서로 폐를 끼치지 않도록 만드는 경우가 많다. 리스크는 되도록 회피하고 큰 히트까진 바라지 않고 손해는 보지 말자는 것이다. 일본은 1억 2,000만 명을 넘는 인구가 있고 국내 시장만 생각해도 어느 정도 수익이 나기 때문이다.

그런데 "애니메이션 빼고 일본 영화가 옛날처럼 재밌지 않다"는 소리를 한국에서 자주 듣는 원인 중 하나는 제작위원회 방식에도 있는 것 같다. 새로운 도전 없이 무난하게 만들기 때문이다. 국내 시장이 작아 해외 시장을 겨냥하는 한국 문화 산업과의 차이다.

리스크 회피부터 생각하는 일본 방식은 답답할 때도 많지만, 큰 재해를 여러 번 겪다 보면 그렇게 되는 것도 이해가 간다. 그런데 막상 가장 큰 리스크로 보이는 원자력발전소가 일본 같은 지진이 잦은 나라에 많은 이유는 모르겠다. 일본 국민은 원전 리스크는 왜 피하려고 하지 않는 걸까.

나는 초등학교 때 도시 오사카에서 자연이 풍부한 고치로 이주한 만큼 환경 문제에 민감한 편이다. 후쿠시마 원전 사고 전부터 원전을 반대하는 입장이었다. 원전 건설을 추진해 온 것은 오랫동안 여당이었던 자민당인데, 원전 사

지극히 사적인 일본

고를 거쳐 다시 자민당이 여당으로 복귀하는 것은 아이러니하다고 생각했다. 현재도 자민당은 "원자력을 최대한 활용하겠다"고 한다.

냄새 나는 것에
뚜껑을 덮는다

원전 리스크는 보려고 하지 않는 것 같다. 일본에는 '냄새 나는 것에 뚜껑을 덮는다'라는 관용구가 있다. 나쁜 일이나 실패, 추문 등 세상에 알려지지 않기 위해 근본적인 해결을 도모하지 않고 일단 감추는 것을 뜻한다. 한국에서는 정부가 잘못을 감추려고 하면 국민들이 가만히 있지 않겠지만, 일본에서는 국민도 못 본 척하고 지나가려는 경향이 있다.

2023년 후쿠시마 원전의 방사성 오염수를 바다에 방류할 때 일본보다 한국에서 반대 목소리가 컸다. 가장 피해를 볼 수 있는 일본 사람들은 왜 조용한지 궁금해하는 한국 사람이 많았다. 이유는 많겠지만 일본에서는 정부에 반

지극히 사적인 일본

동일본 대지진 발생 이후 5년이 지난 후쿠시마 원자력 발전소.

©Getty Images

대 목소리를 내는 사람이 한국에 비하면 많지 않다.

오염수에 관해서는 용어 선택의 영향도 있다고 생각한다. 일본에서는 '오염수'라는 말은 쓰지 않고 '처리수'라는 말을 쓴다. 처리해서 안전하다는 인상을 주는 말이다. 정말 안전하다고 생각하는 사람이 얼마나 있는지는 모르지만, 안전하다고 믿고 싶은 사람은 많을 것이다. 나는 위험하다고 생각하지만 어차피 반대해도 방류할 거라서 포기하는 마음이었다.

2011년 원전 사고 당시 '상정외(想定外)'라는 말을 자주 썼다. 예상 밖에 일을 뜻하는 말인데, 지진 규모가 '상정외'로 커서 사고를 막을 수 없었다는 것이다. 상정하고 대책을 마련했어야 했는데 무책임한 말로 들렸다. 어쨌든 상상도 못할 만한 큰 지진이 실제로 발생했고, 원전 사고가 일어난 건 사실이고, 앞으로 또 일어날 수 있다는 증거다. 그래서 당연히 사고 후에는 많은 사람이 원전을 반대하는 입장이 될 줄 알았는데 그렇지도 않았다.

동일본 대지진 후 원전 재가동을 둘러싸고 처음에는 찬성보다 반대 의견이 많았지만 점차 재가동하는 원전이 늘어났다. 2024년 〈아사히신문〉의 여론 조사에 따르면, 찬성 50퍼센트, 반대 35퍼센트로 재가동에 찬성하는 사람이 많

지극히 사적인 일본

일본에 탈원전 운동이 없는 건 아니다.
다만 그 수가 매우 적다.
©Getty Images

아졌다.

'처리수'도 '상정외'도 문제의 핵심을 덮어 버리는 말로 보인다. 정부가 덮고 싶은 건 알겠지만, 문제는 많은 국민이 그걸 받아들인다는 점이다. 물론 원전 재가동에 반대하고 열심히 행동하는 사람들도 있고, 아무 행동도 하지 않는 나는 뭐라고 할 자격이 없다. 그런데 실제로 일본에서 정부의 방침을 국민이 바꾸는 일은 드물다.

그렇다고 일본 사람들이 쭉 정부에 반대 목소리를 안 냈던 건 아니다. 특히 1960~70년대 안보 투쟁이나 학생 운동은 엄청나게 큰 규모로 벌어졌다. 나는 태어나기 전이라 사진이나 영상밖에 본 적이 없지만 일본에도 이런 시기가 있었구나 하고 놀랐다. 국회를 둘러싼 사람들의 모습은 한국의 1987년 6월 민주 항쟁의 열기와 비슷해 보인다.

1969년은 도쿄대학교 입시가 없었다. 학생 운동 때문이다. 학생들이 도쿄대학교 야스다 강당을 점거했고, 경찰 기동대가 투입되는 사태까지 일어났다. 1949년생인 아빠는 "입시가 없어서 도쿄대에 못 갔다"고 하신다. 물론 입시가 있어도 못 들어갔겠지만 말이다.

그렇게 많은 사람이 운동에 참여했지만 결국 얻은 건 별로 없었던 것 같다. 그러다가 1970년대 이후 좌익 운동이

지극히 사적인 일본

1969년 일본 도쿄대학교 야스다 강당을 점거한 전국학생공동투쟁회의
소속 학생들. 도쿄대학교 의학부의 인턴제 폐지 반대에서 시작된 당시
시위는 점차 전공투 주도의 반체제 운동으로 확산됐고,
학생들은 대학 본부의 상징인 야스다 강당을 점거했다.

© Wikipedia

과격해지고 국민적 지지를 못 받게 됐다. 나는 1960~70년대 운동의 실패가 1980년대 이후 소극적인 운동 분위기를 만들어 버렸다고 생각한다.

아빠는 학생 운동에 참여하고 싶었지만 와세다대학교에 입학했을 때는 이미 운동의 열기는 사라져 버렸다고 했다. 그래도 고치에 이주한 후로는 종종 사회 운동에 참여했다. 산업 폐기물 처리 시설 건설 반대 같은 운동이었다. 기본적으로 '친환경'이라는 입장으로 참여해 왔다. 자연 환경 때문에 고치로 이주했으니 그걸 지키려는 게 당연하다. 그러나 주변 사람들의 시선은 차가웠다. '위험한 인물', '시끄러운 사람'이라는 눈길이었다. 이런 시선을 나도 어렸을 때부터 느꼈었다. 그 내용이 무엇이든 반대 운동을 하는 사람에 대한 시선은 대부분 차갑다. 그런 아빠가 참여한 반대 운동도 결국 이긴 적이 없다. 그래서 나는 정부에 불만이 있어도 적극적으로 운동에 참여하기보다 조용히 포기해 왔다.

2016년 한국의 촛불 집회를 보고 일본 사람들은 놀랐다. 어마어마한 사람이 모였을 뿐만 아니라 정말 박근혜 정권을 퇴진시켰기 때문이다. 그 당시 한국에 있었던 나는 뉴스에서 "30년 만의 규모"라고 하는 걸 들었다. 6월 항쟁

지극히 사적인 일본

을 이야기하는 것이었다. 민주화 운동에 참여한 부모의 자식들이 촛불 집회에 참여하고 또 '성공 체험'이 계승됐다. 현대사를 되돌아봐도 그런 '성공 체험'이 거의 없는 일본에서 보면 정말 부러운 일이다.

교회에서 결혼식,
절에서 장례식

일본 사람에게 종교를 물어보면 60퍼센트 이상이 '무교'라고 답한다. 그런데 종교와 별로 상관없이 결혼식은 교회에서, 장례식은 절에서 하는 경우가 많다. 새해에는 신사에 하츠모데(첫 참배)를 가는 사람도 많다. 무교라기보다 사실 여러 종교를 조금씩 믿는 사람이 많은 것 같다.

　나도 누가 물어보면 무교라고 답하지만 어렸을 때 교회가 운영하는 유치원을 다녀서 자기 전에 기도하는 습관이 생겼다. 한국 남자 친구를 사귀었을 때는 매주 일요일에 같이 교회에 다녔던 적도 있다. 〈아사히신문〉 입사 후 첫 근무지는 나라였는데 나라는 오래된 절이 많아 취재차 절에 가서 스님 이야기를 들을 기회도 많았다. 나에게 가장 친숙한 종교는 불교다.

대학생 때 국제 교류 서클에 들어가서 유학생과 함께 일본 문화를 경험하는 행사가 많았는데, 그중 하나가 교토에 가서 절과 신사를 다니면서 새해를 맞이하는 것이었다. 12월 31일에 우선 절에 가서 '제야의 종'을 치고, 그대로 신사로 가서 첫 참배를 했다. 첫 참배로 신사가 아니라 절에 가는 사람도 많다. 대부분 사람들은 이런 행위를 종교보다는 전통문화라고 생각한다.

교토의 유명한 신사나 절에는 매우 많은 사람들이 모인다. 가족의 건강이나 시험 합격 등 각자 소원을 빌면서 오사이센(お賽銭)을 던진다. 보통은 동전을 던지는데 지폐를 넣는 사람도 있다. 평균 금액은 300엔 정도라고 한다. 도쿄 메이지 신궁이나 센소지는 설날 연휴에 300만 명 정도 방문한다. 오사이센으로 약 9억 엔의 수입이 생기는 셈이다.

2018년 NHK의 조사에 따르면, 일본인의 31퍼센트가 불교, 3퍼센트가 신토(神道), 1퍼센트가 기독교 신자라고 답했다. 일본 친구들이 한국에 와서 놀라는 풍경 중 하나가 교회의 십자가다. 일본은 기독교 신자가 적어 교회가 별로 없는 반면, 절이나 신사가 많다. 절과 신사를 합쳐서 15만 8,000개가 있다고 하는데 이는 편의점보다 세 배나 많은 숫자다.

남편에게 종교를 물어봤는데 역시 "무교"라고 답했다. 그러면서 "집은 진언종(眞言宗)"이라고 덧붙였다. 진언종은 불교의 한 종파다. 이는 특정 종교를 믿는다는 게 아니라 '장례식을 치를 때 진언종 식으로 한다'는 뜻이다.

2023년 오사카에 혼자 살던 엄마가 돌아가셨을 때 절에서 장례식을 치렀다. 엄마가 불교 신자였던 건 아니지만 나와 마찬가지로 가장 친숙한 종교는 불교였던 것 같다. 그보다는 갑자기 돌아가셔서 장례식에 대해 아무 계획이 없었는데 가까이에 사는 친척들이 권하는 대로 아는 절에서 치른 것이다. 통계에 따르면, 일본에서 장례식을 불교식으로 하는 비율이 94퍼센트에 달한다. 엄마의 장례를 치러보니 절에서 하는 게 합리적이라고 느껴졌다. 절이 접근성이 좋은 곳에 있기 때문이다. 한국에선 절이 산속에 있는 경우가 많지만 일본은 역 근처나 주택가에 많다.

사십구재는 오빠가 살고 있는 고치의 절에서 치렀다. 장례식 때는 너무 정신이 없어서 스님이 무슨 이야기를 했는지 별로 기억나는 게 없지만, 사십구재 때 스님의 말은 기억한다. 일본에선 돌아가신 날을 '명일(命日)'이라고 하는데 그 뜻은 '명을 이어받는 날'이라고 가르쳐 주셨다. 엄마가

지극히 사적인 일본

일본 절에 있는 무덤들.

사라진 것이 아니라 나와 내 오빠 안에 살아있다고 생각하니 조금 위로가 됐다. 단순한 형식을 떠나서 역시 종교의 역할은 있다.

앞에서 결혼식은 교회에서 한다고 말했는데, 엄밀히 이야기하면 '교회식으로 한다'가 적확하다. 교회 자체가 많지 않기 때문에 장소는 교회가 아닌 곳에서 하는 경우도 많다. 어쨌든 교회식으로 하는 비율이 50퍼센트를 넘는다. 우리 부부는 레스토랑에서 식을 올렸다. 교회식과 거의 같지만 하나님 앞에서 결혼 서약을 하는 게 아니라 참석하는 손님들 앞에서 서약하는 인전식(人前式)으로 했다. 인전식으로 하는 비율은 30퍼센트 정도다. 대부분 교회식이나 인전식으로 한다는 말이다.

이렇듯 '무교'라고 하면서 불교도 기독교도 습관처럼 받아들이는 일본인의 종교관은 세계적으로 봐도 희한한 종교관이다. 이는 일본 사람들은 기본적으로 '야오요로즈의 신(八百万の神)'을 믿기 때문인 것 같다. 800만의 신. 일본에서는 예부터 산, 바위, 나무 등 자연뿐만 아니라 화장실에까지 신이 있다고 생각하고, 그 무수의 신을 숭배하는 풍습이 있다. 그래서 부처님과 하나님을 다 믿는다고 해도 거부감이 없는 것이다.

지극히 사적인 일본

도쿄 시내의 어느 웨딩홀.
십자가가 보이는 것에서 알 수 있듯이
교회식 웨딩홀이다.

교토의 후시미 이나리 신사.
일본인들은 '야오요로즈의 신'을 믿기 때문에
신사를 들락거리면서도, 기독교와 불교도 동시에 받아들인다.

2024년 1월 1일 나는 고치의 신사에 하츠모데를 갔다. 소원을 빌려고 줄을 서서 기다리는 사이에 사람들이 스마트폰을 보면서 술렁거리기 시작했다. 스마트폰으로 뉴스를 보니까 노토(能登) 반도에서 큰 지진이 일어났다고 한다. 자세한 피해 규모는 모르는 상태였는데 SNS를 보면 심각한 것 같았다. 소원을 빌 때 개인적인 소원은 포기하고 일단 지진 발생 지역 사람들이 무사하기를 빌었다. 일본 사람들이 야오요로즈의 신을 믿는 건 자연 재해가 많기 때문이 아닐까 싶다. 그 대상이 뭐든 빌고 싶고, 빌 수밖에 없는 상황이 자주 생긴다.

이 야오요로즈의 신은 신토의 신앙인데 종교를 물어보면 "신토"라고 답하지 않은 건 '국가 신토'의 영향도 있는 것 같다. 국가 신토란 메이지 시대 정부가 천황과 신토를 결합시켜서 천황을 아라히토가미(現人神)로 모시게 만든 것이다. 천황 숭배를 의무화하고 태평양 전쟁 때 "천황 폐하 만세"를 외치며 많은 사람이 죽었다. 그래서 국가 신토는 전후(戰後) 연합군 최고사령부로 인해 폐지됐다. 사람들이 자연스럽게 믿는 전통적인 신토는 국가 신토는 아닌데, 그 안 좋은 역사 때문에 신토를 믿는다고 말하기가 불편한 것이다.

PART
IV

천황의 나라

천황의 존재감

쇼와 천황(昭和天皇, 1901~1989)이 서거하고 아키히토(明仁, 1933~)가 천황이 되면서 헤이세이(平成) 시대가 시작된 것은 1989년 1월이다. 내가 초등학교 1학년일 때다. 아키히토가 퇴위하고 나루히토(德仁, 1960~)가 즉위하여 레이와(令和)가 시작된 때는 2019년 4월이다. 내가 〈아사히신문〉을 퇴사해서 한국에 온 이후다. 내가 일본에서 살았던 시기는 대부분 헤이세이 시대였다.

일본에 있으면 일상에서 천황의 존재감을 느끼는 일이 많다. 대표적인 것이 앞서 언급한 연호다. 일본에서는 겐고(元号)라고 부르는데, 지금도 연호를 쓸 일이 많다. 공공 기관에 제출하는 공식 서류는 대부분 연호를 쓴다. 2025년

1989년 1월 7일 오부치 게이조 관방장관이
새로운 연호인 '헤이세이'를 발표했다.

이면 '레이와 7년'이라고 표기하는 식이다. 한국에서 지내다가 일본에 가면 지금이 레이와 몇 년인지 몰라서 검색할 때가 많다. 적어도 우리 세대까지는 생년월일을 물어보면 자연스럽게 연호로 답한다. 나는 1982년생인데 '쇼와 57년'에 태어났다고 한다. 연호가 바뀌는 사건은 일본에서 꽤 임팩트가 크다.

쇼와 시대(1926~1989)가 끝나고 헤이세이 시대(1989~2019)가 시작됐을 때는 생생하게 기억난다. 나중에 총리가 되는 오부치 게이조(小渕恵三, 1937~2000) 당시 관방장관이 '헤이세이'라고 쓰여진 액자를 들고 있는 모습을 뉴스에서 봤다. 어렸지만 일본 전체가 장례식 분위기라고 느꼈다. 그러고 보니 '레이와'라는 연호를 발표했을 때는 스가 요시히데(菅義偉, 1948~) 관방장관이 그 역할을 했고 나중에 총리가 됐다. 예전에는 한 명의 천황이 여러 개의 연호를 사용하기도 했는데 메이지 시대 이후로는 한 명의 천황이 하나의 연호만을 사용한다. 천황이 즉위하면 새로운 시대가 열리고, 서거하면 막을 내린다. 그런데 아키히토 천황은 생전에 퇴위하고 새로운 천황이 즉위해서 연호가 바뀌었다. 그래서 헤이세이 때와 달리 레이와가 시작할 때는 축하하는 분위기였다.

헤이세이 천황이 생전에 퇴위한 이유 중 하나는 자신의 죽음을 둘러싸고 일본 사회가 정체되는 일을 피하기 위해서였다. 쇼와 천황 때가 그랬다. 1988년 가을부터 쇼와 천황의 건강이 급격히 악화되면서 축제 같은 행사가 잇따라 취소됐다. 방송에서는 오락 프로그램이 사라졌다. 쇼와 천황이 서거했을 때는 천황에 관한 프로그램 일색이 됐다. 자신의 죽음으로 인해 일본 전체의 분위기가 침체되는 상황을 막고 싶었던 것이다.

한국에서 당황했던 것 중 하나가 천황을 이름으로 부르는 것이다. 나는 '히로히토'나 '아키히토'라는 이름을 들어도 어느 천황을 말하는지 잘 몰랐다. 일본에서 '천황'은 곧 현재의 천황을 뜻한다. 구분이 필요하면 '메이지(明治) 천황', '쇼와 천황', 이런 식으로 부른다. 헤이세이 천황은 생전에 퇴위해서 '상황(上皇)'이라고 부른다. 나는 "덴노(天皇, てんのう)"라는 명칭으로 부르지만 일본에서는 "천황은 실례다. 헤이카(陛下, へいか)로 불러야 한다"며 혼난 적도 있다. 신문에도 '천황 폐하'라고 쓴다. 한국처럼 이름으로 부르는 것도, 폐하를 붙이는 것도 나한테는 어색하다.

내가 개인적으로 가지고 있는 헤이세이 천황과 황후에 대한 이미지는 '좋은 사람'이다. 취재로 가까이에서 본 적도 있는데 온화한 분위기였다. 한국에 있으면 천황과 황실에 관한 보도를 거의 접하지 못하지만 일본에서는 자연스럽게 자주 보게 된다. 일단 천황의 공무(公務)가 많기 때문이다. 내각총리대신 임명이나 최고재판소 장관 임명, 외국 대사와 공사를 만나는 일 등이 대표적이다. 그런 형식적인 행위보다 더 인상에 남는 것은 재해 피해지 방문이다. 일본은 지진과 태풍 같은 재해가 많은 나라다. 큰 재해가 발생하면 천황과 황후가 피해자를 방문해서 위로한다.

레이와 천황과 황후는 2024년 1월에 발생한 노토(能登) 지진 피해 지역인 이시카와현(石川県)을 방문해서 피해를 입은 사람들을 위로했다. "몸 조심하세요"라며 다정하게 말을 걸기도 했다. 뉴스 영상을 봐도 천황과 황후는 저자세로 피해자에 다가가서 진심으로 걱정하는 것처럼 보였다. 위로의 말에 감동해서 눈물을 흘리는 사람도 있었다. 인터뷰에서 "힘이 났습니다"라며 표정이 밝아진 사람들을 보면서 재해가 많은 일본에서 피해 지역 방문은 천황의 가장 큰 역할일 수도 있다는 생각이 들었다.

헤이세이 천황은 적극적으로 해외를 방문했다. 특히 주목받은 때는 1992년 중국 방문이었다. 중국과 국교 정상화 20주년을 맞이하는 해였다. 자민당에서 반대 의견도

헤이세이 천황에 대해 좋은 인상을 갖고 있다.
재해를 입은 이들에게 진심으로 위로의 손길을
내미는 이였기 때문이다.

©Getty Images

있었지만 당시 미야자와 기이치(宮澤喜一, 1919~2007) 총리가 천황 스스로 원하는 일이라며 반대파를 설득했다. 천황은 중국을 방문해서 "양국 관계의 오래된 역사 속에서 우리나라가 중국 국민에게 큰 고난을 준 불행한 시기가 있었습니다. 이는 제가 깊은 슬픔을 느끼는 것입니다"라고 이야기했다. 외무성이 작성한 원안을 천황 스스로 수정했다고 한다.

헤이세이 천황은 '평화주의자'라는 이미지가 강하다. 11차례나 오키나와를 방문한 것도 그런 이미지에 큰 영향을 미쳤다. 오키나와는 태평양 전쟁 말기에 큰 피해를 입었던 곳이다. 그의 아버지 쇼와 천황은 전국을 순행하면서도 한 번도 오키나와를 방문하지 않았다. 헤이세이 천황은 1975년 황태자였을 때 처음 오키나와를 방문했다. 이때 황태자와 황태자비에게 화염병을 던지는 테러 사건이 일어났다. 크게 다치진 않았지만 무서웠을 것이다. 그럼에도 불구하고 그 후 10차례나 오키나와를 찾았다. 아버지의 책임까지 짊어지고 있는 것처럼 보였다. 일본에도 천황제 폐지를 주장하는 이들이 있지만 그들의 목소리가 작아진 데에는 헤이세이 천황이 보여 준 평화 지향적 태도도 큰 역할을 했다.

그런데 한국에서는 천황의 이런 행동에 대해서는 관심이 없다. 기본적으로는 천황의 '전쟁 책임'이라는 관점에 집중해서 보도한다. 한국 언론 입장에서는 당연할 수 있지만, 그러다 보니 일본 국민들의 감정을 오해하는 경우도 있다. 2012년 이명박 대통령의 독도 방문 사건이 일례다. 이 사건 이후 한일 관계가 급격히 악화됐다. 한국에서는 이명박 대통령의 독도 방문이 일본인들의 감정을 건드렸다는 식으로 보도했고, 이에 한국인들은 독도는 우리 땅인데 너희들이 무슨 상관이냐는 반응을 보였다.

그런데 사실 일본 국민들은 이명박 대통령의 독도 방문에는 큰 관심이 없었다. 그보다는 이명박 대통령이 독도 방문 후 천황에게 사과를 요구한 것이 일본의 국민 감정을 건드렸다. 대부분의 일본인들에게는 착하고 온화하고 평화주의자인 천황인데 옆 나라 정치인이 왜 건드리냐는 반응이었다. 헤이세이 천황은 한국을 방문할 생각도 있었지만 이일로 어려워졌다는 지적도 있다. 천황이 정치에는 관여할수 없지만 현실에서 미치는 영향력은 한국 사람들이 생각하는 것보다 훨씬 크다는 방증이다. 한일 정치권에서 양국 간의 문제를 정치적으로 이용하는 것은 차치하고 양국 간의 관계를 증진하려면 결국 서로에 대한 이해를 높여야 하

지극히 사적인 일본

2012년 이명박 대통령이 독도를 방문한 후 한일 관계가 냉랭해진 이유는
독도 방문 자체가 아니라, 헤이세이 천황에게
사과를 요구했기 때문이었다. ©e영상역사관

는 이유다.

천황을 비롯한 황실 사람들은 정치에 관여하지 않는 대
신 다른 일에 시선을 돌리기도 한다. 보통 연구자로서 역
할을 하는 경우가 잘 알려져 있다. 특히 헤이세이 천황의
어류 연구는 국내외에서 높이 평가되고 있다. 어류에 대한
관심으로 수족관을 방문하는 모습도 보도됐다. 퇴위 후 더
욱 연구에 몰두하고 있다고 한다.

황거 내에는 아예 생물학 연구소가 있다. 헤이세이 천황의 차남 아키시노노미야(秋篠宮)는 닭을 비롯한 가금류 연구로 황족으로는 처음으로 박사 학위를 받았다. 쇼와 천황은 해파리 등을 연구하는 생물학자였다. 쇼와 천황은 "정치사에 관심이 있었지만 역사를 깊이 연구하면 여러모로 이용당할 가능성이 있어서 생물학을 택했다"라고 이야기했다.

그런데 레이와 천황은 생물학이 아닌 일본 중세 교통사 등을 공부하는 역사 연구자다. 가쿠슈인(学習院)대학교 사학과에서 에도 시대 교통사를 연구하고 영국 옥스퍼드대학교에서 유학했다. 등산을 자주 하는 산악 애호가이기도 하다. 한국에서 천황에 관한 보도는 대부분 정치 외교와 관련된 것이지만, 일본에서는 천황의 연구나 취미에 관한 보도도 많다. 쇼와 천황에 대해서는 전쟁 책임 때문에 복잡한 감정이 있어도, 헤이세이 천황과 레이와 천황에 대해서는 호감을 가진 국민이 많다.

사람 위에 사람

천황의 존재감은 시대에 따라 많이 달라졌다. 특히 에도 시대 말기부터 존재감이 커졌다. 에도 시대는 쇼군을 정점에 둔 봉건 사회였고 천황의 존재감은 그렇게 크지 않았다. 계급이 명확했고 사무라이가 제일 높았다. 역사 시간에 '사농공상(士農工商)'이라고 배우는 계층 구분이 있다. 위에서부터 무사(사무라이), 농민, 장인, 상인의 순이다. 이 밑에 '에타(穢多)', '히닌(非人)'이라고 불리는 천민 계급도 있었다. 에타는 더러운 일에 종사하는 사람, 히닌은 아예 인간이 아닌 존재를 의미하는 한자로 범죄자나 거지를 가리켰다. 한국에서도 '사농공상'이라는 말을 쓰지만 한국에서 '사'는 무사가 아니라 선비라고 들었다. 이는 아주 큰 차이다.

메이지 시대에 신분제가 폐지되고 사무라이는 특권을 잃었다. '일본 근대화의 아버지'라고 불리는 후쿠자와 유키치(福沢諭吉, 1835~1901)의 대표작 《학문의 권장》은 "하늘은 사람 위에 사람을 만들지 않고 사람 밑에 사람을 만들지 않는다고 한다"라는 평등에 대한 글로 시작하는 걸로 아주 유명하다. 《학문의 권장》은 1872년에 출간된 메이지 시대의 베스트셀러다. 당시 일본 인구가 3,000만 명 정도였는데 300만 부가 팔렸을 정도다.

후쿠자와는 에도 막부 사절단으로 유럽이나 미국에 파견되어 서양 문화를 일찍 접하고, 이를 일본에 전한 인물이다. 게이오기주쿠(慶應義塾)의 창시자이며, 1984년부터 40년간 1만 엔 지폐의 얼굴이었다. 1만 엔 지폐는 2024년부터 기업가이자 관료였던 시부사와 에이이치(渋沢栄一)로 얼굴이 바뀌었다.

그런데 후쿠자와가 가르친 평등에 천황은 포함되지 않았던 모양이다. 천황은 메이지 이후 아라히토가미(現人神), 즉 현인신으로 여겨졌다. 사람의 모습으로 이 땅에 내려온 신이며 주권자인 것이다. 신이므로 사람 위에 존재한다.

1945년 전쟁에 패배한 일본은 GHQ(연합군 최고 사령부)의 통치를 받았다. GHQ는 천황제를 유지하는 것이 일본을

일본 근대화의 아버지로 불리는 후쿠자와 유키치.
일본 제국주의의 사상적 토대를 마련했고,
1884년 조선의 갑신정변을 이끈 이들에게
사상적 영향을 끼쳤다.

통치하는 데 유리하다고 판단했다. 천황의 전쟁 책임도 묻지 않았다. 1946년 1월 1일 쇼와 천황은 자신이 신이 아니라 인간이라고 선언하는 '인간 선언'을 했다. 같은 해 11월 일본국 헌법이 공포됐고, 천황은 '일본국의 상징'이 됐다. 주권자는 국민이다. 그렇지만 여전히 천황은 특별한 존재다. 한국에서는 헌법이 여러 번 개정됐지만 일본에서는 1947년에 일본국 헌법이 시행된 후 한 번도 개정되지 않았다.

1952년 GHQ의 통치가 끝난 후 다시 천황을 신격화하는 일이 일어났다. 1966년에 '건국 기념의 날'을 2월 11일로 정한 것이다. 이는 일본 신화에 따른 진무(神武) 천황이 즉위한 날짜다. 나는 태어났을 때부터 건국 기념의 날이 있어서 깊이 생각해 본 적이 없었지만 어른이 돼서 오시마 나기사(大島渚) 감독의 영화 〈일본춘가고〉(1967)를 보고 그 유래를 알았다. 영화에는 동그라미를 검정색으로 칠한 일본 국기를 들어서 말없이 행진하는 사람들이 나오는데 마치 장례식 분위기다. 건국 기념의 날을 반대하는 시위다. 실제로 당시 역사학자 등을 비롯해 반대하는 사람들이 많았다고 한다.

나는 사실 천황에게 별로 관심이 없었다. 고치에서 자

1945년 맥아더 장군과 히로히토 천황.
GHQ는 천황에게 전쟁 책임을 묻지 않고,
일본 통치를 위해 천황제를 유지하는 방향으로 선회했다.

©Getty Images

라는 동안 TV나 신문에서만 보는 먼 존재였기 때문이다. 천황의 존재감을 느낀 건 2010년 나라에서 개최된 '천도 1300년제' 때다. 710년에 나라의 헤이조교(平城京)가 수도가 된 지 1300년이 된 것을 기념해서 여러 문화 행사가 열렸다. 나는 〈아사히신문〉 입사 3년 차 기자로 나라에서 문화 담당이었는데 천황이 기념 행사에 참석했을 때 취재했다. 이때 천황은 "백제를 비롯해 많은 나라에서 사람들이 와서 문화나 기술 발전에 기여했다"며 한국을 비롯한 여러 나라와의 교류에 감사를 표시했다.

천황에 관한 취재는 다른 취재에 비해 엄격하게 통제된다. 사전에 취재 기자와 사진 기자 모두 신청해야 하고 정해진 위치를 벗어나서 취재할 수 없다. 직접 질문할 수도 없다. 기자 입장에선 보람을 느끼기 어려운 취재다. 그래도 만일 천황에게 무슨 일이 일어나면 큰일이기 때문에 천황이 가는 곳마다 따라가서 취재를 해야 했다. 차로 따라가면서 알게 된 건 천황이 탄 차가 지나갈 때는 반드시 신호등이 파란불이라는 것이다. 그리고 지나가면 바로 빨간불로 바뀐다. 물론 경호를 위해서지만 천황이 탄 차를 따라가는 나는 계속 빨간불에 걸리면서 '신분 차이'를 느낄 수밖에 없었다.

지극히 사적인 일본

그런데 천황이 가는 곳마다 일반 시민들이 기다리고 있다가 아이돌을 만나듯이 손을 흔들고, 성원을 보내며, 환영하는 모습을 보고 신기했다. 일본 국기를 흔드는 사람도 많았다.

내가 태어나기 훨씬 전 1950년대 말에는 '밋치 붐(ミッチーブーム)'이라는 것도 있었다. 당시 황태자였던 헤이세이 천황과 약혼한 쇼다 미치코(正田美智子) 씨가 국민적 인기를 얻어 '밋치'라는 애칭으로 불렸다. 당시 사진을 보면 정

1958년의 쇼다 미치코. ©Wikipedia

말 기품이 있고 아름답다. 처음으로 평민 출신 여성이 황태자와 약혼한 사건이다. 두 사람이 테니스 코트에서 만나 연애를 하다 결혼한 것으로 알려지면서 미치코 상황후는 '쇼와의 신데렐라'로 불리기도 했다. 물론 미치코 상황후는 재벌가의 영애였고, 테니스 코트에서의 만남도 이미 예정되어 있었지만 일본 사람들에게 두 사람의 결혼은 새로운 시대를 상징하는 사건이었다. 나라에서 직접 바라본 헤이세이 천황과 황후는 늘 웃음을 짓고 다정해 보였다.

나는 천황에게 전쟁에 대한 책임을 제대로 묻지 않았던 것이 한국을 포함한 전쟁과 식민 지배로 피해를 입은 나라들과 지금까지 불편한 관계가 이어지는 원인 중 하나라고 생각한다. 그러나 일본이 패전한 뒤 80년이 지나 버린 현재로서는 천황제를 부정하는 것이 현실적이지 않다. 당사자였던 쇼와 천황은 서거했고, 헤이세이 천황과 레이와 천황은 국제 친선에 노력하고 평화 지향적이다. 앞으로도 천황제를 폐지하자는 목소리가 힘을 얻을 것 같지는 않다.

간략하게 정리한 천황의 역사

2019년에 즉위한 레이와 천황은 126대 천황이다. 그러나 126대 천황이 모두가 실존했던 것은 아니다. 천황에 대해서는 8세기에 쓰여진 일본 역사서 《고사기(古事記)》와 《일본서기(日本書紀)》에 나오는데, 이에 따르면 초대 천황이었던 진무 천황은 기원전 660년에 즉위한 것으로 돼 있다. 이는 역사적 사실이 아니다. 당시 일본은 아직 원시적인 생활을 하고 있었고, 왕이 있을 만한 시대는 아니었다. 역사상 실제로 천황이 등장한 것은 7세기라고 한다. 진무 천황은 신화 속 인물이다.

그런데 일본 천황은 '만세일계(万世一系)'라고 한다. 진무 천황으로부터 지금까지 이어져 온 천황의 혈통은 단 하나

뿐이라는 뜻인데, 메이지 시대 이후의 교육 때문에 그렇게 믿게 됐다. 1889년에 공포된 대일본제국 헌법 제1조는 "대일본제국은 만세일계의 천황이 이를 통치한다"라고 돼 있다.

천황이란 존재는 신화와 실화가 섞인 것이다. 그런데 진무 천황이 실제로 있었다고 생각하는 일본인도 의외로 많을 수 있다. 왜냐하면 진무 천황의 묘가 나라현 가시하라시(橿原市)에 있기 때문이다. 나는 진무 천황의 묘가 있다는 것을 나라에서 고등학교 야구 대회를 취재하면서 알았다. 야구장 바로 옆에 있었기 때문이다. 진무 천황의 묘가 지금의 장소로 확정된 것은 에도 시대 말기인 1860년대다. 서구 열강 국가들이 몰려오는 속에서 천황의 정통성을 확립함으로써 일본이라는 나라의 정체성을 제시하려고 했던 것 같다.

영국은 왕립(王立) 시설이 많다고 하는데, 일본에서 '천황립(天皇立)'이라는 말은 들어 본 적이 없다. 하지만 천황과 연관이 있는 공원이나 경기장은 있다. 생각해 보니까 내가 야구 취재를 했던 나라의 야구장도 그렇다. 가시하라 신궁의 외곽에 만들어진 공원 안에 야구장을 포함한 경기장이 있다. 가시하라 신궁은 진무 천황과 진무 천황의 황

가시하라 신궁 옆에 진무 천황의 묘가 있다.
이를 1860년대에 만들었다.

후를 모시는 신궁으로 메이지 시대에 만들어졌다. 확인해 보니 진무 천황의 황궁이 있었던 곳에 만들었다고 한다. 이래서 헷갈리는 것이다. 역사적으로는 진무 천황은 실존 인물이 아니라고 하는데, 살았던 곳도 묘도 있다고 하면 어떻게 받아들여야 하는가. 사실 천황에 대한 신화와 실화의 경계선은 나 같은 일반인이 알기 어렵다. 일부러 그렇게 만든 것도 같다.

본격적으로 천황제가 시작된 것은 673년 덴무(天武) 천황이 즉위한 후다. 덴무 천황 때 수도는 후지와라쿄(藤原京)라고 불리며, 나중에 가시하라 신궁이 만들어지는 나라현 가시하라시 부근에 있었다. 그래서 진무 천황도 그곳에서 살았다고 해도 그럴싸한 이야기가 된다. 710년에는 현재의 나라시 쪽에 헤이조쿄(平城京)가 만들어져 나라 시대 (710~794)가 시작됐다.

나라 시대 때 천황은 확실히 정치의 중심에 있었다. 나라라고 하면 먼저 떠오르는 것이 도다이지(東大寺) 대불이다. 나라 시대에 건립된 불상인데, 앉아 있는 불상의 높이는 약 15미터나 된다. 일본에서 가장 큰 불상이다. 나라 시대 당시 대불 건립에 260만 명이라는 어마어마한 인력이 동원됐다고 한다. 그만큼 천황의 힘이 컸다고 할 수 있다.

지극히 사적인 일본

덴무 천황 초상화.

ⓒ国書刊行会

794년에 교토 헤이안쿄(平安京)로 수도를 옮기면서 헤이안 시대(794~1185)가 시작되는데, 헤이안 시대까지 천황이 정치의 중심에 있었다.

그러다가 가마쿠라(鎌倉) 시대(1185~1333)부터는 쇼군이 힘을 갖게 된다. 쇼군은 '세이다이쇼군(征夷大將軍)'의 줄임말이다. 가마쿠라 막부의 첫 쇼군 미나모토노 요리토모(源賴朝)부터 에도 막부의 마지막 쇼군 도쿠가와 요시노부(德川慶喜)까지가 세이다이쇼군이다. 가마쿠라는 만화《슬램덩크》의 무대로 한국에서도 잘 알려진 가나가와현 가마쿠라시다. 미나모토노 요리토모가 막부를 가마쿠라에 뒀다. 특히 에도 시대에 천황은 형식적인 존재였는데 세이다이쇼군을 임명하는 것은 천황의 일이었다. 지금도 내각총리대신은 천황이 임명한다. 학교에서는 에도 시대의 쇼군 이름은 배웠지만, 천황의 이름을 배운 기억이 없다.

도쿠가와 요시노부가 1867년에 정권을 천황에게 반납하고 메이지 천황이 즉위한 후 천황 중심의 근대 국가가 만들어지기 시작했다. 에도 막부를 타도하고 성립된 메이지 정부는 천황의 존재를 통해 정통성을 확보하려고 천황을 사람의 모습을 한 신 '아라히토가미(現人神)'로 신격화했다. 그런데 메이지 초기에는 천황의 존재를 모르는 사람이

지극히 사적인 일본

1867년에 즉위한 메이지 천황.
사람의 모습을 한 현인신으로 추앙받았다.

많아 지방을 순행하면서 천황의 존재를 알리기도 했다. 천황은 근대화의 상징 같은 존재였다. 앞장서서 양복을 입고 소고기를 먹는 등 서양 문화를 받아들이며 일반 사람들에게 영향을 미쳤다.

나 같은 성격이면 당시에 살았어도 천황을 신이라고 생각하지 않았을 것 같지만, 천황에게 위해를 입히거나 무례한 발언만 해도 형사적으로 엄격하게 처벌됐다. 그 당시에 천황과 얽히면 어떻게 되는지 보여 주는 사건 중 하나가 박열과 그의 아내 가네코 후미코(金子文子)다. 간토 대지진 직후 예방 검속, 즉 '범죄를 저지를 가능성'이 있다는 이유로 체포된 두 사람은 천황 암살을 계획했다는 이유로 대역죄로 사형 선고를 받는다. 이준익 감독의 영화 〈박열〉(2017)에 이 사건과 재판 과정이 그려져 있다. 대역죄란 천황에게 위해를 가했거나 이를 모의하거나 계획한 죄다. 대역죄에 대한 양형은 사형밖에 없다. 사형 선고 후에 무기 징역으로 감형됐지만 가네코 후미코는 옥중에서 사망했다. 천황이나 황실을 모욕하면 처벌하는 불경죄도 있었다. 이 경우는 징역형만 있다. 천황을 자유롭게 입에 올릴 수 있는 시대가 아니었다.

앞서 언급한 바와 같이 이후 전쟁에 패배하고 쇼와 천황이 '인간 선언'을 했지만 여전히 천황은 '일본국의 상징'으로 남아 있다.

정리하면 신화로부터 시작한 천황이 정치의 중심에 있었던 것은 헤이안 시대까지, 쇼군이 정치의 중심이 된 것은 가마쿠라 시대부터 에도 시대까지다. 메이지 시대 이후 다시 천황이 정치의 중심이 됐다가 1945년 패전을 거쳐 주권자는 국민, 천황은 상징이 됐다.

제대로
기미가요를 부른 적이 없다

처음 한국에서 유학한 2002년 동네 체육관에서 태권도를 배웠다. 체육관에 다니는 학생들은 초중고 학생들이었다. 나 말고 대학생은 없었던 것 같다. 승급 심사를 하는 날 아이들이 가슴에 손을 댄 채 태극기를 향해 경례하고 큰 소리로 〈애국가〉를 부르는 모습을 보고 놀랐던 기억이 있다.

국가(國歌)의 제목이 〈애국가(愛國歌)〉라는 것도 놀라웠다. 일본에서 '애국'은 우익들이 사용하는 말이라는 이미지가 강하다. 나는 일본 국가인 〈기미가요(君が代)〉를 한 번도 큰 소리로 불러본 적이 없다. 졸업식이나 학교 행사 때 국가를 부를 때가 있지만 부모님은 〈기미가요〉는 소리 내서 부르지 않아도 된다고 가르쳐 주셨다. 내가 초중고를

지극히 사적인 일본

기미가요를 부르는 일본 학생들.
©Alex Marshall

다녔던 당시에는 선생님과 학생 모두 국가를 제대로 따라 부르지 않아도 상관없는 분위기였다. 그 대신 교가는 큰 소리로 불렀다.

한국 아이들이 밝은 표정으로 당당하게 〈애국가〉를 부르는 모습을 보고 부럽기도 했다. 〈기미가요〉*에서 '기미(君)'는 '천황'을 뜻한다. 즉 천황을 찬양하는 노래다. 원래 가사는 10세기의 와카(和歌)에서 유래했고 '기미'는 '그대'라는 뜻으로 천황과는 상관이 없었다. 그런데 메이지 이후에 주권자인 천황의 치세가 오래도록 이어지기를 기원하는 가사로 해석되었다. 패전 후 주권자가 국민으로 바뀐 후에도 여전히 〈기미가요〉가 국가로 남은 것에 불편함을 느끼는 사람이 적지 않았다. 부모님이 국가를 부르지 않아도 된다고 한 데에는 이런 이유가 있었다.

〈기미가요〉가 정식 국가가 된 것은 1999년 '국기 및 국가에 관한 법률'이 제정되고 나서다. 정부는 "국민에게 의무를 부여하는 것은 아니다"라고 설명했지만 오사카부에서는 2011년 국공립 학교 교직원에게 〈기미가요〉 기립 제

---

* 〈기미가요〉의 가사를 좀 더 알고 싶다면 QR코드를 찍어 보길 바란다.

지극히 사적인 일본

창을 의무화하는 조례를 만들었고, 조례에 따르지 않은 교직원들이 징계 처분을 받는 일이 잇따랐다. 요즘은 학생들이 〈기미가요〉 가사를 암기했는지 조사하는 학교도 있다고 한다. 내가 다녔던 당시와 많이 달라졌다.

왜 애국심이라는 말에 거부감을 느끼는지 생각해 보면, '나라를 위해'라는 명분으로 전쟁터에 나가 죽이고 죽은 사람들이 많았기 때문이다. 우리 할아버지는 전쟁 때 중국에 있었다. 중국에서 어떤 일이 있었는지는 아빠도 들은 적이 없다고 한다. 아빠는 중일 전쟁의 양상을 생각하면 가해자로서 말할 수 없는 일이 있었을 거라고 추측하셨다. 그래서 아빠는 전쟁에 반대한다. 천황 숭배가 전쟁으로 이어질 수 있다고 생각해서 〈기미가요〉에도 부정적이다.

2021년 세계 가치관 조사에 따르면, "만약 전쟁이 일어난다면 당신은 조국을 위해 싸우겠습니까"라는 질문에 긍정적으로 답한 비율이 가장 낮았던 나라가 일본이다. 여당인 자민당이 평화주의를 규정한 헌법 9조 개헌에 적극적이기 때문에 한국을 비롯한 여러 주변국이 일본을 경계하지만, 대부분의 일본 국민들은 국가를 위해 적극적으로 싸울 생각이 없다.

그런데 2006년 교육기본법 개정으로 '애국심 조항'이

추가됐다. "국가와 향토를 사랑하는 태도를 함양한다"는 조항이다. 애국심을 교육의 목표로 정하는 것에 반대하는 목소리는 적지 않았다. 가치관을 국가가 법률로 강요하면 안 된다는 것이다.

　이 법 개정은 당시 총리였던 아베 신조(安倍晋三)의 영향이 컸다. 아베 총리는 '교육 재생'이라는 슬로건을 걸고 개혁을 추진했다. 이는 헌법 개정을 위한 포석이라는 지적도 나왔다. 국가가 통제하기 쉬운 국민을 만드는 수단으로 교육을 이용하고 있다는 것이다. 비슷한 나라가 있다. 전쟁 전의 일본이 그랬다.

　지극히 사적인 일본

세습 의원의 배경

전전(戰前)과 전후(戰後)에 많은 변화와 단절이 있었지만, 이어지고 있는 것도 많다. 그중 하나는 '재벌'이다. 일본에서는 전후 GHQ(연합군 최고사령부)로 인해 재벌이 해체됐다. 재벌이 군국주의에 가담했다는 이유 때문이다. 미쓰이, 미쓰비시, 스미토모, 야스다 등 재벌에 대한 일족의 지배력이 배제됐다. 이를 교과서에서는 '재벌 해체'로 표현한다. 한국 드라마에는 재벌이 많이 나오지만 일본 드라마에서는 본 기억이 없다. 나는 일본에는 재벌이 없는 줄 알았다. 그런데 후쿠오카(福岡)에 가서 '일본에도 재벌 같은 것이 있긴 있구나'라는 걸 실감했다. 아소 그룹 간판이 곳곳에 보였기 때문이다. 아소 그룹의 아소는 아소 다로(麻生太郎)

전 총리의 아소다.

2024년 아소 전 총리가 당시 외무상이었던 가미카와 요코(上川陽子)를 '아줌마'라고 부르고 외모를 평가하는 등 논란이 됐을 때 한국 언론은 아소를 '망언 제조기'라고 표현했다. 그럴 만하다. 정말 아소는 계속 실언을 해 왔다.

가장 기억에 남았던 일은 총리였던 당시 컵라면 가격을 묻자 "400엔 정도?"라고 대답한 것이다. 그 당시 컵라면은 170엔 정도였다. 그 말을 듣고 '진짜 도련님이시구나' 하는 생각이 들었다. 한국 드라마에서는 재벌 집 아들이 태어나서 처음으로 라면을 먹는 장면이 종종 나오는데, 재벌 집 아들이면 그럴 수 있으니 괜찮다. 하지만 총리가 그러면 세상 물정을 하나도 모르는 사람에게 정치를 맡겨도 되나 하는 의문이 든다. 그밖에도 한자 발음을 틀리는 일도 잦았다. 그 중에는 학력이 의심될 정도로 기초적인 것들도 있었다. 아소 내각은 지지율이 10퍼센트를 밑돌았고 직후 선거에서 정권 교체가 이루어져 민주당이 정권을 잡았다.

신기한 건 그런 아소 다로가 자기 선거만큼은 계속 이겨왔다는 것이다. 1979년에 처음으로 당선된 뒤 1983년에 한 번 떨어졌지만 그 후로는 계속 선거에서 이겼다. 2025년 4월 현재 무려 15선 의원이다.

지극히 사적인 일본

세습 의원 중 한 명인
아소 다로 전 총리.
후쿠오카에 기반을 둔
아소 그룹의 중심 기업,
아소시멘트의 사장이었다.
ⓒWikipedia

아소 그룹이 광산 개발,
지표 조사 및 벌채 허가
요청과 관련해서 일본 정부
및 후쿠오카현과 주고받은
공문들. 그리고 아소 다로의
조부와 부친으로
추정되는 인물들.
ⓒAso Group

후쿠오카에서 아소 그룹 간판을 보면서 조금 이해가 됐다. 아소의 지역구는 후쿠오카다. 이곳에서 아소는 세습 의원이며 재벌가다. 아소의 전직은 아소 시멘트 사장이다. 아소 시멘트는 아소 그룹의 핵심 기업이다. 아소 그룹은 아소 다로의 증조부 아소 다키치(麻生太吉)가 시작한 아소 탄광이 원류다. 식민 지배 당시 조선인 강제 동원 문제에서 자유로울 수 없는 회사다. 아소 다로가 요시다 시게루(吉田茂, 1878~1967) 전 총리의 손자라는 건 한국에서도 잘 알려져 있다. 그의 가계도를 보면 정치인들이 많고 아소 다로의 여동생은 황족이다. 화려한 일족이다.

한국 고등학교에서 강연했을 때 한 학생이 "일본은 왜 세습 의원이 많아요?"라고 질문했다. 그런 것까지 한국 고등학생이 안다는 사실에 놀랐다. 일본은 정말 세습 의원이 많다. 예를 들어, 오부치 게이조 전 총리가 임기 중인 2000년에 갑자기 사망했을 때 바로 그해 중의원 의원 총선거에 딸 오부치 유코(小渕優子)가 출마해서 당선됐다. 당시 그녀는 26세였다. 아버지가 12회 당선한 선거구를 물려받은 것이다.

한국에서는 세습 의원을 싫어하는 사람이 많은 듯하다. 본인의 노력이 아닌 집안의 힘으로 국회 의원이 되는 것이

지극히 사적인 일본

불공평하다는 거부감 때문인 것 같다. 일본에서도 그런 지적이 있긴 하다. 그런데 결국 선택하는 건 유권자다. 세습 의원의 당선율이 높은 건 대대로 국회 의원이었던 만큼 네트워크와 노하우가 있고 안정적이라고 생각하는 사람이 많다는 것이 아닐까.

국회 의원은 그 지역의 대표이므로 누가 당선되었을 때 지역에 이득이 있을지도 유권자가 판단할 수 있다. 아소 다로 전 총리가 아무리 실언을 되풀이하고 한자를 못 읽어도 그래도 아소 재벌가다. 여기에 여당인 자민당의 핵심 정치인 중 하나다. 야당 의원보다는 지역에 이익을 더 줄 수 있지 않을까 하고 기대하는 것도 이상하지 않다.

한국에서는 아베 신조 전 총리도 세습 의원으로 잘 알려져 있다. 그의 외할아버지는 기시 노부스케(岸信介, 1896~1987) 전 총리다. 기시의 동생 사토 에이사쿠(佐藤栄作, 1901~1975)도 총리를 지냈다. 성이 달라서 한국에서는 잘 모르는 사람도 있지만 형제가 총리를 한 유일한 사례다.

한국에서 특히 주목받는 점은 기시 전 총리가 전범이었다는 점이다. 기시는 A급 전범으로 수감됐다가 불기소되어 풀려났다. 기시는 1936~39년 일본의 괴뢰국인 만주국에서 경제 산업의 실질적인 최고 권력자였다. 만주 경

또 한 명의 세습 의원이었던
아베 신조 전 총리.
© Wikipedia

기시가 전해 준 거액의 자금으로
총리가 된 것으로 추정되는
도조 히데키. 제2차 세계 대전 직후
극동국제군사재판에서
교수형 판결을 받고 처형됐다.
© Wikipedia

아베 신조의 외할아버지이자
A급 전범이었던 기시 노부스케.
© Wikipedia

제는 아편 거래로 막대한 이익을 올렸고, 거기서 거액의 자금이 기시를 통해 관동군 참모장 도조 히데키(東条英機, 1884~1948)에게 전해졌다. 그 돈이 도조가 총리가 되기 위한 공작에 쓰였다는 설도 있다. 도조는 진주만 공격으로 태평양 전쟁을 일으킨 총리로 전후 극동국제군사재판(도쿄 재판)에서 교수형 판결을 받아 처형됐다.

기시는 정계에 복귀하여 많은 국민의 반대를 무릅쓰고 1960년 미국과의 신안보조약 조인을 강행했다. 전후 미국이 살려줘서 미국에 협조적이었나 하는 생각도 든다. 전범이었던 사람이 총리가 된 것 자체가 한국에서는 이해하기 힘든 일이다. 사실 나도 그렇다. 더군다나 아베 전 총리는 외할아버지를 존경했다고 한다.

아소는 탄광왕의 증손, 아베는 만주국의 실권자였던 전범의 손자다. 그런 배경이 강제 징용 문제나 난징 대학살에 대한 일본 정부의 태도에 영향을 미치지 않았을까 싶다.

PART V

힘내자,
일본 여성

언제 부부별성夫婦別姓으로
돌아갈까?

'나리카와 아야(成川彩)'는 사실 나의 본명이 아니다. 결혼 후 남편 성으로 바뀌어서 '이나이 아야(稻井彩)'가 본명이다. 그런데 신문 기자는 대부분 결혼해도 원래 성을 쓴다. 나도 집필, 출연, 강연 등 되도록 모든 활동을 '나리카와 아야'로 해 왔다.

〈아사히신문〉을 그만두고 동국대학교에 유학을 올 때까지 '이나이 아야'라고 불린 적은 거의 없었다. 대학 등록은 여권 표기대로 '이나이 아야'가 돼서 수업 시간에 '이나이 아야'라고 불리게 됐다. 어색하지만 어쩔 수 없다고 생각했다. 그런데 박사 논문만큼은 '나리카와 아야'로 내고 싶었다. 학회나 심포지엄에서 발표할 때도 모두 '나리카와 아야'로 해 와서 박사 논문도 가능할 거라고 생각했다. 그런데 제출 직전에 학교 측으로부터 등록된 이름과 다른 이름으로 박사 논문을 제출하는 건 불가능하다는 통보를 받았다. 당황했지만 등록된 이름을 바꿀 수는 있다고 해서 무사히 '나리카와 아야'로 박사 논문을 제출할 수 있었다.

일본 여성은 결혼하면 번거로운 일이 쌓인다. 결혼하자마자 면허증이나 여권, 통장, 신용 카드 등 명의를 변경해야 한다. 대부분 평일에만 변경 접수를 할 수 있고 창구를 직접 찾아가야 한다. 일을 하는 입장에서는 눈치를 보면서 시간을 내서 여러 곳을 찾아가 생소한 절차를 각기 밟아야 하니 부담이 가중된다. 일하는 여성들 모두가 결혼하면 이런 일을 겪지만 이에 대해 목소리를 내는 여성은 별로 없다. 그 사이 남편은 내가 고생하고 있는 줄도 모르고 평소대로 일하고 있다고 생각하면 불공평함을 느낄 수밖에 없었다.

그런데 사실 변경 작업을 마친 후 일본에서는 그렇게 불편함을 느끼는 일은 없었다. 기본적으로 '나리카와 아야'로 활동할 수 있었기 때문이다. 오히려 한국에 와서 본명과 다른 이름으로 활동하는 것 때문에 번거로운 일이 자주 생겼다. 예를 들어, 원고료를 받는데 은행 계좌 명의와 필

일본에서는 남녀가 결혼하면 반드시
동성(同姓)이어야 한다.
대부분 아내가 남편의 성을 따른다.

자의 이름이 다르다는 이유로 '혼인 관계 증명서'를 제출하라고 하는 경우도 있었다. 20만 원 정도의 원고료를 받는데 일본에 갔다 올 수도 없고, 일본에는 '혼인 관계 증명서'라는 공식 서류 자체가 없어서, 원고료를 안 받겠다고 했더니 그냥 입금해 줬다.

한국에서는 의외로 모르는 사람이 많은데 일본에서 부부동성(夫婦同姓)은 법적 의무다. 남편이 아내 성으로 바꿔도 되지만 어쨌든 부부라면 같은 성을 써야 한다. 실제로 95퍼센트는 아내가 남편 성을 따른다. 나는 2000년대 초반에 법대를 다녔는데 당시에도 부부별성을 선택할 수 있게 해야 한다는 논의가 오래전부터 있었고, 곧 실현될 거라고 배웠다. '내가 결혼할 때는 부부별성이 되어 있겠지'라고 생각했는데 바뀌지 않았다. 결혼 후 10년 이상 지났지만 지금도 일본은 부부동성이다.

결혼할 때 부부별성을 선택할 수 있었다면 '나리카와'를 유지했겠지만 어쩔 수 없이 남편 성으로 바꿨다. 남편도 시부모도 당연히 내가 바꿀 거라고 생각하고 있을 테니 나만 참으면 된다고 생각해서 말도 꺼내지 않았다. 그런데 아무도 내 의견을 묻지도 않으니 우울한 일이긴 했다. 법대 출신자로서는 법이 남녀평등을 규정해도 소용이 없다

지극히 사적인 일본

는 현실에 부딪치고 허무함을 느꼈다. 남편의 성으로 바꾸는 것은 남편 가족에 내가 들어가는 느낌이었다. 물론 원래 가부장제라는 게 그런 것이고 부부동성 제도는 가부장제의 잔재라고 생각한다. 일본에서는 혼인 신고를 할 때 '입적(入籍)'이라는 표현을 쓴다. 호적에 들어간다는 것이다.

가부장재의 잔재는 사실 부부의 호칭에도 드러난다. 남편은 옷또(夫), 아내는 쓰마(妻)다. 하지만 많은 남성들은 밖에서 아내에 대해 이야기할 때 요메(嫁)라고 한다. 요메는 며느리라는 뜻이라 남편이 이렇게 칭하는 것은 잘못된 사용법이지만 실제로 그렇게 말하는 남성이 많다. 반대로 아내가 밖에서 남편에 대해 이야기할 때 슈진(主人), 또는 단나(旦那)라고 하는 여성이 많다. 둘 다 '주인'이라는 뜻이다. 남편 밑에 아내가 있다는 것이다. 관습적인 표현이지만 들을 때마다 마음에 걸리는 말이다. 옛날에는 전업주부가 많았고 이혼도 적었지만, 지금은 많은 여성들이 결혼 후에도 일을 계속하고 이혼도 흔하다. 이제 부부동성은 시대에 맞지 않는다.

법대 출신으로 신문 기자였던 나는 여성의 인권에 민감한 편이다. 하지만 주변 친구들만 봐도 남편 성으로 바꾸는 데에 거부감이 없거나 오히려 결혼의 상징처럼 행복함을 느끼는 경우도 적지 않다. 그럼에도 불구하고 여론 조사에 따르면, 일본 국민의 70퍼센트가 선택적 부부별성제 도입에 찬성하고 있다. 반드시 부부별성을 하자는 게 아니라 부부별성도 선택할 수 있게 하자는 것이다. 본인은 부부동성이 좋다고 생각해도 싫은 사람에게 강요할 일은 아니라고 생각하는 것이다.

이렇게 오랫동안 선택적 부부별성제가 실현되지 않은 것은 그만큼 여성의 인권을 가볍게 보기 때문이라고 생각한다. 부부별성에 반대하는 보수파는 부부동성이 일본 고유의 제도라고 주장한다. 그런데 부부동성이 법으로 규정된 것은 1898년이다. 에도 시대에는 무사 계급은 성을 가질 수 있었지만 대다수의 농민들은 성이 없었다. 무사 계급이 결혼해도 여성이 원래 성을 유지하는 부부별성이 일반적이었다. 1868년에 메이지 시대가 시작되어 모든 사람들이 성을 갖게 된 후에도 부부별성이 일반적이었다. 1898년에 부부동성을 규정한 것은 메이지 시대가 시작한 지 30년 지난 시점이다. 오히려 근대화 과정에서 서양 국가를 따라 도입된 제도라고 할 수 있다. 모든 면에서 서양화가 진행된 시기였지만, 특히 부부동성은 가부장제를 통해 국가가 국민을 통제하기 쉽게 만드는 데 유효했던 것으

일본 국민의 70퍼센트가
선택적 부부별성제 도입을 찬성하고 있다.
©Getty Images

로 보인다.

독일, 호주, 스위스 등 부부동성을 의무로 했던 나라들은 선택적 부부별성제를 도입했는데 일본만 아직도 부부동성을 법으로 강요하고 있다. 유엔 여성차별철폐위원회가 일본 정부에게 선택적 부부별성제 도입을 2024년 10월까지 네 번 권고했지만 여전히 따르지 않고 있다. 일본 정부는 "국민들 사이에 여러 의견이 있는 사안이며 앞으로 충분히 검토하고 대응하겠다"고 답했다. 네 번째 권고를 받을 때까지 충분히 검토할 시간은 있었으니, 앞으로도 적극적인 대응은 기대하기 어렵다.

내가 한국 페미니즘 소설은 읽는데 일본 페미니즘 소설을 안 읽는 이유는 여기에 있다. 일본에서는 당연히 허용돼야 할 선택적 부부별성제조차 오랫동안 실현되지 못했다는 패배감이다. 일본에도 유명한 페미니스트들은 있지만, 나에게는 동경할 만한 존재는 아니었다. 많은 사람들의 공감을 얻어서 뭔가를 실현하는 운동으로 발전하진 못했기 때문이다. 이에 비해 《82년생 김지영》은 '#MeToo' 운동의 상징적 존재였고, 한국이 #MeToo를 통해 변하는 것을 직접 봤다. 한국 페미니즘 소설은 대중적 지지를 받는 느낌이 있어 읽으면 용기를 얻을 수 있다.

일본판 #MeToo

나는 신문 기자가 될 때까지 일본에서 그렇게 성범죄가 많은지 몰랐다. 거의 보도되지 않기 때문이다. 사건 담당 기자로 법원에 가서 재판 일정을 확인하면서 성범죄가 아주 많다는 사실을 알았다. 2024년 치한 검거 건수는 2,254건이다. 이것도 신고를 안 하는 피해자가 많아서 실제보다 훨씬 적은 숫자라고 한다. 2022년 강제 성교 등으로 가해자가 체포, 기소된 것은 1,655건이나 되고, 그중 피해자가 20대 이하인 경우가 80퍼센트를 차지한다. 그런데 가해자가 유명인이거나 강간 살인처럼 피해자가 사망한 경우가 아니면 대부분 보도되지 않는다. 신문사에서는 "피해자의 프라이버시를 지키기 위해서"라고 들었지만 납득이 가지 않았다. 성범죄가 많다는 사실을 알면 조심할 기회가 생길 텐데, 나는 보도해야 한다고 생각했었다.

이런 일도 있었다. 아버지에게 성폭행을 당한 여성이 그 경험을 책으로 썼다. 그녀는 전에 다른 취재 건으로 만난 일이 있었는데 연락이 왔다. 나는 당시 오사카 본사 소속이었는데, 데스크에게 책의 내용을 이야기하고 출장 허가를 받아 도쿄에서 인터뷰를 진행했다. 그런데 기사는 실리지 않았다. 데스크는 "아버지가 돌아가신 상태로 피해자 측 이야기만 듣고 기사를 낼 수 없다"고 했다. 그런데 그런 피해가 있었다고 단정 짓고 기사를 쓸 수 없어도 그런 피해에 대해 책을 썼다는 것은 사실이 아닌가. 나는 성범죄에 관한 다른 기준이 있다는 것을 이때도 느꼈다. 피해자가 어렵게 이야기해 준 성폭행에 대해 기사가 나가지 않아 이중으로 상처를 입혔다는 생각에 너무 미안하고 괴로웠다. 기사가 실리지 않아 울었던 것은 그때가 처음이자 마지막이었다. 평생 잊지 못할 사건이다.

한국에서 2018년에 #MeToo 운동이 퍼졌을 때 일본은 한국에 비하면 조용했다. 가장 주목받은 사건이 저널리스트 이토 시오리(伊藤詩織) 씨가 TBS 기자였던 야마구치 노리유키(山口敬之)에게 성폭행을 당했다고 고발한 사건이다.

　지극히 사적인 일본

형사 사건은 불기소로 끝났지만 민사 소송은 2022년에 야마구치의 성폭행을 인정한 2심 판결이 확정되었다.

이토 씨는 자신의 피해 경험을 쓴 논픽션 《블랙박스》를 출간했고, 이는 한국을 포함한 여러 나라에서 번역 출판됐다. 2020년 미국 시사 주간지 《타임》은 '세계에서 가장 영향력 있는 100인'에 이토 씨를 선정했다. 세계적으로 주목받은 것이 민사 소송에 영향을 미치지 않았나 싶다. 이토 씨가 저널리스트가 아니었다면 민사 소송에서도 인정받지 못했을지 모른다.

2025년에는 드디어 일본판 #MeToo가 터졌다. 국민적 아이돌 그룹 SMAP 출신 나카이 마사히로(中居正広)가 후지TV 아나운서를 성폭행한 의혹이 계기가 됐다. 개인적인 사건이 아닌 조직적 '성 상납' 문제로 후지TV 광고가 줄줄이 끊기는 사태로 일이 커졌다. 나카이는 은퇴를 선언하고 후지TV 사장과 회장이 사임했다.

나카이 사건을 '트러블'이라고 보도한 일본 언론도 문제다. 나카이와 여성 사이에 트러블이 발생했다고 하면 보통 시청자나 독자는 무슨 트러블인지 궁금해할 것이다. 일본 뉴스를 보는 한국 지인은 "도대체 어떤 트러블이냐"고 여러 번 나에게 물어봤다. 한국에서는 '성 상납'이라고 보도

조직적인 성 상납 문제로 도마에 올랐던 후지TV.
©Getty Images

하고 있는 사이에도 일본에서는 계속 '트러블'이라는 말을
썼다. 가해 당사자가 숨기려고 하는 것은 이해하지만 왜
언론사가 사건의 본질을 숨기는지 이해할 수 없었다.

나는 '나카이' '후지TV' '아나운서' '트러블'만 들어도 어
떤 사건인지 추측할 수 있었다. 내가 아는 방송 담당 기자
도 비슷한 경험을 했기 때문이다. 후지TV 회식에 불려 갔
는데 그 장소는 개인 집이었고 그곳에는 남성 한 명만 있
었다. 기자는 도망가서 피해를 입지는 않았지만 그 후 휴

지극히 사적인 일본

직했다. 한 남성 방송 담당 기자는 후지TV 회식 때 "아나
운서 부를까요?"라는 제안을 받았지만 거절했다고 한다.
조직적이고 상습적인 사건이었던 것이다.

　내게도 비슷한 일이 있었다. 〈아사히신문〉에서 편집부가
아닌 다른 부서 부장과 부원들과 회식이 있었다. 어느 순간
부원들은 사라지고 남성 부장과 나, 단 둘만 남게 됐다. 큰
일은 피했지만 그런 상황이 만들어진 것 자체가 화가 나고
불쾌했다. 그런데 이런 이야기를 하면 한국에서는 "왜 기자
에게 그런 일이 생기냐"고 신기해한다. 한국도 성 접대가
없는 것은 아니지만 갑을 관계가 없는 기자에게 그런 일은
생기지 않을 거라고 했다. 생각해 보면 나는 다른 부서 부장
에게 잘 보여야 할 이유가 없었다. 신문사의 방송 담당 기자
도 후지TV에게 잘 보여야 할 입장은 아니다. 사실 그런 지
적을 받을 때까진 생각해 본 적도 없었지만 일본에서는 갑
을 관계와 상관없이 일어나는 일인 것 같다.

　나카이 사건은 원래 '개인적 트러블'로 덮으려던 사건이
다. 후지TV가 보다 적극적으로 대응한 이유는 국내가 아닌
해외에서의 지적 때문이었다. 후지TV의 주주인 미국 펀드
가 후지TV에게 조사를 요구한 것이다. 해외에서 관심을 갖
지 않으면 적절한 대응을 기대하기 어렵다.

2023년에 드러난 쟈니 기타가와(ジャニー喜多川)의 성 착취 문제도 그랬다. 쟈니 기타가와는 일본의 연예 기획사 쟈니스 사무소의 설립자이며 일본 연예계의 '대부' 같은 존재였는데 2019년 87세로 사망했다. 쟈니스 사무소에는 SMAP, 아라시, 칸쟈니 등 많은 남자 아이돌 그룹이 소속되어 있다. 내가 태어나서 처음 TV에서 본 아이돌은 히카루GENJI였는데 롤러스케이트를 타고 춤추며 노래하는 모습에 흥분했던 기억이 난다. 히카루GENJI도 쟈니스 사무소 소속이었다.

그런데 1999년 쟈니 기타가와가 미성년 남자를 성폭행한 것을 잡지《주간문춘》이 보도했다. 그냥 성폭행이 아니라 주로 데뷔를 앞둔 연습생을 상대로 자신의 권력을 이용한 상습적 성 착취였다. 쟈니스 측은 명예 훼손으로 소송을 제기했지만 재판소는 쟈니 기타가와의 성폭행을 인정하고 명예 훼손에 해당하지 않는다는 판결을 확정했다. 그때가 2004년인데 당시 방송국이나 신문사에서는 크게 보도하지 않았다. 연예계에서 절대적인 권력을 가진 쟈니 기타가와가 두려웠던 것일까.

쟈니 기타가와가 죽고 나서 공론화된 건 해외 언론의 보도 때문이다. 영국 BBC가 2023년 3월 다큐멘터리 〈포식

자: J-POP의 비밀 스캔들〉을 공개하고, 4월에 쟈니스주니어 출신 가우안 오카모토(カウアン・オカモト)가 일본 외국 특파원 협회에서 기자 회견을 열어 성 피해를 고발했다. 연말의 음악 프로그램 NHK 〈홍백가합전〉에는 매년 쟈니스 사무소 소속 아이돌들이 출연해 왔는데, 2023년 연말에는 44년 만에 단 한 명도 출연하지 않았다. 그 부재를 메우듯이 K-POP 아이돌이 많이 출연한 것도 화제가 됐다.

나도 신문사에 일했던 입장에서 책임을 느끼지만 가해자가 사망할 때까지 공론화할 수 없었던 건 많은 사람이 못 본 척한 탓이다. 아이돌은 팬에게 꿈을 주는 직업이다. 일반 사람도 성 피해를 고발하는 일이 쉽지 않은데 아이돌 입장에서 일을 잃을 가능성도 있어서 더 어려웠을 것이다. 쟈니스 사무소에 관한 문제는 터부시됐던 것 같다. 일본에서는 언론이 문제를 파악해도 보도하지 않고 감추는 일이 적지 않은 듯하다. 일본 국민이 목소리를 내는 것에 소극적인 배경에는 일본 언론의 책임도 있다.

여성 천황의 가능성

2024년 10월에 유엔 여성차별철폐위원회가 선택적 부부별성제 도입을 권고했을 때 일본 정부는 또 다른 권고도 받았다. 황위 계승에 대해서 남성만 계승하게 돼 있는 황실전범을 개정하도록 권고받은 것이다. 일본 정부는 이 권고를 사실상 거부했다. 부부동성도, 남성만 황위를 계승하는 것도 결국 같은 뿌리인 가부장제에 기인하는 것 같다.

천황과 황후 사이에 아이는 2001년생 아이코 공주 한 명이다. 그래서 한때는 여성 천황을 용인하자는 논의도 있었지만, 2006년 천황의 남동생 아키시노노미야 부부 사이에 히사히토(悠仁) 왕자가 태어나면서 그 분위기는 사그라들었다. 여성 천황은 성평등의 관점에서 나온 논의가 아니

본인의 의도와 상관없이 여성 천황 인정 여부 논쟁을 불러온 아이코 공주.
ⓒ궁내청

라 천황의 혈통을 계승하기 위해서 어쩔 수 없이 용인하자
는 것이었다. 천황은 헌법상 '일본국의 상징'이다. 일본국
의 상징인 천황이 남성이어야 한다는 것은 헌법이 규정한
남녀평등과 모순되지 않을까?

  해외에서는 여성도 왕위 계승을 할 수 있게 한 나라가
많다. 스웨덴, 네덜란드, 노르웨이, 벨기에 같은 유럽 나라
들뿐만 아니라 태국도 여왕을 용인한다. 일본도 여성 천
황이 아예 없었던 것은 아니다. 과거에 여성 천황은 8명이
있었다. 두 명은 두 번 즉위해서 여성 천황은 10대에 8명
이다. 나는 나라에서 문화 담당 기자를 했기 때문에 나라

시대의 천황은 그나마 아는 편이다. 45대 고켄 천황(孝謙天皇, 재위 749~758)이 다시 즉위하면서 이름이 바뀌어 47대 쇼토쿠(稱德) 천황(재위 764~770)이 됐다. 쇼토쿠 천황은 도다이지를 건립한 쇼무(聖武) 천황의 딸이다.

내 인상에 남았던 것은 쇼토쿠 천황이 승려 도쿄(道鏡)와 사랑에 빠졌었다는 이야기다. 도쿄도 역사적 인물로 유명하다. 천황의 총애를 받아 정치에 개입했기 때문이다. 2010년은 천도 1300제가 열려 나라 시대를 배경으로 한 드라마도 방영됐다. 〈대불개안(大仏開眼)〉이라는 NHK 드라마로 쇼토쿠 천황이 주인공이었다. 마지막 여성 천황은 에도 시대 117대 고사쿠라마치(後桜町) 천황(재위 1762~1771)이다. 오히려 근대화가 된 이후에는 한 명도 없는 것이다.

2024년 세계 경제 포럼이 발표한 젠더 격차 보고서에 따르면 146개 국가 중 일본은 118위였다. 한국은 94위로 양국이 다 낮지만 일본이 더 심각하다. 경제, 교육, 보건, 정치 네 가지 분야 중 일본은 정치 분야가 특히 낮다. 여성 국회 의원 비율이 낮아서인데 초대 총리였던 이토 히로부미 이후 이시바 시게루(石破茂)까지 65명 중 여성은 단 한 명도 없다. 결국 부부별성제 도입이나 여성 천황에 소극적인 정부의 구성원은 남성이 압도적으로 많다는 것이다.

지극히 사적인 일본

부부별성제 도입과 마찬가지로 여론은 여성 천황을 용인하자는 쪽이 훨씬 많은데 정부의 태도가 보수적이다. 2024년에 〈마이니치신문〉이 실시한 여론 조사 결과에 따르면, 여성 천황을 용인하자는 의견이 81퍼센트를 차지했다. 2017년 조사 때는 68퍼센트였는데 크게 높아진 배경에는 아이코 공주의 존재감이 커진 것도 있다. 아이코 공주가 2024년에 일본 적십자사에 취업하고 본격적으로 공무를 수행하기 시작하자 언론에 노출되는 기회가 늘어났다. 일본에 있으면 황족이 공무에 참여하는 뉴스를 자주 보게 된다.

여성 천황을 용인하자는 주장으로는 "여성이 황위 계승을 할 수 없는 것은 일본이 여성의 존재 의의를 인정하지 않는 나라라는 것을 세계에 알리는 것과 같다"는 의견이 있다. 반대 주장으로는 "천황이 해야 할 공무는 많고 여성이 천황이 되면 아이를 낳아야 한다는 부담도 클 것"이라는 의견이 있다. 둘 다 여성들의 의견이다. 나는 용인해야 한다는 입장이지만 후자의 의견도 일리가 있다고 생각한다. 아이코 공주의 어머니 마사코 황후가 고생하는 것을 봤기 때문이다. 하버드대학교와 도쿄대학교를 나와 외교관으로 활약했던 마사코 황후는 1993년에 결혼했는데 아이코 공주가 태어난 때는 2001년이다. 그 사이에 얼마나 큰 부담을 느꼈을까. 황실로 시집 가는 일은 상상 이상의 압박이 될 것이다. 몸 상태가 안 좋다고 공무를 쉬었던 기간도 길었다. 우울증의 일종인 '적응 장애' 진단을 받기도 했다.

일본국 헌법 제1장 제1조는 "천황은 일본국의 상징이고 일본 국민 통합의 상징이며 그 지위는 주권이 있는 일본 국민의 총의에 따른다"고 규정하고 있다. 여성 천황에 대해서는 정부가 아니라 주권자인 국민이 논의해서 정해야 한다. 여성 천황을 용인하자는 의견이 81퍼센트라는 여론 조사 결과도 있는데 유엔의 권고를 정부가 거부하는 것은 헌법에 어긋나는 일이라고 생각한다.

지극히 사적인 일본

일본 여성은
갑자기 이별을 통보한다

한일 교류가 많아지면서 한일 커플도 많이 늘어나고 있다. 그런데 적어도 내 주변을 보면 한국 남자와 일본 여자의 커플은 많은데 그 반대는 별로 없다. 왜 그럴까? 한국 남자와 사귄 개인적인 경험과 한일 커플 친구들한테 들은 내용으로 어느 정도 이유는 알 것 같다.

일단 한국 남자는 일본 남자와 비교해서 잘 챙겨 준다. 꼭 사귀는 사이가 아니어도 그렇다. 대표적으로 한국 남자는 가방을 들어 준다. 가벼운 가방까지 들어 주길 바라는 건 아니지만 일본에서는 남녀가 같이 걸어가는데 여자만 무거운 짐을 들고 있는 경우도 가끔 본다. 한국에서 이런 경우는 거의 못 본 것 같다.

그래서 아마 한국 여자가 일본 남자와 사귀면 '정말 날 좋아하나?' 하고 의심할 수도 있다. 실제로 그런 이야기를 종종 듣는다. 반대로 남자가 챙겨 주는 경험을 해 본 적이 없는 일본 여자 입장에선 잘 챙겨 주는 한국 남자에게 사랑을 느끼기도 한다. 일본 여자는 고맙다는 표현을 잘하기 때문에 한국 남자 입장에서도 기분이 좋을 것 같다. 한남일녀가 잘되는 이유다.

내가 한국 남자와 처음 사귄 건 2002년에 어학연수를 받았을 때였다. 나는 태권도를 배우러 동네 체육관에 다녔는데 거기에 가끔 지도하러 오는 젊은 사범님이 있었다. 그 남자한테 마음을 빼앗긴 순간을 기억한다. 여러 명이 같이 술을 먹고 있었는데, 안주로 나온 딸기가 덜 익은 상태였다. 옆자리에 있던 그는 딸기 꼭지의 파란 부분까지 떼서 내게 주었다. 지금도 잊을 수 없는 '심쿵'하게 된 장면이었다. 많이 좋아했지만 안타깝게도 첫 번째 유학이 끝나면서 헤어졌다.

두 번째 유학을 온 2005년에도 다른 한국 남자와 만났다. 이 남자는 입버릇처럼 "오빠가 해 줄게"라고 말했다. 짜장면을 섞어 주고, 캔 뚜껑을 뜯어 주고, 내가 손을 움직일 틈이 없었다. 그렇게 7년 동안 사귀다 헤어지니까 나는 무엇이든 혼자 해야 하는 상황이 어색하고 바보가 된 느낌이 들었다.

이런 이야기를 하면 한국 남자가 다 그런 건 아니라고들 한다. 내가 만난 남자가 특별히 잘 챙겨 주는 편이었던 건 맞다. 그런데 평균적으로 일본 남자보다 한국 남자가 잘 챙겨 주는 것도 사실인 것 같다.

한국 남자를 만나고 나서 가장 많이 변한 건 자기 주장을 하게 된 것이다. 일본 여자들은 불만이 있어도 일단 참는 경우가 많다. 불만을 표현하는 법을 잘 모른다. 상대방이 알아서 눈치채기를 기대하고, 싸우지 않고 해결되기를 원한다. 그런데 그건 한국 남자 친구한텐 통하지 않았다. 참다 참다 폭발했을 땐 나는 헤어질 생각이었는데, 남자 친구는 "전혀 몰랐어. 왜 그때그때 얘기해 주지 않았어?"라며 억울하다고 했다. 생각해 보면 이야기하지도 않고 혼자 조용히 참다가 헤어지자는 것도 상대방 입장에선 어이가 없었을 것 같다. 그때부터 점점 불만을 남자 친구뿐만 아니라 다른 사람한테도 표현하기 시작했다.

그래서 일본 여자랑 사귈 때는 가만히 있다고 해서 괜찮은 건 아니라는 점을 조심해야 한다. 무작정 참고 있는 것일 수도 있다. 남자 입장에서는 너그럽게 받아들여 준다고 생각하고 있다가 갑자기 이별 통보를 받을 수도 있다.

한편 유학이나 일 때문에 한국에 사는 일본 여자들 사이에서 자주 나오는 이야기가 한국 남자들은 일본 여자에 대해 이상한 환상을 갖고 있다는 것이다. 그 원인의 하나는 AV(성인 비디오)인 것 같다. 일본 여자는 성적으로 개방적이라는 오해다. 실제론 전혀 그렇지 않다. 성적으로 개방적인 여자도 있고 보수적인 여자도 있는 건 한국이나 일본이나 비슷하다. AV는 그저 환상의 세계인 것이다. 나도 그렇지만 한국에 오기 전까지 한국에서 일본 AV를 그렇게 많이 보고 있는 줄 몰랐다. 그런 오해가 많다는 사실을 알고 난 뒤 한국 남자가 일본 여자를 소개해 달라고 하면 약간 경계심이 생긴다.

일본 여자는 순종적이고 여성스럽다고 생각하는 한국 사람도 많은 것 같다. 이를 전혀 아니라고 할 수도 없다. 일본 여자들은 여성스러움을 어느 정도 지향하는 경향이 있다. '여자력(女子力)'이라는 말이 있는데, 외모나 내면의 아름다움을 가꾼 매력적인 여성의 힘을 가리키는 말로 남자들에게 인기 많은 여자를 '여자력이 높다'라고도 한다. 스스로 지향한다고 썼지만 되돌아보면 20대 초반에 많이 봤던 패션 잡지에 어떻게 여자력을 높일지에 대한 특집 같은

일본 여자가 여성스럽다고 여기는데, 어느 정도는 맞는 말이다.
하지만 언제까지나 그렇지는 않다. ©Getty Images

것도 많았고, 나도 모르게 그래야 하는 것처럼 생각했던 것 같다. 예를 들어, 힐을 신고 치마를 입는 걸 권한다든가, 항상 웃음을 짓고 긍정적으로 생각하기를 권한다든가 하는 내용이다. 그러니 한국 남자가 보기에 순종적이고 여성스럽다고 느낄 수도 있다.

그런데 한일 커플의 문제는 대부분 결혼 후다. 한국 남자와 결혼한 내 친구들은 시댁과의 관계를 고민하는 경우가 많다. 특히 명절이나 제사를 힘들어한다. 정신적으로도 육체적으로도 지쳐 명절 후 일주일 정도 누워 있는 친구도 있다. 아이들 교육 문제에 간섭하는 경우도 많다고 한다.

나는 아이가 없어서 더 그럴 수도 있지만 시부모한테 간섭받은 기억이 아예 없다. 결혼식도 본인들이 알아서 하라는 식이었고, 아이는 안 낳냐고 묻거나 한국에 언제까지 있을 거냐고 물어본 적도 없다. 아마 궁금하실 것이다. 그래도 그걸 물어보면 내가 불편할까봐 배려해 주는 것 같다.

내가 〈아사히신문〉을 그만두고 한국에 유학갈 때 공무원이었던 남편은 휴직해서 로스쿨에 다니고 있었다. 서로 하고 싶은 일을 하려고 공부하기로 한 것이다. 그전까지 일한 돈으로 그 비용도 각자 부담했다. 그런데 남편이 사법 시험에 합격한 후 시아버지는 "아야상 덕분"이라고 하셨다. 나는 남편을 말리지 않은 것 말고는 잘한 것이 하나도 없다. 밥을 해 준 것도 아니고 학비나 생활비를 내준 것도 아니었다. 그냥 멀리 한국에서 응원한 것뿐이다. 감사하다는 말을 듣고 깜짝 놀랐다. 보살 같은 시부모님이다.

나도 일본에서는 좀 특별한 케이스일 수 있지만 일본에서는 성인이 되면 부모가 간섭을 별로 하지 않는 편이다.

일본 여자로서는 연애할 때는 열정적이고 자상한 한국 남자가 좋지만, 결혼은 가족으로 지내기에 더 편한 일본 남자가 좋다고 하면 너무 이기적인 걸까?

스마일 0엔

일본인, 특히 일본 여성은 미소를 짓는 표정을 많이 하는 편인데, 이 또한 다테마에라고 할 수 있다. 속마음이 어떻든 얼굴은 웃고 있는 것이다. 특히 식당에서 서빙을 하거나 손님 접대를 하면서 미소를 짓는다. 나도 대학생 때 음식점에서 아르바이트를 하면서 웃는 얼굴로 응대하라고 배웠다. 미소를 지으며 "이랏샤이마세(어서 오세요)!" 하고 밝게 인사하는 연습을 많이 했다. 어떤 점장은 "행복해서 웃는 것이 아니라 웃으니까 행복해지는 것"이라고 가르쳐 줬는데, 나는 2000년대 초반에 한국에 유학하자마자 한국에서는 아니라는 것을 알았다. 쓸데없이 웃는 표정을 보이면 마음이 있다고 오해를 받기 십상이었다. 유학한 지 얼마 안 됐

지극히 사적인 일본

을 때 하숙집 앞에서 도로 공사를 하는 남성에게 몇 번 웃으면서 인사했더니 내가 하숙집에서 나오는 것을 기다렸다가 연락처를 물어보는 일이 있었다. 내가 오해를 줬구나 싶었다. 여러 번 아차 싶은 경험을 통해 조심하게 됐다.

일본 맥도날드에는 다른 나라에 없는 메뉴가 있다. '스마일 0엔'이다. 맥도날드라고 하면 '스마일 0엔'을 떠올릴 정도로 유명하다. 1980년대 오사카의 어느 지점 스태프가 낸 아이디어였다고 한다. 이게 전국에 퍼져서 항상 손님을 웃는 얼굴로 환영한다는 의미로 '스마일 0엔'이라는 메뉴가 추가됐다. 실제로 손님이 "스마일 주세요"라고 하면 종업원은 공짜로 웃어 준다. 한때 메뉴에서 없어진 적도 있었지만 2015년에 다시 부활했다. 당시 맥도날드는 "2000년대 메뉴판이 사진 메인으로 바뀌면서 '스마일 0엔'의 표기가 없어졌지만, 손님을 웃는 얼굴로 맞이하고 싶은 맥도날드의 생각을 메뉴에서 지우면 안 되겠다고 다시 생각해서 표기를 부활시켰습니다"라고 설명했다. 손님이 스마일 0엔을 원하고 있다는 전제가 깔려 있는 설명이다. 이 메뉴가 부활한 것에 대한 비판적인 반응은 거의 없었다.

나는 지금 시대의 스마일 0엔에는 거부감을 느낀다. 한국에서 그런 메뉴를 추가하겠다고 하면 아마 반대하는 의

일본 맥도날드 메뉴판을 보면
'스마일 0엔'을 볼 수 있다.
손님이 "스마일 주세요"라고 하면
종업원은 공짜로 웃어 준다.
ⓒ나리카와 아야

견이 훨씬 많을 것이다. 한국 친구에게 스마일 0엔에 대해 의견을 물어보면 대부분 "한국에서는 있을 수 없다"고 한다. 그런 것을 허용하는 일본이 이해가 안 간다는 반응이다. "한국에서는 시대적인 변화가 아니라 1980년대였어도 받아들이기 힘들었을 것"이라고 하는 사람도 있었다. 정서 자체가 일본과 다르다는 것이다.

일본 친구들에게 스마일 0엔에 대해 의견을 물어보면 남녀 불문하고 "뭐가 문제인지 잘 모르겠다"는 반응이 돌아온다. 한국과 일본의 반응이 이렇게 갈릴 줄 몰랐다. 일본에서는 스마일 0엔을 '오모테나시'의 일환으로 생각하는 사람이 대부분인 것 같다. 손님을 환대하는 일본 특유의 서비스 정신이다. 그런데 손님 입장에서는 좋을지 몰라도 종업원 입장도 생각해야 한다. 이런 나의 비판적인 생각을 이야기했더니 일본 친구들은 "그냥 하나의 서비스인데 그렇게 민감하게 받아들일 필요가 없다"고 한다. 내가 한국에 오래 있어서 변한 것일까? 공과 사의 구분이 확실한 일본에서는 매장에서 웃는 '나'는 손님에게 서비스하는 존재이고, 개인적인 '나'의 감정과 분리시키는 것일 수도 있다.

메이드 카페도 비슷한 맥락 같다. 메이드처럼 분장한 종

업원이 일하는 카페다. 종업원은 손님을 '주인님'으로 모시고 주문한 음식이 나오면 "오이시쿠나레 모에모에 큥(おいしくなれ、萌え萌えキュン)"이라며 음식이 맛있어지는 마법을 걸어 주는 등 일반 카페와 다른 여러 서비스를 제공한다. 만화 속 세계관 같다. 실제로 메이드 카페는 오타쿠가 많은 도쿄 아키하바라에 많고 종업원은 젊은 여성, 손님은 남성이 대부분이다. 메이드 카페는 2000년대 일본에서 시작해서 한국을 포함한 해외에 퍼졌다고 한다. 카페 안에서 주종(主從) 관계가 확실하다. 여성이 아래이고 남성이 위라는 것이 나는 불쾌한데, 이는 하나의 콘셉트라서 어쩔 수 없는 것인지도 모른다. 그런데 메이드 카페는 그 콘셉트를 전제로 운영하는 곳이다. 하지만 맥도날드는 기본적으로 햄버거를 파는 곳이다. 나 같으면 스마일 0엔이라는 메뉴 때문에 일하는 게 꺼려질 것 같다.

메이드 카페 문화는 일본 아이돌과 상관있다. 일본의 대표적 아이돌 AKB48이 바로 아키하바라 오타쿠 팬들을 대상으로 결성된 아이돌이다. 한국 아이돌처럼 노래나 춤을 잘해서 데뷔한 것이 아니라 '만날 수 있는 아이돌'이 콘셉트다. 노래나 춤보다 팬 서비스가 더 중요하다. 2018년에 방송된 한국 오디션 프로그램 〈프로듀스48〉을 통해 한

도쿄 아키하바라에서 흔히 볼 수 있는
메이드 카페 홍보.

일 아이돌의 차이가 드러났다. AKB48 그룹 멤버들과 한국 연습생들이 참가했는데, 이미 데뷔해서 활동하고 있는 AKB48 멤버보다 데뷔 전의 한국 연습생들이 노래나 춤을 훨씬 잘했다. 그런데 프로그램을 통해서 훈련을 받으면서 AKB48 멤버들도 점점 성장하는 모습을 보고 못하는 것이 아니라 훈련 받지 못한 것이라는 사실을 알게 됐다.

이렇게 미숙한 상태의 아이돌이 활동할 수 있는 것은 어느 정도 일본 팬들의 취향이 반영된 것으로 봐야 할 것이다. 일본 K-POP 팬들의 취향을 봐도 그렇다. 여성 그룹을 보면 세계적으로는 블랙핑크가 인기가 많지만 일본에서는 블랙핑크보다 트와이스가 인기가 많다. 블랙핑크는 걸크러쉬라는 멋있는 콘셉트인데 트와이스는 귀여운 콘셉트다. 물론 멤버에 일본인 3명이 포함된 것도 트와이스가 일본에서 인기가 많은 이유 중 하나지만, 전체적으로 일본에서는 여성 아이돌은 멋있는 아이돌보다 귀여운 아이돌을 선호하는 경향이 있다.

한국은 2018년 #MeToo 운동 이후로 많이 변했지만, 일본은 #MeToo가 한국처럼 퍼지지 않았고, 한국에 비하면 큰 변화는 없었다. 미팅 자리에서 이런 차이를 확연하게 느낄 때가 있다. 한국 기업 대표가 식사 자리에 와서 코트를 벗는데, 새로 뽑은 일본 여성 직원이 빠르게 다가와서 벗는 것을 도우려고 하자, 대표는 당황해하면서 "그러면 큰일 나요"라고 했다. 그 여성은 일본에서 병원장 비서로 일했었다고 한다. 그렇게 하는 게 당연하다고 알고 있었다고 한다. 일본에서 여성들이 일터에서 자연스럽게 하는 일들 중에 한국에서 아예 사라진 것들이 있는 것이다.

한국 남성 중에는 "일본 여성은 정말 남편이 집에 오면 무릎 꿇고 마중하냐"고 묻는 사람이 가끔 있다. 나는 웃으면서 "설마"라고 답하지만 그런 이미지를 가지고 있다는 것 자체가 일본 여성에 대한 하나의 시선인 것이다. 인터넷으로 찾아봤더니 그런 경우가 요즘도 아예 없는 것은 아닌 것 같다. 결혼하니까 남편이 집에 오면 무릎 꿇고 마중할 것을 요구해서 놀랐다는 글을 봤다.

그런데 나를 포함해서 일본 여성 중에 다다미나 바닥에 앉게 될 경우 시부모나 윗사람 앞에서 무릎 꿇고 앉는 경우는 지금도 많을 것이다. 나는 그것에 대해 별로 의식한 적이 없었는데 어느 일본 영화를 보면서 "일본 여성은 정말 그렇게 앉냐"고 물어보는 사람이 있어서 처음으로 생각해 봤다. 한국 사람이 보기에는 아주 불편해 보이는 것 같다. 그 장면을 자세히 보면 시어머니와 시누이가 편하게 앉아 있는데 며느리만 혼자 무릎 꿇고 앉아 있었다. 내가 좋아하는 고레에다 히로카즈(是枝裕和) 감독의 〈걸어도 걸어도〉(2008)라는 영화인데 여러 번 보면서도 그 장면에 주목한 적이 없었다.

조남주의 페미니즘 소설 《82년생 김지영》이 일본에서 큰 반향을 일으킨 것은 일본 여성 독자들로 하여금 처음으로 자신이 겪어 온 볼합리한 일들에 대해 되돌아보게 했기 때문이다. 사실 일본에도 페미니즘 소설은 오래전부터 있었는데 요즘은 한국 페미니즘 소설이 일본에서 인기를 끌고 있다. 비슷하지만 조금 다른 거리감이 좋다는 의견이 많다. 나도 2020년부터 KBS 월드 라디오에서 한국 책을 일본어로 소개하는 코너를 담당하면서 한국 페미니즘 소설을 여러 권 읽었다. 그러면서 자연스럽게 문제의식이 생기기 시작했다. 2025년 새해 인사로 시댁에 갔다가 시부모 앞에서 편하게 앉아 봤지만 뭐라고 하는 사람은 없었다. 속으로 어떻게 생각하셨는지 모르지만 눈치 보고 불편한 것을 참는 것은 그만하려고 한다.

PART
VI

청춘을 누리는
교육

어느 대학 출신인지
왜 궁금하죠?

한국에서 보다 좋은 대학에 가려고 치열한 입시 경쟁이 벌어지고 있는 이유 중 하나는 학벌의 영향력이 크기 때문인 것 같다. 같은 대학 출신이라는 이유로 연대감을 느끼고, 같은 시기에 다닌 것도 아닌데 선후배 관계가 생기는 것이 한국이다. 나는 일본에서 신문 기자로 일하면서 학벌의 영향력을 별로 느낀 적이 없다. 가끔 같은 고베대학교 출신자를 만날 때도 있지만 조금 반가울 뿐 그 이상은 아니다. 갑자기 선후배 관계가 되지는 않는다. 동료 기자들이 어느 대학 출신인지도 그리 궁금하지 않았고, 들었어도 금방 잊어버릴 정도의 정보다. 퇴사 후에도 종종 만나는 친한 기자들이 있는데 어느 대학 출신인지 잘 모른다.

일본에서는 학벌이라는 말을 별로 안 쓴다. 그나마 게이오대학교 출신은 약간 학벌에 가까운 끈끈함이 있는 것 같긴 하다. '게이오 보이'라는 말이 있을 정도다. 좋은 집안에서 자란 도련님 이미지가 있다. 언론계는 와세다대학교 출신이 많은 편인데 그렇다고 와세다대학교 출신이 입사하기에 유리한 것 같지는 않다. 〈아사히신문〉 입사 면접 때 하루 동안 아침부터 저녁까지 6~7명이 그룹으로 모의 취재를 하고, 원고를 써 보고, 모의 편집 회의도 해 보는 날이 있었다. 그 그룹은 나만 빼고 모두 와세다대학교 학생이었는데 그중 나만 붙었다. 와세다대학교는 학생 수가 약 5만 명이나 된다. 그중에는 똑똑한 학생도 있지만 그렇지 않은 경우도 있다.

한국에서는 서울대학교, 고려대학교, 연세대학교를 'SKY'라고 부르는데 일본에서도 비슷하게 묶이는 학교 그룹이 있을 거라고 생각하는 사람이 많다. 서울대학교는 도쿄대학교, 고려대학교는 와세다대학교, 연세대학교는 게이오대학교에 해당한다고 한다. 사립 대학교 중 투 톱은 게이오와 와세다가 맞긴 하다. 그러나 일본에서는 도쿄대학교와 거의 비슷한 수준인 교토대학교가 있고 국립 대학교는 기본적으로 들어가기 어렵다. 특히 게이오대학교는

와세다대학교. ⓒGetty Images

게이오대학교. ⓒGetty Images

초등학교부터 대학까지 에스컬레이터에 탄 것처럼 올라오는 경우도 있어서 입학이 실력 덕분인지 부모의 경제력 덕분인지 알 수 없는 면도 있다.

대학의 서열이 한국에 비해 명확하지 않은 이유 중 하나는 한국의 대학수학능력시험에 해당하는 대학입학공통테스트 외에 대학별로 실시되는 개별 시험이 따로 있기 때문이다. 대학마다 시험 내용이 전혀 다르고 개별 시험의 비중이 큰 경우가 많다. 예를 들어, 도쿄대학교는 공통 테스트와 개별 시험의 점수 비율이 1:5이다.

2024년도 일본의 대학 진학률은 과거 최고를 갱신했는데 그래도 59.1퍼센트로 한국보다 훨씬 낮다. 대학에 꼭 가야 한다는 인식이 없는 것이다. 내 주변 친구 중에도 고졸 친구가 적지 않다. 과거 최고가 된 것은 저출산의 영향도 있다. 수험생 수가 감소하면서 예전보다 대학에 들어가기 쉬워진 것이다. 재수생이 줄고 현역 진학률이 높아지기도 했다. 1990년에는 현역 진학률이 51.7퍼센트였는데 2023년에는 92.5퍼센트까지 올랐다. 우리 때는 흔했던 재수생이 이제는 아주 소수파다. 명문대 진학 욕구도 전보다 약해지고 현역으로 들어갈 수 있는 대학에 들어가자는 학생이 대부분이다.

지극히 사적인 일본

아이를 키우는 친구들과 이야기를 나눠 보면 "이제는 공부를 열심히 하지 않아도 취업할 수 있다"고 한다. 학교 성적이나 입시에 그렇게 신경을 쓰지 않는 것처럼 보인다. 2024년 일본 대학 졸업자의 취업률은 98.1퍼센트로 이 또한 역대 최고를 기록했다. 어느 대학에 가도 취업은 어렵지 않고 학벌의 영향력도 별로 없는 일본에서는 좋은 대학에 가는 것이 그렇게 중요한 일은 아니다.

"즐거워 보여.
신문사 그만두기 잘했네"

한국에서 9개월 동안 유학한 일본 여성과 대담을 한 적이
있다. 그 여성은 "한국에 다녀와서 일본은 아이가 많다고
느끼게 됐다. 특히 지하철 안에 많다. (한국의 공공장소에 아이
들이 별로 없는 것은) 단순히 저출산의 영향인 것만은 아닌 것
같다"라고 했다. 한국 사람이 일본에 와서 자주 하는 말이
기도 하다. "일본에는 아이가 많다." 어떤 한국 기자는 평
일 오후에 공원에서 놀고 있는 초등학생들의 모습을 보고
"한국에서는 이런 풍경을 못 본 지 오래다"라고 했다. 그런
것 같다.

　짐작할 만한 이유는 두 가지다. 하나는 한국에서는 아이
가 있으면 자가용 차로 이동하는 경우가 많아 지하철에서

평일 오후의 일본 놀이터 풍경.

©Getty Images

아이를 보기 어려운 것 같다. 한국 초등학생은 평일 오후에는 대부분 학원을 가니 공원에서 노는 모습을 보기 어려운 것도 있다. 차를 사기 힘들고 학원비가 부담된다면 아이를 낳지 않는 게 낫다고 생각하는 사람도 적지 않은 것 같다. 일본에서는 차가 없는 집도 많고, 아이가 학원에 다니지 않거나, 다닌다 해도 한국처럼 매일 늦게까지 다니는 경우는 드물다.

나는 법대를 나왔지만 법학과는 별 관계가 없는 신문 기자가 됐다. "원래 꿈은 달랐는데 부모님 때문에 법대를 간 거예요?" 한국에서는 이런 질문을 많이 받았다. 사실은 그 반대다. 나는 고등학교 때 변호사가 꿈이었다. 그래서 법대에 갔다. 그런데 아버지는 내가 변호사가 되고 싶다고 하는데도 고치대학교 문학부에 진학하라고 하셨다. 내가 고치에 계속 있기를 바라셨기 때문이다. 고치대학교에는 법대가 없다. 문학부를 다니면서 사법 시험을 준비하라는 말씀이었다. 물론 나는 아버지의 말씀을 듣지 않았다. 그런데 들어가자마자 법학이 나와 전혀 맞지 않는다는 사실을 깨달았다.

오빠도 마찬가지다. 의사가 되고 싶어서 의대에 들어가려고 했지만 떨어져서 치과대로 가서 치과 의사가 됐다.

지극히 사적인 일본

부모님이 의사나 치과 의사를 권한 적은 없었다. 부모가 의대나 법대에 들어가기를 바라는 한국과는 다르다.

대학교 2학년 때 휴학하고 한국에 왔을 때 내가 법대생이라고 하니 반응이 달라져서 놀랐다. 출입국관리사무소에 갔을 때도 법대라고 하자 딱딱했던 담당자의 태도가 갑자기 달라져서 당황스러웠다. 일본에서는 법대에 따라 급이 다르기는 하지만 일반적으로는 법대라고 해도 별다른 반응은 없다. 법대생이라고 해서 모두 판검사나 변호사가 되는 것도 아니다.

내가 박사 학위를 받았을 때는 "그렇게 공부를 잘하면 의대를 갔어야 하는데"라고 말한 사람도 있었다. 이렇게 말한 사람은 물론 한국 사람이다. 나는 한국 영화에 관심이 있어서 신문사를 그만두고 한국에서 한일 영화 교류에 관한 논문으로 학위를 받았는데 왜 갑자기 '의대'가 나오는지 이해하기 힘들었다. 그 사람은 내가 무슨 논문을 썼는지 물어보지도 않았다. 공부를 잘하면 무조건 의대나 법대를 가야 한다는 인식이 있는 것일까.

한국의 부모들은 아이가 돈을 벌 수 있는 직업을 가질 수 있도록 교육하는 게 목적인 것처럼 보인다. 아이가 잘하고 좋아하는 것은 다양할 텐데 말이다. 이런 생각이 들었던 이유는 내가 지금 하고 있는 일을 이야기했을 때 한일 간의 반응 차이가 뚜렷하기 때문이다. 일본 사람은 대부분 "즐거워 보여. 신문사 그만두기 잘했네"라고 한다. 한국에서는 내가 어떻게 하면 돈을 벌 수 있을지 조언해 주는 사람이 많다. 내가 부탁한 것도 아닌데 말이다. 유튜브를 하라거나 방송에 더 많이 나가라고 하는 식인데, 거기에는 내가 뭘 하고 싶어하는지가 빠져 있다. 돈벌이가 목적이었다면 〈아사히신문〉에서 정년까지 일하는 게 정답이다. 어쩌면 직업에 대한 가치관의 차이가 일본 거리에 아이들이 더 많이 보이는 이유가 아닐까.

청춘을 실컷 누린다

한국과 일본의 중고등학교 시절을 비교하면 가장 큰 차이가 부(部) 활동인 것 같다. 일본 중고생은 부 활동에 많은 시간과 에너지를 쏟는다. 한국에서는 대학 입시에 초점이 맞춰져 있어서 입시에 직접 도움이 안 되면 시간을 할애하기 어려운 것 같다. 일본은 중고 시절 청춘을 누리는 일에 학생과 부모 모두 가치를 두는 경우가 많다. 교육적 관점에서도 부 활동을 통해 선후배와의 관계 등 사회성을 키운다고 생각하는 것 같다.

나는 어렸을 때부터 달리기를 잘해서 중학생 때는 육상부에서 활동했다. 초등학생 때 1,000미터 달리기로 내가 살았던 고치현 이노초(伊野町)에서 신기록을 세웠을 정도

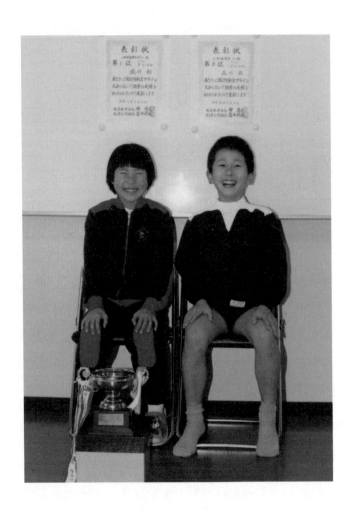

초등학생 때 장거리 대회에서 1등을 했던 당시.
©나리카와 아야

다. 막상 육상부에 들어간 다음엔 열심히 활동하진 않았지만 육상부 선배와 연애도 하고 여러 추억이 많다.

중학생 때 선배와 사귀었다는 이야기를 하면 한국에서는 "발랑 까져 가지고"라는 소리를 듣기도 한다. 나뿐만이 아니라 주변 친구들도 중학생 때부터 연애를 하는 친구가 적지 않았다. 그 연애가 시작되는 계기가 부 활동인 경우가 많다. 그만큼 같이 지내는 시간이 많기 때문이다. 장건재 감독의 영화 〈회오리 바람〉(2009)에는 고등학생 남녀가 사귀는 것을 부모에게 들켜서 엄청 혼나는 장면이 있다. 대학에 들어가기 전에는 연애를 하지 말라며 강제로 헤어지게 한다. 장건제 감독 본인이 겪은 실화를 바탕으로 만든 영화인데 당시에는 고등학생이 연애하면 부모에게 혼나는 게 보통이었다는 이야기를 감독에게 직접 들었다. 장 감독은 1977년생이다. 일본에서는 대학 입시 전까지 연애 금지라는 이야기는 거의 들어보지 못한 것 같다.

2002년에 고려대학교 어학당을 다녔던 당시 나는 동네 체육관에서 태권도를 배웠다. 대부분 초중고 남학생이었는데 장거리 달리기를 했을 때 내가 1등이었다. 내가 달리기를 꼭 잘해서가 아니라 평균적으로 일본 학생이 한국 학생보다 달리기를 잘하는 것 같다. 한국에서 중고등학교를 다녔다는 일본 여학생에게 한일 학생의 차이에 대해 물어봤을 때 "체육 시간에 달리기를 하면 나는 일본에서 특별히 빠른 편이 아닌데 한국에서는 내가 빠른 편이었다. 한국 여학생에 비해 일본 여학생이 훨씬 운동을 잘하는 것 같다"라고 했다. 실제로도 그런 것 같다. 한국 친구와 놀러가면 조금 걷다가 금방 피곤하니 카페에서 쉬자고 하고 택시를 타려고 한다. 일본 친구들은 기본적으로 부 활동을 통해 운동을 많이 해서 체력이 있다.

주변 친구들도 대부분 부 활동에 참여했다. 아무 부 활동도 안 하는 학생은 '귀택부(帰宅部)'라고 불리는데 이러면 친구를 사귀기 힘들다. 처음부터 귀택부였던 학생은 거의 없었던 것 같고, 안 맞아서 그만둔 경우는 종종 있었다. 부에 따라 다르지만, 보통 매일 방과 후에 활동하고, 열심히 하는 부는 아침 수업 전이나 주말에도 활동했다. 당시 남학생들은 축구부, 야구부, 농구부에 들어가는 학생이 많았고, 여학생은 취주악(吹奏楽)부, 테니스부, 배구부에 들어가는 학생이 많았다. 만화《슬램덩크》가 유행했던 때라 특히 농구부가 인기였다. 스포츠 만화가 청소년에 미치는 영향이 아주 크다.

나도 발레 만화에 꽂혀서 발레를 했다. 중학생 때는 육상부에 들어가긴 했지만 육상부 연습은 단조롭고 재미가 없었다. 고치로 이사하기 전 오사카에서는 유치원 때부터 발레를 배웠었는데 이노초에는 발레 교실이 없어서 포기했었다. 중학교 3학년 때 부모님이 이혼하면서 고치시로 이사했고 고등학생이 되면서 다시 발레를 시작했다. 부 활동은 사진부에 들어갔지만 문화제(文化祭) 때 빼고는 그렇게 활동을 많이 하는 편이 아니라서 방과 후에는 주로 발레 교실에 다녔다. 그래서 그런지 나는 고등학교보다 중학교 때 친구들과의 추억이 훨씬 많다.

고등학생 때 나는 발레 교실 이외의 학원은 다니지 않았다. 아빠가 경영하는 학원이 초중생 대상이었는데 그 수업을 도왔다. 부모님이 이혼하면서 나는 엄마와 오빠와 함께 집을 나갔는데 일주일에 한 번은 아빠 집에 가서 밥도 차려 주고 학원 수업도 도왔다. 학원 수업으로 아빠한테 알바비를 받고 그 돈으로 발레를 배웠다. 고등학생 시절 공부한 시간은 한국 고등학생에 비하면 아주 짧았던 것 같다. 내가 특별한 것도 아니다. 예를 들어, 고등학생 때 축구부였던 오빠는 365일 중 350일은 부 활동을 했던 것 같다. 특별히 축구를 잘하는 학교도 아니었다. 그렇게 매일 축구만 하면서 꿈은 의사였다. 아니나 다를까 의대는 세 번 떨어지고 결국 치과대로 갔다.

한국은 스포츠를 하는 학생은 스포츠에 집중하고 대부분의 학생은 대학 입시에 집중하는 것 같다. 스포츠를 하는 학생은 공부는 거의 하지 않는다고 들었다. 일본은 거의 모두가 부 활동을 한다. 고교 야구 전국 대회 1등 팀 학생도 공부를 열심히 해서 좋은 대학에 들어가는 경우도 있다.

공부와 부 활동(스포츠) 둘 다 열심히 하자는 '문무양도(文武両道)'는 일본 학교의 교육 방침이다. 학교에서도, 집에서도 그렇게 가르친다. 그러면서 공부만 하는 것보다는 청춘을 실컷 즐기자는 분위기가 있다.

지극히 사적인 일본

'유토리 교육'은
실패한 걸까?

한국에서는 '유도리'를 '융통성'이라는 뜻으로 사용하는데, 원래 '여유'를 뜻하는 일본어 발음은 '유토리'에 가깝다. 일본에서는 1987년부터 2004년에 태어난 세대를 '유토리 세대'라고 부른다. 2002년부터 학습량이 줄어든 '유토리 교육'을 받은 세대다. 집단 따돌림이나 등교 거부 등 학교 관련 문제가 심각해진 요인 중 하나가 학생들에게 지나치게 스트레스를 주는 주입식 교육이라는 지적 때문에 학습 분량을 줄이고 유토리(여유)가 있는 학교 생활을 보낼 수 있게 한 것이다. 그런데 당연한 결과지만 학력 저하를 우려하는 목소리가 높아져서 2011년 이후로는 다시 학습량이 늘어났다. 유토리 교육이 끝난 것이다.

교육 방침이 바뀌었을 뿐 본인들은 선택지가 없었는데, '유토리 세대'는 '교육의 실패'라는 낙인이 찍혔다. 오냐오냐 자라서 버릇이 없다는 선입견을 가지고 "이래서 유토리 세대는…"이라며 혀를 차는 어른들도 있다.

그런데 유토리 교육은 정말 실패한 걸까? 학력 저하의 기준이 뭘까? 나는 주입식 교육을 받았는데, 당시도 그랬고, 지금도 시간 낭비였다고 생각한다. 예를 들어, 유명한 문학 작품의 제목과 저자 이름을 외우면 시험에 도움이 되긴 했지만 정작 그 작품을 읽어 본 적이 없는 경우가 많았다. 제목과 저자 이름을 외웠던 건 인생에 별 도움이 안 됐다. 시험 때문에 외워 봤자 금방 까먹는다. 오히려 한 작품이라도 제대로 읽었으면 뭐라도 내 안에 남았을 것 같다.

2016년 일본에서 〈유토리입니다만, 무슨 문제 있습니까?〉라는 드라마가 방영됐다. 주인공 세 남자는 모두 '유토리 제1세대'로 불리는 1987년생이다. 그들은 취업 준비를 시작하는 대학교 3학년 때 '리먼 쇼크' 때문에 갑자기 취업난에 빠졌고, 어렵게 취업했더니 2011년에 동일본 대지진이 일어났다.

우연이겠지만 유토리 교육이 끝난 것은 동일본 대지진의 해였다. 동일본 대지진은 사망자와 실종자를 합쳐서 2

2016년에 방영된 드라마 〈유토리입니다만, 무슨 문제 있습니까?〉.

만 2,000명을 넘는 엄청난 피해를 입혔다. 게다가 후쿠시마 원전 사고로 방사능 오염이라는 돌이킬 수 없는 사태가 벌어지기도 했다. 이 사건들을 젊은 나이에 직간접적으로 경험한 유토리 세대는 큰 영향을 받을 수밖에 없다. 그들이 위 세대에 비해 집이나 차에 대한 소유욕이 없는 것은 쓰나미가 집이나 차를 쓸어 가는 것을 목도한 것과 상관관계가 있지 않을까.

동일본 대지진은 유토리 세대가 아니더라도 많은 사람들의 인생관을 바꿨다. 나도 크게 두 가지 변화가 있었다.

하나는 신문 기자를 그만두기로 마음먹었다. 나는 지진 자체가 너무 무섭다. 흔들리면 패닉 상태가 된다. 지진 발생 후 피해 지역에 취재하러 가라는 지시를 받았지만 거절했다. 큰 지진이 일어나면 당분간 여진이 계속 발생한다. 그런 곳에서 내가 취재를 할 수 있을 것 같지 않았다. 거절하면서 신문 기자를 계속할 자격이 없다고 생각했다. 대지진으로 온 세상이 정신없는 와중에 그만둘 수는 없었고, 결국 대지진 발생 1년 후 후쿠시마에 가서 10일 동안 피해자들을 취재했다. 상황이 진정되면 그만둘 생각이었는데 계속 타이밍을 놓치고 6년 더 일했다.

후쿠시마에서 취재하면서 인생관이 크게 바뀌었다. 쓰나미로 가족들이 흩어져서 연락이 끊겼다가 재회하거나, 가족의 누군가가 사망한 사람들의 이야기를 많이 듣고 나서 결혼하고 싶다는 생각이 들었다. 대지진을 직접 겪었을 때 서로 찾게 되는 건 결국 가족이다. 사이가 좋든 안 좋든 의무로라도 찾게 된다. 아무도 나를 찾지 않거나 내가 찾을 사람이 없는 상황을 상상하면 너무 외롭다는 생각이 들었다. 그것만이 이유는 아니었지만 당시 사귀던 남자 친구와 2년 후 결혼했다.

나처럼 대지진을 계기로 결혼한 사람도 많지만 거꾸로

이혼한 사람도 많다. 대지진이라는 위기에 처했을 때 드러
나는 것이 많다. 죽음을 눈앞에 두면 인생에서 뭐가 중요
한지 가치관이 드러나고 부부가 오히려 거리감을 느낄 수
도 있다.

유토리 세대 이야기로 돌아가면 드라마 〈유토리입니다
만, 무슨 문제 있습니까?〉에는 주인공보다 어린 후배 직원
이 '유토리 몬스터'로 나온다. 선배의 말은 제대로 듣지 않
고, 참다 참다 화를 낸 주인공을 갑질로 고발한다. 드라마
라 과장된 부분이 있지만 '유토리 세대는 기성세대에 비해
스트레스에 약하고 합리적이고 사회의 관습에 얽매이지
않는다'는 식으로 평가받는다는 점에서 한국 MZ 세대와
비슷한 면이 있는 것 같다.

내가 〈아사히신문〉에 입사한 2008년 당시에는 쉬는 날
에도 근무지를 이탈할 수 없었다. 근무지를 벗어날 때는
상사의 허락을 받아야 했다. 근무지였던 나라와 엄마가 사
는 오사카는 차로 40분 거리라 몰래 갈 때도 있었는데, 한
번은 딱 걸렸다. 강도 사건이 일어나서 얼른 현장으로 가
라는 전화가 걸려왔을 때 "지금 어디냐?"고 묻는 데스크한
테 솔직하게 오사카에 있다고 답했더니 엄청 혼났다. 그런
데 내가 퇴사한 2017년에 그 데스크가 나한테 "이제는 지

방 소속 신입 기자들한테 휴일에 어디냐고 연락하면 당당하게 '도쿄'라고 대답하는데 아무 말도 못한다"며 한숨을 쉬었다. 유토리 세대의 합리적인 생각에 상사가 맞춰야 할 시대가 된 것이다. 상사는 불편할 수 있지만 원래 가고 싶은 곳에 갈 수 있어야 쉬는 날이다. 나는 바람직한 변화라고 본다.

PART
VII

서서히
가라앉는
일본 경제

내 인생에 묻어 있는
'잃어버린 30년'

버블 붕괴 후 일본 경제 불황기를 '잃어버린 30년'이라고
한다. 내가 초등학교에 입학할 때쯤 버블 붕괴가 시작됐기
때문에 내 기억 속 일본은 거의 '잃어버린 30년' 동안 힘을
잃어 가는 나라였다.

고치에서 지낸 나의 10대는 그런대로 즐거웠지만, 시대
의 분위기는 어두웠다. 특히 잊을 수 없는 건 1995년이다.
그해 1월 고베 대지진이 일어났다. 나는 고치에 있어서 흔
들림도 느끼지 못했지만 아빠는 효고현(兵庫県) 출신이라
친척들이 대부분 그곳에 있었다. 빌딩이나 도로가 붕괴돼
서 차가 달릴 수 없는 상황인 것을 뉴스로 확인하자 아빠
는 오토바이를 타고 배로 오사카에 갔다. 거기서 오토바이

1995년 고베 대지진으로 무너진 한신고속도로.
© Wikipedia

로 효고현에 있는 친척 집을 돌면서 음식이나 생활필수품 등을 배달했다. 이 지진으로 6,434명이 사망했다. 2011년 동일본 대지진은 쓰나미의 피해가 컸지만 고베는 도시이기 때문에 지진의 흔들림으로 건물들이 무너지거나 화재가 발생해서 피해를 입은 사람이 많았다.

친척 중에 크게 다친 사람은 없었지만 큰아버지 집 벽에 금이 갔다. 단독 주택이었는데 지진 몇 년 후에 '2세대 대출'을 받아 다시 집을 지었다. 큰아버지가 정년퇴직 때까지 갚고 그다음에 이어서 장남이 갚는 대출이다. 지진으로 인해 집이 무너져서 못 살게 됐는데 대출만 남은 경우도 많았다. 나도 남편도 집을 사고 싶은 마음이 없다. 계속 월세로 살고 있는데 집을 사도 지진으로 잃을 수 있다는 것이 그 이유 중 하나다.

대지진의 충격에서 벗어나지 못하고 있는 사이에 1995년 3월에는 도쿄 지하철 사린 사건이 일어났다. 옴진리교 신자들이 도쿄 지하철에서 독가스 사린을 살포해서 사망자 14명, 부상자 약 6,300명에 이르는 큰 피해를 입힌 테러 사건이다.

이때쯤 나는 고치대학부속중학교에 합격해서 4월 입학을 기다리고 있었는데 이 두 가지 큰 재해와 테러 때문에 전혀 설레는 분위기가 아니었다. 이 나라가 어떻게 될지 장래에 대한 불안이 더 컸다. 1999년에는 지구가 멸망한다는 노스트라다무스의 예언도 돌았다. 열심히 공부해 봤자 21세기를 맞을 수 없을지도 모른다는 생각도 조금 하면서 중학교 때는 그냥 놀았다.

당시에는 '학급 붕괴'가 사회적 이슈였다. 학생들이 선생님 말을 무시하고 수업을 제대로 하지 못하는 상황을 가리킨 말이다. 내 중학생 시절이 그랬다. 제대로 수업을 듣는 학생은 반도 안 됐다. 나머지는 수업 시간에 만화책을 돌려 읽고, 게임을 하고, 과자를 먹고, 수다를 떨었다. 나도 노는 쪽이었다. 학기 말에 선생님과 부모님 그리고 학생이 함께 마주하는 '삼자 면담' 때 선생님이 수업 시간에 몰수한 만화책과 과자를 부모님 눈앞에서 돌려줘서 당황한 적도 있다.

당연히 집에서 혼났다. 나는 엄마한테 "열심히 노력해 봤자 어른이 되기 전에 죽을지도 모른다"라고 변명했는데, 엄마는 "나는 내일 죽어도 열심히 살고 싶다"라고 했다. '열심히'는 일본어로 '잇쇼켄메이(一生懸命)'라고 한다. 한자 뜻풀이로 보면 '한평생 목숨을 걸고'다. 요가 강사였던 엄마는 2023년에 요가를 가르치다가 갑자기 돌아가셨다. 나

지극히 사적인 일본

는 듣기만 한 거지만 눈앞에서 본 사람들은 "마치 해탈한 것 같았다"라고 했다. 그렇게 엄마는 정말 마지막 순간까지 '잇쇼켄메이' 살다 가셨다. 그때 그 말이 생각났다.

중학생 때는 '만비키(万引き)'도 유행했다. 만비키란 가게에 진열돼 있는 상품을 훔치는 것이다. 칸 국제영화제에서 황금종려상을 받은 고레에다 히로카즈(是枝裕和) 감독의

고레에다 히로카즈 감독의 〈어느 가족〉.
만비키로 생활하는 가족을 그린 영화다.

〈어느 가족〉(2018)은 원래 일본 제목이 〈만비키 가족〉이다. 말 그대로 만비키로 생활하는 가족을 그렸다. 내가 중학생이었을 때는 상품을 원해서라기보다는 스릴을 느낄 수 있는 게임처럼 유행한 것이었다. 나는 수업 시간에 놀긴 했어도 만비키는 가게 주인한테 미안해서 하지 않았다. 만비키를 하다 경찰에 잡혀서 고등학교 진학에 지장이 생긴 친구들도 적지 않았다.

되돌아보면 당시 세기말의 퇴폐적인 분위기가 중학생한테도 영향을 미친 것 같다. 1990년대에는 정치도 정신이 없었다. 자민당의 장기 집권으로 쌓일 만큼 쌓인 부패가 잇따라 밝혀지면서 1993년에는 일본신당의 호소카와 모리히로(細川護熙), 1994년에는 신생당의 하타 쓰토무(羽田孜), 사회당의 무라야마 도미이치(村山富市)까지 연속으로 비(非)자민당 총리가 취임했지만 딱히 좋아진 것은 못 느꼈다. 그것보다 정당이 이합집산을 되풀이하면서 점점 국민의 생활과 정치가 멀어지는 느낌이었다. 그러다가 무라야마 총리 때 고베 대지진과 사린 테러가 일어났다. 그것만이 이유는 아니지만 그다음에 다시 정권은 자민당에 돌아갔다. 1990년대에만 총리가 무려 7명이 바뀌었다. 10대 때 그런 정치 상황을 보면서 별로 정치에 관심을 가지지

지극히 사적인 일본

않게 됐다.

나는 목표도 없이 놀기만 하다가 중학교 3학년 겨울에 부모님이 이혼하면서 정신을 차리기 시작했다. 나와 오빠는 엄마를 따라 집을 나갔는데 요가 강사를 하면서 두 아이를 대학에 보내려고 열심히 사는 엄마를 보고 나도 진지하게 장래를 생각하기 시작한 것이다. 엄마는 원래 오사카에서 태어나고 자랐는데 아빠가 농사를 짓고 싶다고 해서 고치에 따라온 것이었다. 엄마는 내가 고등학교를 졸업할 때 고향 오사카로 돌아갈 계획으로 나에게 "오사카에서 다닐 수 있는 국립대로 갔으면 좋겠다"라고 하셨다. 그 당시 나는 변호사가 되고 싶다고 생각했다. 오사카에서 다닐 수 있는 국립 대학교는 교토대학교, 오사카대학교, 고베대학교였다. 법대에 들어가려면 열심히 공부해야 했다.

2001년 고베대학교 법대에 입학했는데, 일본의 불황을 실감하게 된 것은 대학에 들어간 다음이다. 일본에서는 장기 불황으로 취업률이 떨어진 1993년부터 2005년을 '취업 빙하기'라고 불렀다. 1970년생부터 1984년생이 대학을 졸업하는 시기에 해당한다. 1982년생인 나도 그 세대다. 나는 2학년 때 휴학해서 한국에 어학연수를 다녀와서 같이 입학한 친구들이 먼저 취업 준비를 하는 모습을 볼 수 있었다. 대부분 계속 입사 시험에 떨어져서 자신감을 잃고 어두운 표정이었다. 일본에서는 2004년에 법과대학원이 생겨 취업하지 않고 법과대학원에 진학하거나 사법서사(한국의 법무사에 해당)나 공인회계사 같은 자격증을 따려고 학원에 다니는 친구도 많았다.

나는 법대에 들어가자마자 법학이 나와 전혀 맞지 않다는 것을 깨닫고 변호사의 꿈은 접었다. 법학은 졸업할 수 있는 만큼만 하기로 했다. 그렇다고 특별히 졸업 후의 계획은 없었다. 4학년 때 다시 한국에 돌아와 교환 학생으로 성균관대학교 법대에 다녔다. 일본에 있지 않으니 취업 준비를 할 수는 없고, 자연스럽게 대학원 진학을 생각하게 되어 오사카대학교 통번역대학원에 다니기로 했다. 통번역 일을 하고 싶었지만, 사회 경험이 아예 없는 상태로 프리랜서로 일하는 것은 비현실적이라고 생각하고 대학원 졸업 후 〈아사히신문〉에 입사했다.

취업이 결정된 건 2007년인데 그때는 취업 빙하기를 벗어나 잠깐 취업률이 높아진 시기였다. 2007년은 1947~49년 베이비붐 때 태어난 가장 인구가 많은 단카이 세대(団塊世代)가 정년퇴직하기 시작한 해였다. 나는 그런 건 모르고 1년 휴학하고 대학원에 2년을 다닌 결과 운 좋게 그 타

지극히 사적인 일본

이밍에 취업한 것이다. 그러다가 입사한 2008년에 바로 리먼 쇼크로 또다시 불황이 시작되어 취업이 어려워졌다. 2007년이 아니었으면 〈아사히신문〉에 취업하지 못했을 수도 있었다.

경쟁을 피하는 일본

일본에서 입시 경쟁이 심했던 건 단카이 세대의 자녀들인 제2 베이비붐 세대가 대학에 들어가는 1980년대 후반부터 1990년대였다. '입시 전쟁', '입시 지옥'이라고 불렸다. 엄마와 아빠는 단카이 세대지만 비교적 나를 늦게 낳아서 내가 대학에 들어간 2001년은 조금 덜한 시기였다. 그래도 어느 정도는 치열했다.

나는 아이가 없지만 아이가 있는 친구들에게 입시에 관한 이야기를 종종 듣게 된다. 우리 때와 달리 좋은 대학에 보내는 것보다 되도록 입시 때문에 아이들에게 스트레스를 주고 싶지 않다고 하는 친구가 많은 편이다. '중고 일관교'로 보내려고 하는 경우도 많다. 중학교 입시를 통과하면 기본적으로 고등학교는 입시 없이 올라갈 수 있는 학교다.

이제는 대학 정원보다 입시생이 적은 '대학 전입(全入) 시대'를 맞이했다. 2023년 봄에는 정원이 미달된 사립 대학교가 절반을 넘었다. 저출산이 오래돼서 대학에 들어가기가 점점 쉬워지고 있는 건 사실인 것 같다. 일본에서는 고등학교 때부터 하고 싶은 일이 명백하면 전문 지식과 기술을 배우러 전문학교에 가는 학생도 많다. 특히 연예인들

2023년 봄 기준으로 정원이 미달된 사립 대학교가 절반이 넘었다.
사진은 도쿄에 위치한 사립 대학교인 릿쿄대학교. ⓒGetty Images

은 10대부터 활동하는 경우가 많아 대부분 대학에 안 가는데, 한국은 연예인도 대부분 대졸인 상황을 보면 일본인 입장에서는 신기한 일이다. 확실히 한국이 일본보다 학력 사회다.

일본 입시에 관해 한국 사람한테 자주 듣는 지적이 "에스컬레이터식 진학은 불공평하지 않냐"는 것이다. 게이오(慶応)처럼 초등학교부터 대학까지 입학 시험없이 상급 학교로 진학할 수 있는 학교를 말하는 것 같은데 사실 나는 뭐가 불공평한지 잘 모르겠다. 학비도 비싸고 들어가기도 어렵다. 에스컬레이터식이라고 해도 의대나 법대 같은 인기 학부에 들어가려면 당연히 경쟁해야 한다. 일본에서 에스컬레이터식 학교를 가지고 불공평하다는 이야기는 별로 못 들었는데 한국에 비해 입시 경쟁이 치열하지 않아서 그럴 수도 있다.

일본이나 한국이나 저출산 문제의 배경에는 자녀의 양육비가 있다. 통계에 따라 차이가 있지만 대학 졸업까지 양육비는 한국이 일본의 세 배 정도 높은 것 같다. 주변에 물어봐도 한국의 사교육비는 일본보다 훨씬 비싸다. 그 정도로 비싸면 경제적인 이유로 출산을 포기하거나 낳아도 1명이라고 생각하는 것도 당연할 것 같다. 일본도 양육비

부담이 크다고 하지만, 내 친구들을 보면 아이를 낳은 경우 2명 이상이 보통이다. 미혼이나 결혼해도 안 낳는 경우는 많아도 1명인 경우는 별로 없다.

한편 대학에 들어가도 경쟁을 계속하는 한국 학생들을 보면 안타깝기도 하다. 한국에서는 취업할 때 학점이 영향을 미친다며 중간고사와 기말고사 공부를 열심히 한다. 학점을 정정해 달라고 교수에게 연락하는 학생도 있어서 놀랐다. 일본은 취업에 학점이 높고 낮고는 별로 영향을 미치지 않는다. 나는 대학 성적을 회사에 제출했는지도 기억이 안 난다.

오히려 일본에서는 면접 때 서클 활동이나 아르바이트를 통해 어떤 경험을 하고 뭘 배웠는지 이야기를 나누면서 그 사람의 인간성을 보려고 한다. 대학에서 공부만 하면 이야깃거리가 없어서 면접 때 불리하다. 한국에서 자주 쓰는 '스펙'이라는 말도 일본에서는 거의 쓰지 않는다. 토익 점수도 평균적으로 일본 학생보다 한국 학생이 훨씬 높다. 나라별 토익 평균 성적(2022)을 보면 한국은 675점인데 일본은 561점으로 100점 이상 차이가 난다. 나도 〈아사히신문〉 입사 시험 때 필기시험에 영어 문제는 있었지만 따로 준비할 정도는 아니었다.

일본 욧카이치에 위치한 석유 정제 및 화학 공장.
저출산의 영향으로 일본의 산업은
점점 더 글로벌 경쟁력을 잃어 가고 있다.
©Getty Images

그것보다 〈아사히신문〉 입사 시험 때 기억에 남은 건 3차 시험이었다. 아침부터 저녁까지 6~7명의 학생이 그룹 토론이나 모의 취재, 기사 작성 등을 같이 하고 그날 마지막 면접 때 "오늘 함께한 친구 중에 누구랑 같이 일하고 싶냐"는 질문을 받은 것이다. '같이 일하고 싶은 사람'이라는 것도 중요한 포인트였다.

이렇듯 일본은 개개인의 능력보다 '와(和)'를 중요시하는 경향이 있다. 집단의 조화를 중요하게 생각한다는 것이다. 경쟁을 피하는 것은 저출산 영향으로 입시도 취업도 어렵지 않게 된 일본 국내에는 통하지만, 결국 글로벌 경쟁에서는 뒤처질 수밖에 없다. 2023년 일본의 명목 국내총생산(GDP)은 독일에 밀려 4위로 하락했다. 1968년에 미국에 이어 2위가 된 다음 오랫동안 2위를 지켰지만, 2010년에 중국에 밀리고, 또 2026년에는 인도가 일본을 추월할 거라는 전망도 있다. 이것이 저출산이 가져온 하나의 결과라면 한국도 머지않은 미래에 지금의 일본 같은 상황에 가까워질 수도 있다.

장수의 나라는
초고령화 사회

우리 할머니는 99세에 돌아가셨다. 3개월만 더 사셨으면 100세였다. 마지막엔 10년 이상 치매를 앓았지만 그 외에 큰 병은 한 번도 걸린 적이 없었다. 후생노동성이 발표한 2023년 일본인 평균 수명은 남성은 81.09세, 여성은 87.14 세였다.

한국에 살면서 가끔 일본에 가면 노인이 많다는 걸 느낀다. 65세 이상 인구가 21퍼센트를 넘으면 초고령화 사회라고 하는데, 일본은 2007년에 세계에서 가장 먼저 초고령화 사회에 돌입했고, 2024년의 고령화율(65세 이상 비율)은 29.3퍼센트다. 한국은 19.2퍼센트로 10퍼센트 포인트 이상 일본보다 낮다.

지극히 사적인 일본

일본은 한국에 비해 '느리다'고 느끼는 일이 많은데 국민성의 차이도 있지만 노인이 많은 것과도 상관이 있는 것 같다. 특히 디지털화가 늦어져서 아날로그 방식의 절차 때문에 시간이 걸리는 일이 많다. 한편 디지털화에 따라가지 못하는 노인에게는 아날로그가 좋을 때도 있다. 나는 코로나19가 심했던 2020년에 귀국했을 때 남편이 있는 도쿄가 아니라 엄마가 있는 오사카로 먼저 갔다. 컴퓨터도 스마트폰도 쓸 줄 모르는 엄마 때문이었다. 요가 강사였던 엄마는 코로나19의 영향으로 쉬게 되고 몇 달 동안 수입이 없었다. 지원금을 받을 수 있는 대상자였지만 코로나19 때문에 기본적으로 온라인으로 신청해야 했다. 내가 도와주지 않으면 지원금을 받을 수 없는 상태였다. 일본처럼 노인이 많은 나라에서는 디지털화해도 아날로그로 할 수 있는 여지를 남겨 둬야 한다고 실감했다.

그런데 일본은 노인뿐만 아니라 젊은 사람들도 한국에 비하면 '천천히'를 선호하는 사람이 많은 것 같다. 이걸 느낀 건 일본 대학생들이 한국에 연수 여행을 왔을 때였다. 나는 통역을 담당하고 수행하면서 일주일 동안 한국에서 지낸 소감을 물어봤더니 어떤 대학생은 "사람들이 너무 바빠 보여요. 걷는 것도 빠르고 정신없는데 나는 천천히 살 수 있

한국에 비해 일본이 전반적으로 느리다는 느낌이 있는데,
그건 노인이 많아서인 것 같다.

는 일본이 좋아요"라고 답했다. 아마도 단카이 세대가 젊었던 시대는 일본도 지금보다 빨리빨리 움직였을 텐데 노인이 많아지면서 사회 전체가 느려진 것 아닐까 싶다.

고령화율이 높은 것은 오래된 저출산 영향도 있지만 오래 사는 사람이 많아진 것도 있다. 1955년의 일본의 평균 수명은 남성이 63.6세, 여성이 67.8세로 지금보다 20년 가까이 짧았다. 수명이 길어진 만큼 고령화율이 높아진 것이다.

그런데 일본 사람들이 장수하는 이유가 뭘까? 흔히 의료 수준이 높고 '국민전원보험제도'로 모든 국민이 보험에 가입하는 대신 의료비가 저렴하다는 점이 언급된다. 그런데 한국에 살고 있는 내가 느끼기엔 오히려 한국이 더 의료 수준이 높고 의료비가 저렴한 면도 있는 것 같다.

나는 일본 사람들이 오래 사는 이유에 '목욕'과 '차(茶)'가 있다고 생각한다. 한국에서는 욕조에 들어가지 않고 샤워만 하는 사람이 많은데 일본 사람들 대부분이 매일 같이 목욕한다. 나도 일본에 있을 때는 매일 목욕했다. 내가 한국에서 살고 있는 집에는 욕조가 없어서 목욕을 하지 못하는 게 너무 아쉽다. 욕조에 들어가면 하루의 피로가 풀리고 스트레스도 다 날아가는 것 같다. 그래서 일본에 가서 목욕을 하면 '아, 귀국했구나' 하고 마음이 편해진다. 의학

오이타현 벳부의 한 온천.
일본인이 장수하는 이유 중 하나는 목욕이라고 생각한다.

적으로도 혈액 순환이 좋아지고 심질환이나 뇌졸중의 위험도 낮아지는 효과가 있다고 한다.

일본 사람들이 목욕을 좋아하는 배경에는 온천이 많은 것도 있는 것 같다. 숙박 시설이 있는 온천지가 일본 전국에 약 3,000개 있다고 한다. 그래서 일본 국내 여행을 계획할 때는 우선 온천부터 찾게 된다. 집에서 하는 목욕은 기본적으로 뜨거운 물에 몸을 담글 뿐이지만, 온천은 물 자체가 다르고 온천에 따라 그 효능이 여러 가지다.

한국 관광객도 많이 찾는 오이타현(大分県) 벳부(別府) 온천은 '온천 요양'으로 유명하다. 원자 폭탄 피폭자를 위한 온천 요양 시설도 있었다. 1960년에 개설되어 많을 때는 연간 2만 3,000명이 이용했지만, 세월이 흘러 피폭자도 많이 돌아가셔서 2011년에 폐쇄됐다.

또한 일본 사람은 일상적으로 차를 자주 마신다. 외식할 때는 식당에 따라 물이 나오는 곳도 있지만, 집에서 밥을 먹을 때는 보통 물보다 녹차나 보리차를 마신다. 차를 많이 마시는 사람은 오래 산다고 하는데 특히 녹차의 카테킨이 혈압을 낮추고 혈당 상승을 막는 효과가 있어 목욕과 마찬가지로 심질환이나 뇌졸중의 위험을 낮춘다고 한다. 카테킨은 다이어트에도 좋다고 하는데 OECD 32개국 중 일본이 비만율이 가장 낮은 것은 녹차를 많이 마시는 문화 덕일 수도 있다.

코로나19가 한창일 때 수개월 동안 엄마 집에서 지냈는데, 엄마는 하루에 몇 번이나 "차 마실래?" 하고 같이 차를 마시면서 수다를 떨었다. 나에게는 목욕도 차도 여유를 가지는 시간이다. 바쁘게 사는 한국 사람도 목욕하고 차를 마시는 여유를 가지면 지금보다 더 오래 살 수 있지 않을까.

손님은 신이다

한국에서는 '손님은 왕이다'라고 하는데 일본에서는 '손님은 신이다(お客様は神様)'라고 한다. 비슷한 말 같지만, 왕은 인간이고 신은 인간을 초월한 존재라고 생각하면 일본이 손님을 더 높게 여기는 것일 수도 있다. 손님이 무조건 최우선이라는 의미다. 일본 여행을 다녀온 사람들은 "일본 사람은 친절하다"와 "거리가 깨끗하다"라는 말을 자주 한다. 이는 대부분 손님 접대에 관한 것이 아닐까 싶다. 외국인이 여행하면서 만나는 일본 사람은 가게나 숙소에서 종업원과 손님으로 만나는 경우가 대부분이기 때문이다. 세계적으로 봐도 일본이 가장 손님을 모시는 문화가 발달돼 있는 것 같다.

일본에서는 손님이 신이다.

반대로 나는 2002년에 한국에 처음 유학했을 때 놀랐던 기억이 있다. 당시에는 지하철역 창구에서 표를 팔았는데, 창구 직원이 표를 손님에게 휙 던지고 있었다. 일본에서 20년 동안 살면서 내가 무언가를 구입했는데 판매자가 물건을 던지는 건 경험한 적이 없었다. 그런데 딱히 악의는 없어 보이고 다른 사람들에게도 똑같이 하는 것을 보고 '한국에서는 이래도 되는구나' 하고 이해했다. 그 외에도 편의점 직원이 휴대폰으로 개인 통화를 하면서 계산하는 등 일본에서 본 적 없는 접객 태도를 자주 본다.

그런데 한국에 오래 살다 보니 오히려 일본의 접객 문화가 과하다는 생각도 든다. 예를 들어, 미용실에 갔다가 머리를 자르고 나가는데 미용사가 미용실 밖까지 나와서 고개를 숙이고 "감사합니다" 하고 인사하는 것은 솔직히 기분이 좋은 것을 넘어 부담스럽다. 맥도날드의 '스마일 0엔'에 의문을 품지 않는 것도 일본에서는 당연히 손님에게 최선의 서비스를 제공해야 한다는 문화가 있기 때문인 것 같다.

대학 시절에 여러 아르바이트를 했었는데 이자카야에서 아르바이트를 했을 때였다. 첫날에 온 남성 손님이 "소주!" 하고 주문했다. 일본 소주는 주로 고구마 아니면 보리다. 고구마냐 보리냐고 물었더니 그 손님이 갑자기 화를 내기 시작했다. 단골인데 늘 마시는 걸 달라는 거다. '그냥 고구마인지 보리인지 한마디만 알려 주면 될 것을…'이라고 속으로 생각했지만, 점장이 바로 나와서 "오늘부터 일하는 알바생이라 몰라서 실례가 많았습니다" 하며 사과했다. 고급 식당도 아니고 일반적인 이자카야에서도 손님은 신인 것이다.

이런 접객 문화는 일본이 특별한 사례이고, 아마 한국도 서비스가 좋은 편일 것이다. 인도에 갔을 때는 카페에서 오렌지주스를 시켰는데 마셔 보니까 파인애플주스였다. 종업원에게 잘못 나온 것 같다고 이야기했더니 당당하게 지금 오렌지가 없다고 했다. 일본이나 한국 같으면 상상하기 어려운 장면이지만 아무렇지도 않게 주는 대로 먹으라는 식이었다. 해외에 나가서 손님이 신이 아니라는 걸 깨닫는 일본인이 많다.

'손님은 신이다'라는 말은 원래 1960년대 인기 가수였던 미나미 하루오(三波春夫)가 공연에서 관객들에게 한 말이었다고 한다. 그 말이 널리 퍼져 접객의 기본처럼 쓰이게 된 것이다. 하지만 사실 가수가 관객을 신처럼 여기고 노래하는 것과 접객은 다르다. 요즘은 고객이 종업원에게 야단을 치거나 무리한 요구를 하는 'customer harassment'를 줄여

지극히 사적인 일본

서 카스하라(ガスハラ)라는 말이 유행할 정도로 고객의 태도가 사회 문제가 되고 있다. '손님이 신'이라는 접객 교육이 초래한 문제라는 지적도 나온다.

나는 고객의 난폭한 태도는 문제라고 생각하지만, 최선을 다하는 일본의 접객이 좋아 보이기도 한다. 나는 아르바이트를 하면서 정말 많은 것을 배웠다. 특히 중국집에서 아르바이트를 했을 때 점장이 손님이 없을 때도 열심히 가게를 닦고 바쁘게 일하는 모습이 존경스러웠다. 그런 모습을 보면 나도 자연스럽게 따라하게 된다. 접객을 배우라며 고급 스시집에 나를 데려가서 사비로 사준 적도 있었다. 형식적인 접객이 아니라 어떻게 하면 손님이 편하고 즐거운 시간을 보내도록 서비스를 할 수 있을까를 생각하도록 해 준 경험이었다. 일에 대한 자부심을 느꼈다. 이런 것이 일본의 장인 정신과 통하는 부분인 것 같다. 직업에 귀천이 없다고 생각하고 무슨 직업이든 자신의 일에 최선을 다하는 것이다.

야쿠쇼 고지(役所広司)가 주연한 빔 벤더스 감독의 영화 〈퍼펙트 데이즈〉(2023)도 자신의 일에 충실한 화장실 청소부가 주인공인 영화였다. 외국 감독이 만들어서 그런지 아주 일본적인 모습으로 그렸다. 일본 음식점에서 아르바이

빔 벤더스 감독의 영화 〈퍼펙트 데이즈〉.
화장실 청소부가 주인공인데, 아주 일본적인 모습이다.

트를 하면 화장실 청소도 철저하게 한다. "화장실을 보면
안다"라고 할 정도로 화장실이 늘 깨끗한 것을 중요하게
생각하는 사람이 많다. 한국에서는 가게 안에 화장실이 없
는 경우도 많고 비밀번호를 받아서 외부 화장실에 갔는데
깨끗하지 않은 경우가 종종 있다. 일본 사람들이 한국에

지극히 사적인 일본

와서 느끼는 불만 중 하나는 화장실에 관한 것이다.

한국과 접객 차이를 가장 크게 느끼는 것은 택시다. 거의 모든 물가가 한국이 일본보다 비싸진 요즘도 택시비만큼은 일본이 비싸다. 그만큼 서비스도 좋다. 거칠게 운전하는 경우도 거의 없고 손님으로 대접받는 느낌을 준다. 택시 운전사도 자부심을 갖고 일하는 것 같다. 한국에 놀러 온 친구들은 택시를 타다가 거친 운전과 태도에 겁을 먹는 경우도 있다. 한국에서는 택시 운전사와 말을 나누다 보면 자신은 이런 일을 하고 있을 사람이 아닌데 지금은 사정이 있어서 일시적으로 하고 있다는 식의 말을 듣게 될 때가 있다. 이것이 사실 내가 한국에서 안타깝게 생각하는 것 중 하나다. 직업에 대한 자부심을 가질 수 있다면 일하는 사람도 서비스를 받는 사람도 행복해지지 않을까 싶다.

프리터와 파견의 품격

'프리터'라는 말이 유행하게 된 때는 1990년대였던 것 같다. 명확한 정의는 없고 아르바이트를 하면서 사는 젊은이들을 자유롭게 사는 긍정적 이미지로 묘사하며 쓰이기 시작했다. 나도 대학 입시에 떨어지면 프리터로 살 생각이었다. 합격해서 대학생이 됐지만, 수업과 아르바이트로 바쁜 나날을 보내면서, 아르바이트만 하는 프리터가 부럽다는 생각이 들기도 했다. 당시는 아르바이트로 생활비를 벌고 해외여행도 갈 수 있는 시대였다. 그런데 점점 불경기가 지속되고 젊은이의 빈곤이 주목받기 시작하면서 프리터라는 말은 약간 부정적 뉘앙스로 쓰이게 됐다.

한편 2000년대에 들어 '파견'이라는 말을 자주 듣게 됐

지극히 사적인 일본

다. 1999년 파견법 개정으로 일반 사무직의 파견이 원칙적으로 자유화되면서 파견으로 일하는 사람이 늘어났기 때문이다. 2004년에 또다시 파견법이 개정되어 제조업까지 확대되고, 파견 시장이 더욱 커졌다. 2004년 당시 총리는 고이즈미 준이치로(小泉純一郎)였다. 고이즈미 총리는 '개혁자' 이미지로 인기를 얻었는데, 시간이 지나면서 그 개혁이 대기업을 위한 개혁이었다는 것을 실감하게 됐다. 그런 시기에 등장한 것이 2007년에 방송된 드라마 〈파견의 품격〉이

2007년 프리터의 삶을 코믹하게 그린 드라마 〈파견의 품격〉.
사진 속 인물은 주인공 시노하라 료코(왼쪽)와 고이즈미 고타로(오른쪽).
ⓒ니혼TV

다. 평균 시청률이 20퍼센트를 넘은 히트작이다.

오마에 하루코라는 파견직 주인공이 모든 일을 완벽하게 해낸다는 설정으로, 일은 못하면서 파견 직원들을 무시하는 정직원과의 대비를 그린 코미디였다. 하루코는 특별히 시급이 높아서 3개월 일하면 3개월은 휴가로 해외여행을 간다. 파격적인 캐릭터인 하루코 역을 맡은 시노하라 료코(篠原涼子)는 원래 가수였다. 특히 1994년에 발매된 '사랑스러움과 안타까움과 믿음직함과(愛しさと切なさと心強さと)'는 당시 인기가 많았던 〈파이널 판타지〉의 영화와 게임에 쓰이면서 200만 장이 팔렸다. 시노하라 료코는 이 노래를 통해 '멋진 언니'라는 이미지를 얻어서 하루코라는 캐릭터와 딱 맞았다. 하루코의 다정한 상사로 나오는 사토나카를 연기한 고이즈미 고타로(小泉孝太郎)는 고이즈미 총리의 아들이다. 고이즈미의 '개혁'을 비꼬는 드라마에 그 아들이 나오는 아이러니도 화제가 됐다. 이 드라마는 한국에서 2013년 김혜수 주연의 〈직장의 신〉이라는 드라마로 리메이크됐다.

〈파견의 품격〉이 방송된 2007년 당시 나도 대학원에서 통번역을 전공하면서 파견으로 일하고 있었다. 한국어 능력을 살리고 싶어서 등록했다. 오사카성에서 한국어로 안

지극히 사적인 일본

내하거나 경찰에서 취조 통역을 했다. 시급은 괜찮았다. 정직원으로 회사에 들어가는 것보다 프리랜서로 일하고 싶어서 이대로 파견직으로 통번역 경험을 쌓아 갈까 하는 생각도 했지만, 바로 프리랜서로 일하기엔 사회 경험이 너무 부족하다는 것을 느꼈다. 통번역은 남의 말을 옮기는 일인데 나는 성격상 나의 말로 표현하고 싶은 사람이라는 것을 알게 됐다. 그래서 사회의 여러 측면을 보고 쓸 수 있는 신문 기자라는 직업을 골랐다. 정직원이 되는 것을 선택한 것이 아니라 나중에 프리랜서로 일하기 위한 경험으로 생각했다. 처음부터 10년 이상 근무할 생각은 없었다.

나는 일본에서도 드문 케이스지만 프리터나 파견은 회사에 얽매이지 않고 자유롭게 사는 하나의 선택이라고 생각했다. 한국은 일본보다 더 무조건 정직원이 좋다고 생각하는 사람이 많은 것 같다. 〈아사히신문〉을 그만두고 프리랜서로 일하는 나에 대한 반응이 일본보다 한국이 더 격한 것은 정규직과 비정규직에 대한 가치관의 차이 때문인 것 같다.

찬란했던
'1970 오사카 엑스포'

1970년 오사카 엑스포는 77개국이 참가하여 하루 평균 35만 명, 총 6,400만 명이 입장한 엄청난 규모의 행사였다. 당시 대학생이었던 우리 엄마도 여러 번 놀러 가서 각국의 파빌리온에 줄을 섰다고 한다. 특히 유명한 건 '태양의 탑'이다. 엑스포가 열린 장소는 그 후 '반파쿠기념공원'이 만들어졌고 그 상징처럼 태양의 탑이 우뚝 서 있다. 나는 〈아사히신문〉 오사카 본사 소속이었을 때 공원 안에 있는 국립민족학박물관에 취재 때문에 갈 일이 많아 이 태양의 탑을 자주 봤다. 높이 약 70미터로 멀리서도 잘 보인다.

태양의 탑은 오카모토 다로(岡本太郎, 1911~1996)의 작품이다. 한국에서도 우라사와 나오키(浦沢直樹)의 만화 《21세기

1970년 오사카 엑스포를 상징하는 태양의 탑.
이 시기 엑스포는 일본 경제의 고도 성장을
상징하는 행사이기도 했다.
©Getty Images

소년》에 태양의 탑이 등장하여 아는 사람이 많다. 오카사 엑스포 폐막 후 철거될 예정이었으나 남겨 달라는 시민의 목소리가 높아 보존됐다. 태양의 탑에는 3개의 얼굴이 있다. 정면 위의 황금의 얼굴, 가운데 태양의 얼굴, 뒷면에 검은 얼굴. 각각 미래, 현재, 과거의 상징이라고 한다. 과거가 검은 얼굴인 건 전쟁을 비롯한 일본의 암울했던 과거를 뜻하는 것으로 보인다. 외관도 독특하지만 내부도 독특한데, 오랫동안 비공개였다가 2018년부터 공개됐다.

내부를 보면 반세기 전에 이런 어마어마한 건축물을 만들었었다는 사실에 놀라게 된다. '생명의 나무'라고 불리는 생물의 진화를 주제로 한 작품인데 아주 컬러풀하다. 높이 40미터의 나무 모형에 무수한 생물들이 달려 있다. 아메바부터 시작해 삼엽충, 어류, 공룡, 인류까지…. 위로 갈수록 진화하는 구조다. 성장의 시대에 딱 어울리는 작품이었다.

오카모토 다로는 일본의 대표적인 예술가다. 여러 작품이 있지만 이 태양의 탑과 함께 '내일의 신화'라는 거대한 벽화가 대표작이다. 도쿄 시부야(渋谷) 역에 있어서 시부야에 들렀을 때 본 사람도 많을 것이다. 원자 폭탄이 터지는 비극적인 순간을 그렸다.

오사카 엑스포가 열린 1970년은 일본의 고도 경제 성장

태양의 탑 내부에 있는 '생명의 나무' 작품.
©나리카와 아야

기였다. 1955년부터 1973년이 일본의 고도 경제 성장기로 일컬어진다. 이 시기 경제 성장률은 연평균 10퍼센트를 넘었다. 1966년에는 일본 인구가 1억 명을 넘었고, 1968년에는 일본의 국내총생산(GDP)이 미국에 이어 세계 2위인 경제 대국이 됐다. 엑스포 개막에 맞춰 고속도로나 지하철이 정비되어 오사카는 경기 특수를 누렸다. 엄마를 포함해서 많은 오사카 사람들이 그때의 오사카가 가장 찬란했다고 기억한다.

우리 부모님은 둘 다 1949년생이다. 전후 베이비붐 세대인 1947~49년생을 '단카이 세대'라고 하는데 이 3년 동안 무려 800만 명 이상 태어났다. 엄마는 오사카에 있는 간사이대학교, 아빠는 도쿄에 있는 와세다대학교를 다녔다. 젊은 시절을 고도 경제 성장기의 도시에서 지낸 부모님과 초등학교 입학하자마자 버블 붕괴가 시작하고 경제가 쇠퇴하는 시기에 고치로 이사 가서 시골에서 자란 나는 많이 다르다.

2025년에 오사카에서 다시 엑스포가 개막했다. '옛날의 그 찬란했던 오사카를 다시'라는 꿈 같은 환상을 가지는 사람은 별로 없었다. 오사카 사람마저 별로 기대가 크지 않았다. 태양의 탑 같은 상징적인 무엇인가도 없고 "세

지극히 사적인 일본

금이 아깝다"는 부정적인 시각이 컸다. 부산이 2030 엑스포 유치에 실패했는데 나는 오사카의 상황을 보면서 오히려 떨어져서 다행이라고 생각했다.

태양의 탑은 《20세기 소년》 외에도 여러 작품에 등장한다. 연극 〈야키니쿠 드래곤〉에도 나온다. 1970년 간사이를 배경으로 한 작품으로 각본, 연출은 재일코리안 정의신(鄭義信)이 맡았다. 2018년에는 정의신이 감독을 맡아 영화화됐고, 한국에서도 〈용길이네 곱창집〉이라는 제목으로 개봉됐다. 곱창집을 운영하는 재일코리안 일가의 이야기다. 간사이에는 재일코리안이 많다. 일제 강점기인 1922~1945년 사이에는 제주도와 오사카를 잇는 연락선이 있어서 특히 오사카에는 제주도 출신자와 그 후손들이 많이 살고 있다.

이 시기에는 재일코리안에 대한 차별이 심해 좋은 대학을 나와도 취업하기 어려웠다. 일본 전체가 고도 경제 성장기에 들떠 있는 분위기 속에서 어렵게 생계를 꾸리는 재일코리안의 모습을 그린 작품이다. 용길이네 큰딸과 남자친구가 엑스포에 놀러 갔다가 태양의 탑 모형을 사 와서 신나게 보여 주는 장면이 있다. 이 커플은 그 후 일자리를 구하러 북한으로 떠나게 된다.

저출산 문제와 폐교 활용

나는 거의 매년 연말연시는 일본에서 보낸다. 일 때문에
한국에서 보낸 적도 있지만 그렇게 되면 뭔가 해가 바뀌었
다는 실감 없이 마음이 허전했다. 12월 31일에 시부모님이
살고 있는 도쿠시마(德島)에 가서 새해를 맞이하는 것이 보
통이다. 남편 누나 가족도 합류해서 12월 31일은 함께 저
녁을 먹으면서 NHK 〈홍백가합전〉을 본다. 〈홍백가합전〉
은 1951년부터 매년 12월 31일에 방송하는 음악 프로그램
으로 여성 가수가 홍팀, 남성 가수가 백팀으로 나뉘어 노
래로 경쟁한다. 특별히 재미있는 것은 아니지만 약속한 것
처럼 꼭 본다.

　TV 화면에 반짝반짝하는 도쿄 거리가 나오면 시어머니

가 혼잣말처럼 말씀하셨다. "도쿄만 발전하는 것 같아." 나는 한국에 살고 있어서 서울만 발전한다고 느끼는데 일본도 역시 지방에서 보면 도쿄만 발전하는 것처럼 보이는 것이다.

일본에서 지방의 과소화가 시작된 건 1950~1970년대 고도 경제 성장기에 지방에서 도시로 젊은 층이 이동하면서부터다. 생각해 보니까 남편도 일 때문에 도쿄에 살고 있고, 남편 누나도 결혼해서 수도권에서 살고 있다.

일본은 세계에서 가장 고령화가 진행된 나라다. 65세 이상 고령자의 인구 비율이 29.3퍼센트에 달한다. 고령화는 일본 전체의 문제지만 특히 지방이 더 심각하다. 그럼에도 한국에 비하면 일본 지방은 지방대로 기능을 하고 있는 면도 있다. 예를 들어, 병원이 많다. 한국 친구와 함께 고치로 놀러 갔을 때 친구가 병원이 많다고 했는데, 나는 노인이 많아서 당연히 병원도 많은 거라고 생각했다. 그런데 고치친구와 한국 지방으로 놀러 갔을 때는 병원이 너무 적다며 놀라는 것을 보고 정말 차이가 있나 하는 의문이 들었다. 데이터를 보니 고치는 인구 10만 명당 간호사 수가 전국에서 가장 많고, 의사 수는 3위다. 한국에서는 의료 관계자들이 지방 근무를 안 하려고 한다고 들었는데, 그 이유가 주로 자녀의 교육 문제 때문이라고 한다. 결국 서울에 대학이 집중돼 있다는 문제에서 기인한 것이다.

저출산은 한국에서도 심각한 문제가 되고 있지만 일본에서는 오래전부터 거론됐던 문제다. 2023년 합계출산율(한 여성이 평생 동안 낳을 것으로 예상되는 평균 출생아수)은 1.20명으로 한국의 0.72명에 비하면 높지만 역대 최저 수준이다. 일본에서 2.0명을 밑돌기 시작한 건 1975년부터다. 그 후 일시적으로 높아지는 해도 있었지만 기본적으로 낮아지고 있다. 그 결과 일본 인구는 2008년 1억 2,800만 명이 최대였고 이후로 감소하고 있다. 2024년 11월 시점에는 1억 2,378만 명이다.

내가 오사카에서 다닌 초등학교는 당시 학생 수가 1,000명을 넘었는데 현재는 200명 정도다. 고치에서 다닌 초등학교도 마찬가지로 당시 700명대였는데 현재는 160명 정도로 줄었다. 오랜 저출산 영향으로 폐교된 학교도 많다. 2002년도부터 2020년도 사이에 전국에서 8,580개 학교가 폐교됐다. 폐교 후 학교 시설을 어떻게 활용하는지도 하나의 과제다.

식당이나 카페, 숙박 시설, 미술관, 수족관 등 여러 활용 사례가 있는데 나도 오사카 코리아타운 근처의 폐교된 학

오사카 미유키모리초등학교가 폐교되자 이를 활용한
복합 시설 '이쿠노 파크'가 들어섰다.
ⓒ公共R不動産

미유키모리초등학교 옥상에 있던 수영장 자리에 들어선
이쿠노 BBQ 스카이파크. ⓒ나리카와 아야

교 옥상에 오픈한 바비큐장에 가 봤다. 2021년에 폐교한
미유키모리(御幸森)초등학교 옥상 수영장에 만들어진 '이
쿠노 BBQ 스카이파크'다. 고기 세트를 주문하면 나머지
음식과 음료는 개인적으로 자유롭게 갖고 와서 먹어도 된
다. 25미터의 물이 없는 수영장 안에 테이블과 의자가 있
는 풍경은 꽤 독특하다. 도시 한가운데서 밤하늘을 바라보
면서 고기를 구워 먹는 신기한 경험을 할 수 있는 곳이다.

지극히 사적인 일본

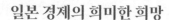

일본 경제의 희미한 희망

일본은 침몰하고 있다. 그렇게 생각하는 일본인이 많을 것이다. 또다시 일본 경제가 발전할 거라는 기대는 아주 낮다. 인구가 증가할 가능성도 거의 없고, 침몰하지 않으려면 어떻게 해야 할지 심각하게 고민해야 할 시점이다.

침몰하고 있는 것은 내가 소속했던 신문업계도 마찬가지다. 일본신문협회의 발표에 따르면, 2022년 10월 시점 신문 발행 부수는 약 2,869만 부였다. 10년 전인 2012년은 약 4,372만 부였는데 3분의 2로 줄어든 것이다. 특히 〈아사히신문〉이 심각하다. 내가 입사했을 당시 발행 부수는 800만 부였는데 2024년 6월에는 340만 부까지 떨어졌다. 그나마 아직 구독하고 있는 독자는 대부분 나이가 많다.

앞으로도 계속 떨어질 전망이다. 쯔그라드는 회사에서 일하는 것은 괴롭다. 선배들과 만나 회사 근황을 들을 때마다 우울하다. 나는 프리랜서로 일하고 있지만 〈아사히신문〉을 비롯한 일본 신문에 기사를 쓸 때도 많다. 신문업계의 쇠퇴는 나에게도 직접 영향을 미치는 일이다.

한국은 일본보다 빠른 속도로 저출산 고령화가 진행 중이다. 어쩌면 한국이 더 위험할 수 있다는 생각도 든다. 한국은 변화가 빨라서 예측하기 어렵다. 일본은 천천히 쇠퇴하고 있는데 아직 중소기업은 건강한 편이다. 한국은 시작과 변화의 힘이 있고 일본은 지속의 힘이 있다. 시작과 변화는 젊은 에너지가 필요하지만 고령화 사회에서는 오히려 일본의 지속의 힘이 중요할 수도 있다.

2023년 일본에서 창업 100년이 넘는 기업은 4만 2,966개로 세계에서 가장 많다. 500년이 넘는 기업도 228개나 있다. 특히 오사카는 제조업에 기반한 중소기업이 많다. 고유한 제조 기술을 가지고 장인 정신으로 가업을 이어 가고 있는 경우가 많다.

헤이세이 시대 약 30년 동안에 가장 시청률이 높았던 드라마는 2013년에 방영된 〈한자와 나오키(半沢直樹)〉다. 마지막 회는 42.2퍼센트를 기록했다. 주인공 한자와 나오키의

2013년 일본 시청자들의 큰 사랑을 받은 〈한자와 나오키〉.
일본 경제의 우울한 단면과 희망을 담은 드라마였다. ⓒTBS

아버지는 오사카에서 작은 공장을 운영하던 중 은행 대출
중단으로 인해 경영난에 빠져 자살했다. 한자와는 아버지
의 복수를 위해 은행에 입사한다. 그는 복수를 위해 출세하
려는 야망도 있지만 한편으로 은행에서 대출을 받는 중소
기업을 도와 주는 캐릭터로 시청자의 사랑을 받았다.

　한자와가 아버지를 회상하는 장면에 이런 대사가 나온
다. "작고 가볍고 튼튼한 이 나사가 일본을 지탱하고 있
지." 아버지가 운영하던 공장은 나사를 만드는 공장이었
다. 드라마 속에서 공장은 망하지만 이런 작은 공장이 만

드는 작은 나사가 일본 경제를 지탱한다는 사실을 일본인
들은 어느 정도 공유하고 있다. 이것이 일본의 희미한 희
망인 것 같다.

지극히 사적인 일본

PART
VIII

한일이 진짜
친구가
되는 방법

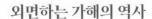

외면하는 가해의 역사

처음 한국에 유학한 2002년에는 3월 1일이 왜 휴일인지 몰랐다. "아야는 일본 사람이니까 그날은 밖에 나가지 말고 집에 있어"라고 하는 친구도 있었다. 지금은 그런 사람이 없지만 당시는 진지하게 그렇게 이야기하는 사람들이 있었다. 돌아다니면 위험할 수 있다는 것이다. 3.1 만세 운동에 대해 한국에 오기 전에는 들어본 적은 있는 정도였는데, "나가지 마"라는 말을 듣고 궁금해서 알아보게 됐다.

특히 2019년은 100주년이 되는 해였기 때문에 일본 매체에 관련 기사를 쓰게 되면서 책이나 영화로 보는 것뿐만 아니라 직접 인터뷰도 하고 더 깊게 배우게 됐다. 그해 〈아사히신문〉 선배가 고등학교 시절 친구들과 서울에 여행을 와서 나에게 안내를 부탁했다. 선배는 3.1 독립 운동 100주년이라 서대문 형무소에 가보고 싶다고 했다. 나는 이미 여러 번 가 봤던 곳이다. 형무소 앞에 서서 "서대문 형무소는 1910년의 한일병합 전에 만들어졌고…"라고 설명하기 시작하니까 선배 친구 한 명이 "한일병합이 뭐였지?"라고 물어봤다. 나는 당황했다. '설마 식민 지배의 역사 자체를 모르는 것 아니겠지? 그런 사람한테 서대문 형무소의 무엇을 설명해야 하지?' 하는 생각이 들었다.

한국에서 살아보면 자연스럽게 일본이 가해한 역사에 대해 배우게 되지만 일본에 계속 살았다면 몰랐을 수도 있다. 학교에서 제대로 가르치지 않기 때문이다. 그래서 기회가 있을 때마다 일본에 전하려고 하지만 거부당할 때도 많다. 거창한 건 아니다. 예를 들어, 어떤 뮤지컬 영화의 팸플릿에 글을 썼을 때 일이다. 일본에서는 영화관에서 영화 팸플릿을 판매한다. 1,000엔 정도인데 사는 사람이 의외로 많다. 나는 일본에서 개봉하는 한국 영화의 팸플릿에 글을 쓰는 일이 많아 수입원이기도 하다. 그 뮤지컬 영화의 팸플릿에는 한국에서 성공한 뮤지컬 영화로 〈영웅〉(2022)에 대해 언급하면서 주인공 안중근에 대해 "이토 히로부미를 암살한 안중근"이라고 썼다. 일본에서는 안중근

지극히 사적인 일본

이라고 하면 모르는 사람이 많다. 그런데 편집자한테 "일본 사람에게는 자극이 강하니 '이토 히로부미를 암살한'이라는 말을 빼도 되겠습니까?" 하는 메일이 왔다.

안중근이 이토 히로부미를 암살한 건 역사적 사실인데 뭐가 자극이 강하다는 것인가? 그것이 자극적이라면 그 정도 자극은 받아도 되는 것 아닌가? "자극이 강해서"라는 말은 뭔가 팸플릿 독자를 배려하는 태도 같고 내가 배려가 없는 사람 같이 느껴진다. 불만이었지만 알았다고 했다. 매번 싸우는 건 나도 힘들다.

비슷한 일을 수없이 겪었다. 다큐멘터리 영화 〈도쿄 재판〉(1983)에 대해 쓴 글의 타이틀을 '〈도쿄 재판〉을 통해 전쟁 책임에 대해 생각한다'라고 했는데 편집자가 "일본 사람에게는 '무거운 주제'로 느껴질 것 같다"고 재고를 권하는 메일이 왔다. 도쿄 재판의 정식 명칭은 극동국제군사재판이며 전쟁 범죄자를 처형하기 위해 열린 재판이다. 주제가 무겁다고 느낄 수는 있지만 타이틀만 가볍게 바꾼다고 해도 도쿄 재판과 전쟁 책임에 대해 쓴 글이므로 어쩔 수 없다. 이대로 내달라고 했다.

이 편집자는 자상한 여성이다. 독자한테 부담을 주고 싶지 않다는 마음이라는 건 이해할 수 있다. 그런데 그것이

고바야시 마사키 감독의 다큐멘터리 영화 〈도쿄 재판〉.
이 영화를 소개하는 글을 쓸 때조차 '가해의 역사'를 그대로 쓸 수 없는 게
일본의 현실이다.

더 큰 문제인 것 같다. 우익이나 역사 수정주의자뿐만 아
니라 자상한 일반 시민들이 가해의 역사를 보이지 않게 하
려는 것이다.

　그런데 과연 독자나 관객은 그렇게 민감할까?

　한국에서 역대 가장 관객 수가 많았던 영화는 1,700만 명

을 넘은 〈명량〉(2014)이다. 일본에서는 극장 개봉 없이 DVD로 출시됐다. 2014년쯤은 한일 관계가 최악에 가까웠고 이순신 장군에 대한 영화였기 때문에 나도 개봉은 어렵다고 생각했다. 그런데 같은 이순신 장군을 그린 〈한산: 용의 출현〉(2022)이 2023년 일본에서 개봉됐다. 특별히 주목받지는 않았지만 유명한 영화 평론가가 출연 배우의 연기력이나 시각특수효과(VFX)에 대해 감탄하는 글을 쓰기도 했다. 영화 소재에 관한 민감한 반응은 별로 없었던 것 같다.

일본에서는 임진왜란에 대해서도 자세하게 가르치지 않는다. 〈한산〉과 같은 영화를 계기로 얼마나 그 역사에 관심을 가질지는 모르겠지만, 나는 학교 교육으로 배우지 못한 만큼 문화를 통해서라도 접하고 관심을 가질 기회가 생기면 좋겠다고 생각한다. 그런 마음가짐으로 한국 문화를 일본에 소개하고 있다.

트라우마가 된 독도

나는 기본적으로 터부를 만들면 안 된다고 생각한다. 위안부 문제도 강제 징용 문제도 여러 의견을 나눌 수 있는 것이 중요하다고 생각하고, 되도록 피하지 않고 발언하려고 하는 편인데, 독도는 예외다. 국가를 넘어서 피해자 입장에 서는 건 가능하지만 영토에 관해선 어느 쪽에도 서고 싶지 않기 때문이다. 잘 알지도 못하면서 말 한마디 때문에 비난받기 쉽고, 한국에서 민감한 이유가 식민 지배를 당한 역사 때문인데 괜히 말을 꺼내서 불쾌하게 만들고 싶지 않은 것도 있다.

2002년에 태권도를 배웠을 때 사범님은 아주 친절했다. 유학생인 내가 잘 먹고 지내는지 걱정하고 밥을 사줄 때도 많았다. 그런데 어느 날 함께 밥을 먹고 있는데 사범님이 나에게 "아야, 독도는 어느 나라 땅이야?" 하고 물어봤다. 나는 솔직하게 "모르겠어요"라고 답했는데 사범님은 "아야는 한국 편인 줄 알았는데"라며 실망했다.

사실 학교에서 독도에 대해 어떻게 배웠는지 기억이 안난다. 현재는 "일본 고유의 영토"라고 가르치고 있다고 한다. 관련 책을 읽어 본 적은 있지만 솔직히 일본 측 주장과 한국 측 주장이 너무 달라서 어느 주장이 맞다고 확신하기 어렵다. 여전히 누가 물어보면 "모르겠어요"라고 답할 수밖에 없다.

나는 2002년과 2005년에 1년씩 유학했는데 분위기는 많이 달랐다. 2002년은 한일 월드컵도 개최됐고 우호적인 분위기였다. 그런데 2005년은 독도를 둘러싼 갈등이 불거져서 분위기가 악화됐다. 시마네(島根)현 의회가 2월 22일을 다케시마의 날로 정하는 조례안을 제정한 것이 그 계기가 됐다.

당시 한국에서 보도를 보면 많은 일본 사람들이 독도를 일본 영토라고 주장하는 것처럼 보였다. 그런데 실제로는 대부분의 일본 사람들은 독도에 관심이 없었을 것이다. 일본에서 크게 주목받은 건 2012년 이명박 대통령이 독도를

2012년 전까지만 해도 대부분의 일본 사람들이
독도에 관심이 없었을 것이다.
©Getty Images

방문했을 때다.

2005년은 교환학생으로 성균관대학교 법과대학에 다녔다. 국제법 수업 시간에 독도에 관한 이야기가 나오면 학생들은 나에게 따가운 시선을 보내곤 했다. 그 정도는 참을 수 있었지만 한국에서 당시 친했던 일본 친구는 일본 사람이라는 이유로 택시 승차 거부를 당했다. 그것도 오키나와(沖縄) 출신 친구였다. 오키나와는 옛날에 류큐 왕국이었다가 일본에 병합된 곳이다. 친구는 독도에 대해 오히려 일본보다 한국에 가까운 심정이었을 수도 있다. 물론 택시 기사님이 그런 것까지 알 수는 없지만 일본 사람이라는 이유만으로 승차를 거부한 데에는 마음이 상했다.

2017년에 〈아사히신문〉 퇴사 후 한국에 온 다음에는 한일 관계에 관한 포럼 등에서 발언하는 기회가 늘어났는데 한 번 독도에 대해 "영토 문제"라고 말했다가 한국 연구자한테 "영토 문제 아닙니다"라는 지적을 받았다. "영토 분쟁"이라고 말해야 했을까. 지금도 사실 잘 모른다. 나는 영토에 대해서는 잘 모른다는 이야기를 하고 싶었을 뿐인데 그것조차 말하기 어렵다. 그렇게 독도는 나에게 트라우마가 됐다.

그런데 어느 학회가 갑자기 내게 통역 의뢰를 해서 찾아

갔더니, 하필 독도에 관해 발표를 하는 자리였던 적도 있다. 주제는 '평화선'이었는데 나는 평화선이 뭔지도 모르고 통역을 맡았다. 일본에선 평화선을 '이승만 라인(李承晩ライン)'이라고 한다. 발표 논문을 읽으면서 바로 독도에 관한 내용이라는 것을 알았다. 아차 싶었다. 나는 일본 교수님의 발표를 한국어로 통역하는 역할이었는데, 일본어 '다케시마'를 '독도'라고 통역해도 될지 고민했다. 그런데 논문을 읽다 보니 그것이 큰 문제가 아니라는 것을 알았다. 기본적으로 독도는 한국 영토라는 전제로 쓰인 논문이었기 때문이다. 일본 교수님이 이런 발표를 한다는 것이 신기했다.

학회 당일 "이런 발표를 하면 일본에서 비판받지 않아요?"라고 직접 물어봤다. 그런데 교수님은 웃으면서 "신경 안 써요. 저는 '류큐' 사람이니까" 하고 답했다. 오키나와도 아니고 류큐 사람이라고 했다. 이어서 "류큐는 일본의 침략을 받고 아직도 독립을 못하고 있잖아요. 한국은 독립해서 부러워요"라고 말했다. 그 말을 듣고 2005년에 택시 승차 거부를 당한 친구가 생각났다. 오키나와 출신 사람들의 생각도 각자 다르겠지만 같은 일본 국적을 가진 사람도 그 배경은 정말 다양하다는 것을 새삼 느꼈다.

지극히 사적인 일본

사과해도
사과한 것 같지 않은 이유

한일 역사 문제에 대해 한국 사람들이 나에게 자주 물어보는 건 "왜 일본은 사과하지 않는가?"다. 한 번도 사과하지 않은 건 아니기 때문에 그렇게 답하면 "그럴 리가 없다. 한 번도 사과하지 않았어" 하고 화를 내는 사람도 있었다. 한국 언론이 어떻게 표현하는지 살펴보면 "일본 정부는 아직 진심 어린 사과를 한 적이 없다"라는 식으로 표현한다. 포인트는 '진심 어린'이다. '충분한 사과', '진정한 사과' 등 여러 표현이 있다. 이런 보도를 보고 '한 번도 사과하지 않았다'고 하는 오해가 생기는 것이다.

나는 개인적으로는 위안부 피해자 할머니나 강제 징용 피해자가 납득할 만한 사과를 받았으면 좋겠다고 생각한다. '나눔의 집'에 가서 할머니의 증언을 직접 들은 적도 있다. 이때 같이 갔던 일본 학생들과 어떻게 사과하면 할머니가 사과를 받았다고 느낄 수 있을지에 대해 진지하게 이야기를 나눈 적도 있다.

사실 일본 사람은 일상적으로 "미안하다"라는 말을 많이 하는 편이다. 거의 습관처럼 말하는 사람도 많은데 나도 한국에 온 지 얼마 안 됐을 당시에는 "뭐가 미안해요?"라고 주변 사람들이 자꾸 신기하게 물어봐서 자주 하지는 않게 됐다. 한국과 일본의 드라마를 비교해도 한국 드라마는 화를 내는 장면이 많고 일본 드라마는 사과하는 장면이 많다는 특징을 볼 수 있다. 드라마는 과장된 부분이 많지만 어느 정도 현실을 반영하는 부분도 있을 것이다. 그렇다면 '일본 사람들은 사과하는 것을 그렇게 어려워하는 편은 아닌 것 같은데…' 하는 것이 내가 오랫동안 가지고 있는 의문이었다.

그런데 고레에다 히로카즈(是枝裕和) 감독의 영화 〈괴물〉(2023)에 섬뜩한 장면이 있었다. 아이가 선생님한테 폭력을 당했다며 항의하러 학교를 찾은 엄마에게 교장 선생님을 비롯해서 여러 교사들이 고개를 숙이고 "죄송합니다" 하고 사과하는 장면이다. 그런데 거기엔 아무 반성도 느껴지

지극히 사적인 일본

지 않는다. 항의하니까 사과했다는 태도다. 엄마가 물어보는 질문에는 제대로 답하려고 하지 않는다. 미안해서 사과하는 것이 아니라 사과했으니 더 이상 시끄럽게 하지 말라고 하는 것처럼 보였다.

이 장면을 보면서 뭔가 알 것 같았다. 마음이 없는 사과는 오히려 불쾌하다. 결국은 사과라는 것은 감정의 문제인 것 같다. 사과를 했는지 여부를 본다면 이 선생님도, 학교 측도 엄마한테 사과를 한 것이다. 그런데 보는 관객은 답

식민 지배에 대해 일본이 계속 사죄하는 마음을 가져야 한다고
주장한 하토야마 유키오 전 일본 총리.
©하토야마 유키오

답하고 진심 어린 사과를 했으면 하는 마음이 든다.

나도 일본 총리가 피해자에게 진심 어린 사과를 했으면 좋겠다. 과거에 사과를 했다고 해도 그렇게 못 느꼈다면 몇 번이고 했으면 좋겠다. 그러나 '진심 어린'에 집착하면 영원히 해결되지 않을 것 같다는 생각도 든다.

2019년에 문희상 국회의장이 위안부 피해자 문제를 해결하려면 천황이 사과를 해야 한다고 발언한 것에 대해 아베 신조 총리가 항의하고 사과를 요구한 적이 있다. 피해자와 상관없는 데서 사과를 둘러싼 갈등만 커지는 것 같아서 보면서 안타까웠다. 피해자의 심정에 더 집중할 필요가 있지 않나 생각한다.

지극히 사적인 일본

홍백가합전과 한일 관계

2023년 연말 NHK 〈홍백가합전〉은 한국계 그룹이 무려 7팀이나 나왔다. '한국계'라고 한 건 그중 3팀은 멤버 모두가 일본인이기 때문이다. 이제는 K-POP인지 아닌지를 구별하긴 어렵다. 적어도 트와이스의 일본인 멤버로 구성된 MISAMO는 K-POP이라고 해도 될 것 같다. NiziU와 JO1은 애매하다. NiziU는 9인조 걸그룹으로 한국의 JYP 엔터테인먼트와 일본의 소니 뮤직 엔터테인먼트가 기획한 오디션 프로그램을 통해 데뷔했고, JO1은 11인조 보이 그룹으로 한일 공동 오디션 프로그램 'PRODUCE 101 JAPAN'을 통해 데뷔했다. K-POP을 지향하는 그룹인 것은 틀림없다. K-POP을 좋아하는 일본 젊은이들은 일본 아이돌이 아니라 K-POP 아이돌이 되려고 한다.

어쨌든 2023년 〈홍백가합전〉은 K-POP 아이돌 역대 최다 출연으로 화제가 됐다. 〈홍백가합전〉은 1951년에 시작해서 매년 12월 31일에 방송하는 프로그램으로 한때는 70~80퍼센트라는 어마어마한 시청률을 자랑하는 국민 프로그램이었다. 요즘은 30퍼센트대로 떨어졌지만 그래도 적은 숫자는 아니다.

2023년 〈홍백가합전〉을 보고 놀랐던 건 뉴진스의 노래 가사가 한국어였다는 점이다. 세계적으로 인기가 많지만

2023년 홍백가합전에 출연해 한국어 가사로 노래를 부른 뉴진스. ©NHK

지극히 사적인 일본

일본에서는 아직 데뷔 전이라서 일본어 가사로 된 노래가 없었다. 그동안 K-POP 아이돌은 많이 출연해 왔지만 기본적으로 일본어 가사의 노래를 불렀다.

마찬가지로 2024년 1~3월에 방영된 TBS 드라마 〈Eye Love You〉에는 한국 배우 채종협이 주연해서 주목을 받았는데 이 드라마에도 한국어가 많이 나왔다. 그것도 채종협이 연기하는 태오의 마음속 목소리는 일본어 자막도 없이 방송됐다. 여주인공 유리(니카이도 후미)가 마음속 목소리를 들을 수 있는 초능력을 가지고 있지만 태오의 마음속 목소리는 한국어로 들려서 이해할 수 없다. 그 유리의 심정을 시청자도 함께 경험하게끔 하는 것이었다. 지상파에서 그래도 되나 걱정됐다. 한일 관계가 안 좋은 시기였다면 시청자의 반발이 컸을 것 같은데 오히려 호의적으로 받아들인 시청자가 많았다.

한일 관계가 문화에 미치는 영향은 작지 않다. 특히 〈홍백가합전〉은 국민 프로그램이기 때문에 한일 관계에 영향을 받기 쉽다. 제2차 한류 붐이라고 불린 2011년엔 동방신기, 소녀시대, KARA, 3팀이 출연해서 K-POP의 존재감을 느낄 수 있었지만 이듬해인 2012년엔 이명박 대통령이 독도를 방문하고서 한일 관계가 급격히 악화했다. 그 영향으로 2012년부터 2016년까지 〈홍백가합전〉에 출연한 한국 가수는 제로였다가 2017년 6년 만에 트와이스가 K-POP 아이돌로 출연했다. 일본인 멤버가 3명이 있는 것도 컸을 것이다.

거슬러 올라가면 〈홍백가합전〉에 처음 출연한 한국 가수는 1987년 조용필이다. 1988년 서울 올림픽을 앞두고 일본에서 한국에 대한 관심이 높아졌던 시기였고, 조용필의 노래 '돌아와요 부산항에' 등이 일본에서 히트를 쳤다. 한일 월드컵이 개최된 2002년부터는 보아가 6년 연속 출연했다. 드라마 〈겨울연가〉를 계기로 시작한 제1차 한류 붐 때인 2004년에는 〈겨울연가〉 주제가를 부른 가수 Ryu가 출연하기도 했다.

그런데 이런 현상은 사실 표면적인 것이다. 2012년 이후 한일 관계가 악화되었어도 내 주변 친구들은 몰래 한국에 여행을 가고 K-POP 콘서트에도 다녔었다. 일본 국내 콘서트 관객 수 랭킹을 보면 여전히 K-POP 콘서트가 상위권에 많았다. 붐이 꺼졌다고 느낀 이유 중 하나는 지상파에서 한국 드라마나 K-POP이 사라진 것 때문이었다. 완전히 사라진 것은 아니지만 거의 안 보이게 됐다. 방송국 지인에게 물어봤더니 대중에게 인기가 있어도 스폰서가 싫어하기 때문에 어쩔 수 없다고 했다. 2011년 후지TV 시위의 영향도 있다. 후지TV가 한류를 밀어주고 있다며 반발하는 사람들이 시위를 벌였다.

분위기가 바뀌기 시작한 것이 2016년쯤이다. 제3차 한류 붐이라고 불린다. 특징은 한일 관계는 나아지지 않았지만 BTS나 트와이스를 비롯한 K-POP 인기가 또다시 뜨거워진 것이다. 팬층이 젊어진 것이 크다. 젊은 층은 정치 외교에 관심이 별로 없거나 관심이 있어도 문화를 즐기는 것과 별도로 생각하는 경향이 있다. 또한 내 주변 친구들을 보면 내성이 생긴 듯했다. 어차피 한일 관계는 쉽게 좋아질 것 같지 않은데 눈치 보는 것에 지쳐 버렸다. 한일 관계와 상관없이 당당하게 즐기기 시작했다.

〈겨울연가〉가 일본에서 방송된 때가 2003년이다. 내가 처음 한국에 유학한 2002년은 한류 붐 직전 시기였다. 특히 법학이 전공인 내가 한국에 유학하는 것을 의아해하는 사람들이 많았다. 지금은 전혀 다르다. 한국어 전공이 아니어도 한국어를 잘하는 일본 사람이 많다. 특히 젊은 사람들은 어렸을 때부터 K-POP이나 한국 드라마에 접해 와서 자연스럽게 습득한 경우도 많다.

일본에서도 한국에서도 강연을 하면 향후 한일 관계의

전망에 대해 질문을 받을 때가 많다. 한국은 정권이 바뀌면 외교 정책도 바뀐다. 일본의 여당 자민당은 적극적으로 한일 관계 개선에 나설 자세는 아니다. 게다가 양국 간의 역사 문제는 쉽게 해결될 문제도 아니다. 그래서 한일 관계가 악화되는 일은 앞으로도 얼마든지 반복될 수 있다고 생각한다. 그렇지만 시민 차원에서는 한국에 친근감을 느끼고 있는 일본의 젊은 사람들이 많고 정치와 외교에 별로 영향을 받지 않기 때문에 나는 낙관적으로 보고 있다.

일본 국회 의원의 대부분은 중년 이상의 남성이다. 가장 한국 문화에 대한 관심이 낮은 성별이고, 세대다. 한국에서 보면 그들이 일본을 대표하는 것처럼 보일 수도 있지만 일본 전체 분위기를 대표하는 존재는 결코 아니다. 시간이 지나서 지금 젊은 층이 사회의 중심에서 활약할 시기가 오면 많이 달라질 것이다.

지극히 사적인 일본

**일본 방송 콘텐츠,
사양길에
접어들었나?**

코로나19 이후 일본에서는 제4차 한류 붐이라고 불릴 정도 한국 드라마가 다시 사랑을 받고 있다. 한편 한국에서는 "옛 날엔 일본 드라마가 더 재밌었는데 요즘 은 별로…"라는 슬픈 말을 종종 듣게 된 다. 오사카의 방송국 마이니치방송(MBS) 에서 해외 판매를 오랫동안 담당해 온 나오하라 요시미츠(猶原祥光) 씨에게 한 일 양국의 콘텐츠에 대해 어떻게 보고 있는지 물어봤다. 인터뷰는 2023년에 진행했다.

마이니치방송에서 프로그램의 해외 판매를 담당했던
나오하라 요시미츠. ⓒ나리카와 아야

Q. 요즘 일본에서 한국 드라마가 인기가 많은데 한국과 일본의 드라마 제작에 관한 차이는 어떻게 보고 계세요?

나오하라 한국은 영화도 드라마도 제작 규모가 정말 큰 것 같아요. 그게 일본과의 가장 큰 차이점 아닐까요? 드라마 제작비가 일본의 몇 배에서 10배 정도 많다고 들었어요.

Q. 2012년부터 해외 판매를 담당하셨는데 그 사이의 변화는 어떻게 느끼셨나요?

나오하라 한국은 최근 5년 사이에 갑자기 성장한 것 같아요. 처음 제가 해외 판매 담당으로 한국에 출장을 가기 시작했을 때는 "돈이 없다" "시간이 없다" 하는 이야기를 자주 들었어요. 그날 찍은 걸 그날 방송하는 식이었죠. 한국은 힘들겠다고 생각했는데 이제는 일본이 그런 상황입니다. 돈도 없고, 시간도 없고, 일손도 모자라는 상황에서 열심히 만들고 있죠.

Q. 일본 드라마의 제작비가 적은 건 광고 수입 때문인가요?

나오하라 맞아요. 점점 광고 수입이 떨어지고 악순환에 빠진 상태입니다. 돈이 없어서 좋은 콘텐츠를 못 만들고, 좋은 콘텐츠를 못 만드니까 시청률이 떨어져서, 또 광고 수입이 떨어지고. 업계 분위기는 그렇습니다.

Q. 한국은 PPL로 제작비를 만든다고 들었는데 일본은 왜 PPL이 별

로 없나요?

나오하라 일본은 별로 PPL은 안 하려고 해요. 연출자가 하고 싶은
대로 못하게 되니까.

Q. 제작이나 해외 판매에 일본 정부의 지원이 있나요?

나오하라 있긴 있는데 한국에 비하면 적어요. 제작자 입장에서도
판매자 입장에서도 한국이 부러워요. 한국은 콘텐츠진흥
원이 제작 단계부터 해외 홍보, 판매까지 지원해 줘요. 콘
텐츠가 좋은 것도 있지만 해외에 파는데 국가가 지원해
주는 것도 커요. 일본이 부족한 부분입니다.

Q. 구체적으로 어떻게 다른가요?

나오하라 예를 들어, 한국에서 열리는 마켓에 한국 제작사나 방송
국이 내는 부스 비용은 기본적으로 무료입니다. 그런데
우리는 부스 비용 몇십만 엔에다가 비행깃값에 숙박비도
다 부담해야 해요. 한국뿐만 아니라 세계 마켓은 거의 매
달 열리는데 연간 몇백 만, 아니 몇천 만 엔 드는 비용을
100퍼센트 MBS가 부담합니다. 한국은 국가에서 그 비용
의 일부 또는 전부를 지원해 줘요. 그래서 적극적으로 나
갈 수 있죠. 우리는 비용이 많이 드니까 이번엔 가지 말자
고 판단할 때도 있죠.

Q. 일본 인구가 한국의 두배 이상 되니까 그만큼 국내 시장이 커서

그런 것도 있겠네요.

나오하라 그렇죠. 드라마도, 콘서트도, 음반 판매도 일본 국내에서 어느 정도 팔리면 그걸로 만족하는 편이죠. 리스크를 안고 해외에 가는 건 망설이게 됩니다. 도전하고 싶은 마음은 있지만 손해를 보면 안 되니까. 일본은 그런 분위기가 있습니다. 한국은 5,000만 인구로는 모자라니 인구가 1억 2,000만인 일본으로 가자, 그런 생각을 하는 거죠.

Q. 일본은 뭐가 문제일까요?

나오하라 일본은 제작위원회 방식으로 드라마나 영화를 만드니까 여러 회사가 돈을 내고 리스크도 나누죠. 제가 해외 판매 담당인데 실패하면 MBS뿐만 아니라 다른 회사에도 폐를 끼치게 됩니다. 그걸 피하고 싶어서 리스크가 있는 도전은 안 하게 되는 것 같아요.

Q. 안타깝지만 한국에서는 "옛날 일본 드라마가 더 재밌었다"라고 하는 사람들이 꽤 많아요.

나오하라 한국 드라마의 수준이 높아져서 상대적으로 그렇게 느끼는 것 같아요. 일본 드라마의 질이 떨어졌다고 생각하진 않습니다. 20년 전과 비교해서 별로 안 변한 것 같아요. 그건 일본 시청자들이 원하는 것일 수도 있어요. 자극적이고 한국의 막장 드라마 같은 것보다 안심해서 볼 수 있는 드라마를 선호하는 거죠.

지극히 사적인 일본

Q. 일본은 시리즈로 오랫동안 사랑받는 드라마들이 많긴 하죠. 그런데 그런 변하지 않는 일본 드라마에 질려서 한국 드라마를 보는 사람도 많은 것 같아요.

나오하라 그것도 있죠. 한국은 장르도 다양하고 제작 규모도 크고. 지금까지 본 적 없는 드라마를 보여 주니까.

Q. 일본은 애니메이션은 잘 만드는데 애니메이션엔 국가가 돈을 쓰나요?

나오하라 〈주술회전〉을 비롯해서 MBS가 만드는 애니메이션도 많습니다. 애니메이션은 한 번 잘되면 정말 커요. 세계적으로 히트를 치니까. 그야말로 국가가 지원 안 해도 알아서 잘되는 것 같아요.

Q. 일본 애니메이션은 자극적인 것도 많지 않아요?

나오하라 그러네요. 〈주술회전〉도 그렇고, 〈귀멸의 칼날〉도 그렇고. 물론 스토리는 훌륭한데 아이들이 보기엔 조금 잔혹하죠. 그래서 세계적으로 인기가 많은 것 같기도 해요. 개인적으론 딸에게 그런 잔혹한 애니메이션은 보여 주고 싶지 않아요.

Q. 드라마보다 애니메이션이 자극적인 이유가 있을까요?

나오하라 애니메이션은 100퍼센트 판타지잖아요. 그림이죠. 실사는 실제 인물들이 등장하니까 그 차이는 있는 것 같아요.

판타지라는 전제가 있어서 어느 정도 잔혹해도 괜찮다는
게 아닐까요?

Q. 나오하라 씨가 직접 한국에 판매한 콘텐츠는 어떤 것이 있나요?

나오하라 〈심야식당〉이요. MBS가 제작하고 제가 한국에 판매했습니다. 한국에서도 사랑받고 리메이크 드라마도 만들어졌죠. 최근엔 BL(보이즈 러브) 드라마 〈아름다운 그〉가 한국에서도 인기가 많아요.

Q. 젊은 사람들 사이에서 BL 인기가 대단하다고 들었어요.

나오하라 최근 몇 년 사이의 일입니다. 테레비 도쿄에서 2020년에 방송한 〈체리마호: 30살까지 동정이면 마법사가 될 수 있대〉가 불을 붙인 것 같아요. MBS는 그다음 해 2021년에 〈아름다운 그〉를 방송했어요. 비판 받을까 걱정했는데 오히려 칭찬만 많이 받았습니다. 6화밖에 없어서 속편이 없냐는 문의가 많았죠. 한국을 포함한 해외에도 많이 팔았습니다. 2023년에 드라마 시즌2를 방송하고 영화도 개봉했어요.

Q. 주로 어떤 사람들이 많이 보나요?

나오하라 원래 BL 팬은 압도적으로 젊은 여성들이 많은데 〈아름다운 그〉는 남성 팬도 꽤 많아요. 젊은 남자 둘이 어떻게 성장해 가는지를 그린 청춘 드라마이기도 하거든요. 원작이

지극히 사적인 일본

만화가 아니라 나기라 유(凪良ゆう)의 소설입니다. 탄탄한 스토리와 영상미가 매력이죠. 저희 방송국 드라마 팀이 열심히 해서 타이틀대로 정말 아름다운 드라마로 만들어졌어요.

Q. 한국에서는 아직 BL은 터부시하는 것 같아요.

나오하라 일본은 옛날부터 BL 만화는 있었는데 몰래 봤던 게 이제는 당당하게 볼 수 있게 된 느낌이에요. 태국이나 필리핀은 더 앞서갔죠. 한국도 지상파는 어렵지만 OTT에서는 하죠. 점점 바뀌고 있는 것 같아요.

Q. 사실 제가 나오하라 씨와 친해진 건 MBS 한류 동호회 때문인데 지금 멤버가 100명이 넘었다고요?

나오하라 네, 맞아요. 100명이 넘었어요. 며칠 전엔 멤버들이 모여서 치맥 파티를 했습니다. K-POP 커버 댄스 대회도 하고. 원래 2011년 '소녀시대' '카라' '동방신기' 등 K-POP 인기가 대단했던 제2차 한류 붐 때 저랑 제 선배 2명이랑 같이 만들었어요. 저는 '시크릿' 팬이었고. 요즘은 이력서에 아예 "K-POP 팬"이라고 쓰는 신입사원들도 많아요. 나리카와 씨처럼 MBS 직원이 아닌데 행사 때 참가하는 한국 관계자들도 많고 점점 커지네요.

Q. 마지막으로 한국과 일본의 콘텐츠가 앞으로 어떻게 될 것 같아요?

나오하라 해외 판매에 한국은 적극적인데 일본은 소극적이죠. 한국은 드라마를 만들 때 해외에 팔겠다는 야망을 갖고 만드는 것 같아요. 일본도 야망을 갖고 만드는 프로듀서가 나와야 할 텐데. 〈이상한 변호사 우영우〉 같은 훌륭한 드라마를 일본에서도 만들고 싶네요.

번역하기 어려운 말들

한국어와 일본어는 어순도 같고 세계적으로 보면 아주 가까운 언어다. 그런데 번역자 입장에서는 번역하기 어려운 말들이 꽤 많다. 나는 영화 자막 번역 감수를 맡을 때가 많은데 어떻게 번역하면 자연스러운 대사로 느껴질지 고민하는 일이 많다.

하나는 1인칭이다. 한국어 1인칭은 '나'와 '저'지만, 일본어는 많다. 와타시(私), 오레(俺), 보쿠(僕), 와시(わし) 등 여성과 남성, 나이와 성격, 그리고 상대방과의 관계에 따라 달라진다. 여성은 기본적으로 와타시를 많이 쓰는데 남성은 다양하다. 예를 들어 우리 오빠는 나와 이야기할 때는 오레라고 하지만, 자기보다 윗사람과 이야기할 때는 보쿠

라고 한다. 오레는 약간 거친 느낌이 있어서 상대가 누구든 오레라는 말을 안 쓰는 남성도 있다. 나이가 있는 남성은 와시라고 하는 경우도 많다. 그래서 1인칭을 일본어로 번역할 때 그 인물의 캐릭터나 상대와의 관계를 생각해서 번역해야 한다.

전체적으로 일본어는 한국어에 비해 남녀가 쓰는 말이 다를 경우가 많다. 한국에서도 인기가 많은 일본 드라마 〈고독한 미식가〉에서 주인공 이노가시라 고로가 "우마

〈고독한 미식가〉에서 주인공 이노가시라 고로는 맛있다는 뜻의
"우마이!"라는 말을 속으로 자주 외치는데,
일본 여성은 "오이시이"라는 말을 더 쓴다.

지극히 사적인 일본

이!"라고 속으로 외치면서 먹는 장면이 자주 등장한다. '우마이'는 맛있다는 뜻이지만 여성은 "오이시이"라고 하는 경우가 많다. 남성도 '오이시이'를 쓰기는 하지만 여성은 '우마이'라는 말은 잘 안 쓴다. 이런 이유로 겉으로 보기엔 남성스러운 외국인 남성이 여성스러운 일본어로 말하는 모습을 가끔 보게 된다. 일본어 학교 선생님이 대부분 여성이기 때문이다.

호칭도 한국과 일본은 의외로 많이 다르다. 자주 나오는 말로는 언니, 오빠, 누나, 형과 같이 핏줄이 아닌데 그렇게 부르는 경우다. 대부분은 이름에 상(さん)을 붙이고 번역한다. 예를 들어, 여자 친구가 남자 친구를 "오빠"라고 부를 때 남자 친구 이름이 '성훈'이면 "성훈상"으로 바꾸는데 특별한 친근감을 표현하기는 쉽지 않다.

번역은 어렵지만 한국에서 언니, 오빠라는 호칭이 있는 덕분에 이름을 외우지 않아도 돼서 편한 면도 있다. 일단 나보다 나이가 많고 다른 적당한 호칭이 없으면 언니 또는 오빠라고 하면 된다. 한국 사람이면 친하지도 않은데 언니, 오빠라고 하면 이상하게 생각할 수 있는데, 외국인이라서 그러려니 하고 봐주는 경우가 많다. 그런데 이것도 20~30대까진 괜찮았는데 40대가 된 지금은 쉽게 언니, 오빠라고 부르지 못하게 됐다. 그리고 동생이 늘어나서 이름을 외울 수밖에 없게 됐다.

한국어를 배우는 일본 사람 중에 '씨'와 '상(さん)'을 같다고 생각해서 쓰는 사람이 많은데 씨보다 상이 훨씬 쓸 수 있는 범위가 넓다. 상은 총리에게도, 사장님에게도, 후배에게도 쓸 수 있다. 한국에서 직원이 김 사장님을 "김 씨"라고 부르면 실례가 되겠지만, 일본에서는 직원이 다나카 사장님을 "다나카상"이라고 불러도 괜찮다. 회사마다 약간 다를 수 있지만 적어도 〈아사히신문〉에서는 괜찮았다. 일본 사람이 한국 사람에게 "○○ 씨"라고 부르면 안 되는 상대에게 그렇게 부를 때가 있는데, 이는 일본어로 "○○상"이라고 부르는 것과 같다고 착각해서 그러는 것이다. 일본에서는 일단 '상'을 붙여서 부르면 실례가 안 되지만 한국에서는 부장인지, 과장인지 직함을 알아야 부를 수 있다.

일본어를 배우는 한국 사람은 겸양어(謙讓語)가 그렇게 어렵다고 한다. 이는 한국어에는 없는 것이기 때문이다. 자신 또는 자기 주변 사람을 낮춰서 말하는 것이다. 자기 주변을 낮추기 때문에 상대방이 높아진다. 자기 주변이라는 것은 가족이기도 하고 자신의 회사 사람이기도 하다. 이 부분이 한국과 차이가 난다. 한국에서는 자기 부모님에

지극히 사적인 일본

대해 누군가에게 이야기할 때도 존댓말을 쓴다. 그런데 일본에서는 자기 부모님을 높여서 말하면 이상하게 생각한다. 오히려 낮춰서 이야기하는 것이 맞다. 마찬가지로 거래처 사람에게 자기가 소속한 회사 대표에 대해 이야기할 때도 낮춘다. 이런 부분을 모르면 서로 매너가 없다고 오해할 수도 있다.

말은 문화를 나타낸다. 일본 사람들이 가족 자랑을 별로 안 하는 것도 겸양어를 쓰는 것과 비슷한 것 같다. 자식이 좋은 대학이나 좋은 직장에 들어가도 별로 그런 이야기를 부모가 주변에 하지 않는다. 진심이 아니어도 못난 자식처럼 이야기하는 경우도 적지 않다. 한번은 친구 결혼식에 갔는데, 친구의 아버지가 고치현 부지사라는 사실을 거기서 처음 알았다. 고치현 지사가 축하 인사를 하러 왔기 때문이다. 그냥 친구도 아니고 자주 연락하는 아주 친한 친구지만 몰랐다. 일본에서는 자주 있는 일이지만 한국에서는 있을 수 없는 일일 것 같다.

"짱은 뭐냐"고 물어보는 사람도 많은데 내 친구들은 대부분 나를 "나리짱"이라고 부른다. 남편이나 조카는 나를 "아야짱"이라고 부른다. 짱은 아이들을 부르거나 가까운 사이에서 쓰는 경우가 많다. 친척의 호칭은 한국이 훨씬

다양하다. 일본은 이모도, 고모도, 친척이 아닌 아줌마도 똑같이 오바짱(おばちゃん)/오바상(おばさん)이다. 조카들이 언젠가 나를 "오바짱"이라고 부르는 날이 올지도 모르지만 지금은 친구처럼 아야짱이라고 부른다.

선배, 후배라는 말은 일본어에도 있지만 한국이 훨씬 많이 쓴다. 예를 들어 영화감독이 자신보다 나이가 많은 배우를 "선배님"이라고 부르는 경우가 있는데 일본에서 그런 식으로 부르는 것은 본 적이 없다. 일본에서는 선배, 후배라는 말을 많이 쓰는 것은 학교 부 활동에서다. 부 활동은 선후배 관계가 확실한 편이다.

자막 번역 때 어려운 또 하나는 욕이다. 한국어는 다양한 욕이 있지만 일본어는 아주 적다. 바보라는 뜻의 '바카(バカ)', '바카야로(バカヤロー)', 멍청이라는 뜻의 '보케(ボケ)' 정도다. 참고로 간사이에서는 '바카'보다 '아호(アホ)'를 많이 쓴다. 간사이 사람은 '아호'는 괜찮지만 '바카'라는 말을 들으면 약간 기분이 나쁘다.

한국 욕을 알려 달라는 일본 친구에게 자주 나오는 '개새끼'의 뜻을 알려주면 "강아지면 귀여운 것 아니냐"고 한다. 욕은 뜻으로 풀면 전혀 전달이 안 되는 경우가 대부분이다. 그래도 영화에 나오는 다양한 한국 욕을 되도록 가

지극히 사적인 일본

까운 일본어로 표현하고 싶어서 일부러 일본 야쿠자 영화
를 찾아서 본 적도 있지만 역시 욕은 그렇게 많지 않았다.
오히려 말없이 가만히 있는 야쿠자가 더 무서운 것 같다.

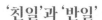

'친일'과 '반일'

2024년 12월 3일 밤 나는 박사 논문 심사 직전에 마무리 작업 중이었다. 갑자기 한국 지인한테 "윤석열 대통령이 폭주하네요"라는 문자가 왔다. 무슨 뜻인지 몰라서 일단 TV를 켰는데 '비상계엄 선포'라는 속보가 뜨고 있었다. 순간 '북한의 공격을 받았나?'라는 생각을 했는데 그런 것 같지는 않았다. 〈아사히신문〉 서울지국장은 이 속보를 보면서 '계엄'이라는 단어의 뜻을 찾았다고 한다. 자기가 아는 계엄과 다른 뜻이 있나 확인한 것이다. 그런데 속보에 나오는 계엄이 그가 아는 계엄이었다.

　잠시 후 일본 쪽에서도 계속 연락이 와서 논문 마무리 작업을 포기했다. "괜찮아?", "조심해", "무슨 일이야?" 등

등의 문자가 날라왔다. 나는 다음 날 아침에 KBS에서 라디오 녹음 일정이 있었다. '차로 여의도에 가도 괜찮을까?', '라디오에서 이야기하는 내용도 계엄 포고령에 걸리는 걸까?' 등 여러 생각을 하면서 TV 중계를 지켜봤다. 그러다가 '계엄 해제 요구 결의 가결'까지 보고 잠을 잤다.

한국에 사는 일본인들의 반응은 다양했다. "정말 무서웠다"라고 하는 사람도 있었고, "이래야 한국이지!"라며 즐거워하는 사람도 있었다. 나는 사실 별로 무섭지는 않았고 빨리 일상으로 돌아갔으면 하는 마음이었다.

그런데 헌법재판소가 윤석열 대통령 파면을 선고한 후 일본에서의 반응은 당황스러웠다. 어떤 사람은 "대통령 파면으로 분위기가 바뀌어서 아야 씨가 한국에서 지내기 어려워질까 봐 걱정돼요"라고 메일을 보내 왔다. 정권 교체로 다시 한일 관계가 악화되고 내가 한국에 있기 불편해질 거라고 생각하는 것 같았다. 여러 사람이 비슷한 말을 하는 것을 듣고 일본에서 그렇게 우려하는 보도를 하고 있다는 사실을 알았다.

물론 윤석열 대통령 때 한일 관계가 어느 정도 '개선'되고, 한일 사이에서 일하는 나 같은 사람은 마음 편하게 일할 수 있었던 것은 사실이다. 그런데 그것과 대통령 파면

윤석열 대통령이 파면되면서 일본 언론은
이후 한국 정부가 '반일' 기조로 돌아설 것이라고 내다봤다.
하지만 '반일' 또는 '친일' 프레임이 적절한지 의문이다.
ⓒ연합뉴스

은 차원이 다른 문제라고 생각했다. 일본에서는 한국 정치에 대해 '반일'이냐 '친일'이냐에 너무 치우쳐서 보도하고 있는 것 같다.

게다가 일본에서 말하는 '친일'은 한국에서 말하는 '친일파'와 다르다. 일본에서는 단순히 '일본에 우호적인'이라는 뜻으로 쓰고 있다. 한국에서 말하는 '친일파'처럼 일제 강점기에 식민 지배에 협력한 배신자 같은 의미는 없다. 나는 앞으로 한일 관계를 생각할 때 '반일'과 '친일' 프레임에서 벗어나야 한다고 생각한다.

내가 '반일'이라는 말에 위화감을 느낀 것은 2015년 최동훈 감독 영화 〈암살〉이 한국에서 대히트를 쳤을 때였다. 광복 70주년 여름이었다. 〈아사히신문〉 데스크는 나에게 '왜 한국은 자꾸 반일 영화를 만드는가?'라는 기사를 쓰라고 했다. 마음이 불편했다. 나는 그해 8월 15일을 여름 휴가를 한국에서 보냈다. 일본에서는 매년 8월 원폭 피해에 관한 보도는 많지만 식민 지배와 같은 가해에 관한 보도는 별로 없다. 그런데 한국에서는 신문도 TV도 위안부 문제나 강제 징용에 관한 보도가 많았다. 새삼 전혀 다르다는 걸 느꼈다. 이 차이가 매년 쌓이면 상당한 인식 차가 생기는 것은 당연하다고 생각했다.

〈암살〉은 독립운동가를 그린 영화다. 한국 입장에서는 독립운동가에 대한 영화를 광복 70주년에 맞춰서 제작 개봉하는 것은 지극히 당연한 일이다. 그것을 '반일 영화'라며 한국이 일본을 공격하는 것처럼 보도해도 되는 것일까? '반일'이라는 말은 가해와 피해의 관계를 뒤집는 말인 것 같다. '또 한국이 일본을 공격하네'라고 착각하는 것이다. 일본의 가해에 대해 학교에서 충분히 가르치지 않고, 보도도 불충분하기 때문에 착각하고 있는 것조차 모르는 것 같다.

광복은 1945년, 한일 국교정상화는 1965년이다. 반드시 몇십 주년이 겹친다. 2025년은 광복 80주년, 한일 국교정상화 60주년의 해다. 이제 '반일'과 '친일'의 프레임에서 벗어나고 역사는 똑바로 보면서 건설적인 미래를 생각하고 싶다.

PART
IX

무사의
입맛부터
서민의
입맛까지

밥이 그렇게
중요하지는 않다

한국은 '밥에 진심'이라고 하는데 일본은 그렇게까지는 아니다. 어떤 행사가 있을 때 한국에서는 일하는 사람의 인원수를 생각해서 식비를 예산에 올리는데 일본은 식비보다 교통비가 우선이다. 먹는 건 각자 알아서 하고, 교통비는 꼭 필요한 경비라고 생각하는 것이다.

이런 밥의 위상 차이 때문에 갈등이 생길 때도 있다. 일본 기업의 서울지사에서 일하는 한국인 직원이 나에게 하소연을 한 적이 있다. 새로 일본에서 온 상사가 밥을 안 산다는 것이다. 무슨 말인지 들어 보니 그 상사는 점심은 샌드위치 같은 것을 혼자 먹고 다른 직원들과 같이 식사를 하지 않는다는 것이다. 그 상사는 일본에서 하던 대로 했

オニギリ 2개, 가라아게 1개, 삶은 달걀 1개로 구성된 오니기리 세트.
일본 직장인들은 점심 식사를 이렇게 간단히 먹는 경우가 많다.
ⓒ나리카와 아야

을 뿐 악의는 없었을 것이다. 일본에서는 일이 많으면 점심을 거르기도 하고 편의점에서 삼각김밥 등을 사서 간단하게 먹는 경우가 많다. 나는 한국 연구소에서 일하면서 반드시 다 함께 점심을 먹으러 가고 카페에서 커피까지 마시는 것에 놀랐다.

한국이나 일본이나 직장인들은 대부분 바쁘게 사는 것 같아도 점심시간만큼은 한국이 훨씬 여유롭게 보내는 것 같다. 한국 커피값은 일본보다 비싸다. 일본 사람들은 기본적으로 검소하게 사는 습관이 몸에 배어 있어서 그 비싼 커피를 자주 먹는 한국 사람을 신기하게 본다. 일본에서는 점심값을 아끼려고, 또는 밖에 나가는 시간을 아끼려고 도시락을 싸 와서 먹는 직장인이 많다.

나는 연구소 사람들과 같이 먹는 것은 좋은데, 잠깐 일이 있어서 연구소로 들렀다가 밥을 같이 먹는 것은 부담스러울 때가 있다. 연구소 사람들과 밥을 먹으면 소장님이 사거나 연구소 예산으로 밥값을 내는데 내가 얻어먹으러 가는 것 같아서 민망하다. 그럴 땐 점심이나 저녁 시간을 피해 오후 2시쯤에 간다고 이야기한다. 그런데 한번은 내가 2시에 간다고 이야기해 놓고 학교 근처에서 혼자 점심을 먹다가 점심을 먹으러 나온 연구소 사람들과 마주친 적이 있다. 내가 피한 것처럼 돼서 더 민망했다.

　내가 신문사에 입사했을 때를 되돌아보면 언제 밥을 먹어야 할지 당황스럽긴 했다. 회사에 있어도 아무도 밥을 먹으러 가라거나, 같이 먹자거나 하는 말을 하지 않았다. 신문사는 따로 쉬는 시간이라는 것이 없어서, 알아서 시간이 있을 때 먹는다. 시간이 없으면 점심을 굶을 때도 많았다. 여유가 있어서 점심을 동료 기자끼리 먹게 되는 경우도 2~3명 정도다. 여러 명이 가는 건 저녁 회식 정도였다.

　일본과 한국은 특히 점심의 위상이 다른 것 같다. 한국에 사는 일본 친구가 한국에서 오니기리(주먹밥) 가게를 내겠다고 했을 때 한국 친구는 반대했다. 일본은 편의점에서도 삼각김밥을 팔지만 오니기리만 파는 전문점도 여기저기 많다. 나도 두 개 정도 사서 점심으로 먹을 때가 많다. 일본 친구는 한국에서 생활하면서 주변에 마땅히 점심을 먹을 만한 곳이 없다고 하는데 그 뜻은 가볍게 먹을 만한 곳이 없다는 것이었다. 한국 친구는 한국 사람은 점심을 가볍게 먹지 않기 때문에 오니기리 가게가 잘될 것 같지 않다고 했다. 오니기리만 먹고 일할 수는 없다는 것이다. 그 대화를 들으면서 역시 점심은 일본 사람은 가볍게, 한국 사람은 제대로 먹는 것이라는 차이를 실감했다.

　　　　　　　　　　　　지극히 사적인 일본

같이 나눠 먹는 문화도 일본인에게는 익숙지 않다. 특히 빙수 하나를 연인도, 가족도 아닌 사람끼리 나눠 먹는 모습을 보고 충격을 받았다는 이야기를 여러 번 들었다. 일본 사람은 3명이 가면 3개를 시켜서 각자 하나씩 먹는다.

한국에서는 메뉴 하나를 시키면 몇 가지 반찬이 같이 나오고 반찬은 기본적으로 모자라면 더 주지만 일본에서는 돈을 따로 받는 경우가 대부분이다. 예를 들어, 한국 고깃집에서 고기를 시키면 상추는 무료로 제공되고 먹고 싶은 만큼 먹을 수 있지만, 일본에서는 따로 돈을 내고 주문해야 한다. 나는 오사카의 한국 음식점에서 아르바이트를 했었는데 그 식당은 한국 손님도 많았다. 고기를 시키면 "상추 드릴까요?"라고 물어보는 것이 그 식당의 매뉴얼이었는데 대부분 한국 손님은 공짜로 주는 줄 알고 달라고 한다. 그러고는 계산할 때 유료라는 사실을 알면 화를 내는 손님도 적지 않았다.

일본에서는 대부분 술집은 쓰키다시가 나온다. 한국에서는 쓰키다시라고 하면 '기본 반찬'을 뜻하지만 일본에서 나오는 쓰키다시는 유료다. 주문한 것도 아닌데 인원수에 맞게 작은 그릇에 반찬 같은 것이 나온다. 양은 적지만 보통 300~500엔 정도 하고 비싸면 1,000엔 이상 하는 데도

일본 술집에서 쓰키다시가 기본으로 나오지만 유료다. ©Getty Images

있다. 안 먹을 테니 돈을 안 내도 되냐고 물어보는 한국 사람도 있는데 그렇게는 안 된다. 자릿값이기 때문에 먹든 안 먹든 내야 한다.

반대로 일본 사람은 한국에서 주문하지도 않았는데 반찬이 많이 나오는 것을 보고 감동한다. "이게 다 무료라고?" 하면서 눈을 동그랗게 뜨고 열심히 다 먹으려고 한다. 일본에서는 음식을 남기면 예의에 어긋난다는 문화가 있어서 조금 무리해서라도 다 먹는데 종업원은 모자란 줄 알고 또 갖다 줄 때도 있다. 모자라지 않게 줘야 한다는 것이 한국의 정인데 남기면 안 된다는 것이 일본 손님의 예의인 것이다.

지극히 사적인 일본

간토의 맛 vs
간사이의 맛

일본에 여행을 다녀와서 "음식이 생각보다 짰다"고 이야
기하는 한국 사람이 많다. 대부분 간토에 간 경우다. 사실
나 같은 간사이 출신도 "도쿄 음식은 짜다"고 느낀다. 도쿄
중심의 간토와 오사카 중심의 간사이는 음식 문화도 많이
다르다.

일단 간토는 맛이 진하고 간사이는 연한 편이다. 간토는
'무사의 입맛'이라고 한다. 육체를 움직이면 땀이 많이 나
기 때문에 염분이 필요하고 짠 음식을 먹게 된다. 도야마
는 해산물도 쌀도 사케도 맛있는데, 하나 이해가 안 가는
음식이 있다. 블랙 라멘이다. 정말 국물이 까맣다. 도야마
는 간토는 아니지만 육체 노동자들의 염분 보충을 위해 간

도야마의 블랙 라멘. 염분 보충을 위해
간장을 많이 넣은 라멘이다.

©Getty Images

장을 많이 넣어 라멘을 만든다. 도야마에 여행을 가면 그 특이한 이름과 검정색 국물의 맛이 궁금해서 맛보는 사람은 많은데 맛있다고 하는 사람은 별로 못 봤다.

천황이 오래 살았던 교토와 상인이 많았던 오사카는 간토에 비해 연하게 먹는다. 요리에 쓰는 간장이 다르다. 간토는 색깔도 맛도 진한 간장, 간사이는 색깔도 맛도 연한 간장을 주로 사용한다. 간토는 소바를 많이 먹고, 간사이는 우동을 많이 먹는데, 역시 국물은 색깔도 맛도 간토가 진하다. 다시(육수)도 간토는 가쓰오부시를 기반으로 하고, 간사이는 다시마를 기반으로 한다는 차이가 있다. 일본 요리는 간장과 육수가 맛의 기본인데, 간토와 간사이는 근본적으로 다르다고 할 수 있다.

일상적으로 먹는 계란말이도 간토는 설탕을 넣어 달다. 간사이는 다시를 사용한다. 스시 위에 얹는 계란말이는 보통 간토식 단맛이 나는 계란말이다. 나는 최근까지 몰랐는데 교토에서 계란 샌드위치라고 하면 계란말이를 빵에 끼운 것이다. 보통은 삶은 계란을 다져서 마요네즈와 섞은 것을 끼운다. 오사카나 고베에서도 가끔 계란말이를 끼운 샌드위치를 보지만 교토는 기본이 계란말이라고 한다. 교토는 다시를 사용한 요리가 주류다. 다시 전문점도 있다.

한국에서는 일본 대표 음식으로 낫토를 꼽는 사람도 있는데, 낫토는 이바라키현이 유명하고 그 주변의 간토에서는 많이 먹지만 간사이에는 낫토를 못 먹는 사람도 많다. 나는 간사이 출신이지만 낫토를 좋아하고 일본에 가면 꼭 마트에서 사 먹는 음식 중 하나다. 최근 한국에서도 낫토를 파는데, 냄새와 끈적함이 약하다. 역시 일본에서 먹는 낫토가 훨씬 맛있다.

우나기(장어) 조리법도 간토와 간사이는 다르다. 간토는 등쪽에서 자르는데 간사이는 배쪽에서 자른다. 간토는 기본이 무사 문화라서 배를 자르는 것은 '할복'을 상기시키기 때문에 피하는 것이다. 한편 '배를 째다'라고 하면 솔직하게 터놓고 이야기한다는 뜻이 있어서 신뢰를 중요하게 생각하는 상업 도시 오사카를 중심으로 한 간사이는 배쪽에서 자른다고 한다. 그런데 솔직히 먹는 입장에서는 등쪽에서 자르든, 배쪽에서 자르든 그 차이는 잘 모르겠다. 그것보다 간토에서 먹는 우나기가 더 부드럽다. 간토는 찐다음에 굽는데 간사이는 찌지 않고 굽기 때문에 식감이 달라지는 것이다.

간토와 간사이만 다른 게 아니라 지역마다 대표적인 음식이 있다. 고치는 맛있는 음식이 많지만 하나만 꼽으라면

고치의 대표 음식 가쓰오타타키.
©VISIT KOCHI

가쓰오타타키(かつおのたたき, 가다랑어 짚불구이)다. 표면을 짚불로 살짝 굽는 건데 다른 지역에서는 먹을 기회가 거의 없기도 하고, 있어도 고치에서 먹는 맛이 안 난다. 이는 물론 가쓰오의 신선도 때문이지만, 도시에서는 대량의 짚을 보관할 공간이 없어서 짚불구이는 어렵기 때문이다. 내가 다니던 고등학교 바로 앞에 히로메시장이라는 음식점이 모여 있는 시장이 있는데, 여기서 먹는 가쓰오타타키가 최고로 맛있다. 그렇게 맛있는 가쓰오타타키를 간식처럼 먹던 고등학교 시절이 그립다.

지극히 사적인 일본

취조할 때 먹는 음식은
가츠동?

오사카에서 통번역대학원에 다녔던 당시 여러 통역을 경험했는데, 그중 하나는 경찰 취조 통역이었다. 한국인 피의자와 일본인 형사의 말을 통역하는 일이다. 〈아사히신문〉 입사 후 취조 통역을 했다고 하니 선배들이 놀랐다. 아무리 형사와 친해져도 취조실에 들어가 본 기자는 없기 때문이다. 선배들이 궁금해하는 것 중 하나는 "정말 취조실에서 가츠동을 먹느냐"는 것이었다. 취조하면서 가츠동을 먹는 장면이 드라마에 많이 나오기 때문이다. 가츠동은 밥 위에 돈가스, 그 위에 계란 반숙이 올려져 있는 돈부리(일본식 덮밥) 요리다.

나도 궁금했는데, 결론부터 말하면 가츠동은 먹지 않았

밥 위에 돈가스를 올리고,
그 위에 계란 반숙이 올라가면 가츠동이다.
©Getty Images

다. 취조실에서 밥을 먹는 일은 없고, 경찰 내 식당이나 근처에 나가서 먹었다. 왜 드라마에서 가츠동을 먹나 찾아봤더니, 옛날에는 가츠동이 최고로 사치스러운 음식이었고, 피의자에게 가츠동을 먹여 주는 것이 형사의 정을 보여 주는 것이었다고 한다. 그런데 이는 드라마 속 이야기고 실제로 피의자와 형사가 밥을 같이 먹는 일은 없다고 한다.

봉준호 감독의 영화 〈살인의 추억〉(2003)을 보면 취조 중에 짜장면을 먹는 장면이 있다. 짜장면은 한국에서 가장 대표적인 배달 음식이다. 그렇게 생각하면 가츠동도 일본의 배달 대표 메뉴이기 때문에 드라마에 쓰이게 된 면도 있는 것 같다. 사치스러운 음식이었던 것은 1950년대까지의 이야기고, 1960년대 이후 현재까지 가츠동은 대중적인 음식 중 하나다. 우리 집도 가끔 엄마가 바쁠 때 배달을 시켜서 먹었는데 가츠동을 먹을 때가 많았다. 친구들과 생일 파티를 집에서 할 때는 스시와 피자를 배달로 시키는 게 보통이었다.

내가 가장 많이 배달 음식을 먹었던 때는 〈아사히신문〉 기자 시절이다. 당직을 하면 회사 밖으로 나갈 수 없어서 배달로 먹는 일이 많았다. 그럴 때도 가츠동 같은 돈부리 메뉴는 빨리 먹을 수 있다는 장점도 있어서 자주 먹었다.

한국에는 없고 일본에만 있는 중국 요리, 톈신항.
©나리카와 아야

중국집 배달도 많이 시켰는데, 한국처럼 짜장면이나 짬뽕이 아니라 주로 볶음밥이나 텐신항(天津飯)을 시켜 먹었다. 한국과 일본은 중국집 메뉴가 많이 다르다. 일본에는 있는데 한국에 없는 메뉴 중 하나는 텐신항이다. 밥 위에 게살을 넣은 계란부침을 얹고 그 위에 걸쭉한 중화풍 소스를 끼얹은 요리로 내가 가장 좋아하는 중국집 메뉴다. 텐신은 중국의 지명 톈진이다. 그래서 나는 오랫동안 톈진에서 먹는 요리인 줄 알았는데, 알고 보니 일본에서 개발한 요리라고 한다.

가츠동도 그렇고, 텐신항도 그렇고 일본은 계란을 많이 먹는다. 오야코동이라는 메뉴도 있다. 국물에 졸인 닭고기에 계란을 풀어 넣어 익힌 후 밥 위에 얹은 돈부리 요리다. 오야코(親子)는 부모 자식이라는 뜻으로 부모(닭)와 자식(계란)을 같이 먹는 것이다. 일본인은 익숙한 메뉴 이름인데 한국에서는 "잔혹하다"고 느끼는 사람도 있다.

주문 전화를 걸 때면 배달 문화를 통한 한일 간의 차이를 느낄 수 있다. 〈아사히신문〉에서 근무할 때 주문하는 가게는 어느 정도 정해져 있었다. 한 달에 몇 번씩은 주문했을 텐데, 전화할 때마다 주소를 물어보는 가게가 많았다. 〈아사히신문〉이 어디에 있는지는 뻔히 알 텐데 매뉴얼에는 주소를 물어보도록 돼 있는 모양이다. 나는 한국에서는 있을 수 없는 일이라고 생각하면서 매번 주소를 알려 주곤 했다. 한편 한국에서는 몇 번 같은 가게에 주문하면 목소리만으로도 누구인지 알고 주소는커녕 이름도 안 물어보고 배달해 줬다. 그럴 땐 내가 한국에 정착한 느낌이 들어 뭔가 뿌듯했는데, 이제는 앱으로 주문해서 그런 일도 없어진 게 조금 아쉽다.

지극히 사적인 일본

일본의 엄마표 음식, 카레

일본 국민 음식을 하나 뽑으라면 카레가 아닐까 싶다. 집에서 자주 먹고 밖에서도 자주 먹는다. 카레는 원래 인도 요리지만 인도 카레와 다른 일본 카레다. 일본에서 그냥 카레라고 하면, 기본적으로 카레와 쌀밥을 같이 먹는 카레라이스를 뜻한다. 카레는 맛없기 힘든 음식인 것 같다. 집에서도 밖에서도 아주 다양한 카레를 먹는데, 맛있거나 아주 맛있거나 둘 중 하나다.

그래서 한국에서 처음 카레를 먹었을 때는 맛이 없어서 깜짝 놀랐다. 2002년 고려대학교 어학당을 다녔을 당시 학생 식당에서 먹은 카레였는데, 노랗고 밋밋했다. 일본 카레는 갈색이다. 한국은 매운 음식이 많은데, 왜 카레는 안 매운지 이해하기 어려웠다. 일본 사람에 비해 한국 사람이 낯선 향신료에 보수적인 것 같다. 전반적으로 한국에서 먹는 외국 요리는 일본에서 먹는 외국 요리에 비해 향신료가 약한 것 같다. 인도 카레도 한국에서 먹으면 향신료 맛이 덜한 것 같고 다른 동남아시아 음식도 마찬가지다.

그 후 한국 카레를 먹는 일은 거의 없었는데, 코로나19 시기에 일본에서 들어왔을 때 자가 격리를 하는 동안 고양시에서 보내 준 구호품 속에 오뚜기 카레가 있었다. 오랜만에 먹어 봤는데 그 옛날에 충격적으로 맛이 없었던 거에 비하면 많이 괜찮아진 것 같았다. 그 사이 맛이 괜찮아진 건가? 아니면 2002년에 먹었던 곳이 학생 식당이라서 그랬던 것일까?

'일본 카레의 가장 기본은 소고기 카레'라고 단정짓고 싶은데, 이 또한 내가 간사이 사람이라서 그렇다. 간토에서는 주로 돼지고기를 넣는다고 한다. '고기' 하면 간토는 돼지고기, 간사이는 소고기다. 실제로 소고기 소비량을 보면 간사이가 간토보다 많다. 닭고기가 맛있고 많이 먹는 지역은 규슈다. 특히 가고시마와 미야자키가 유명하다.

카레는 일본에서는 남녀노소 모두가 좋아한다. 카레를 싫어하는 사람은 별로 없는 것 같다. 카레는 소설이나 드

지극히 사적인 일본

일본 카레의 근본은 소고기 카레다!

©Getty Images

라마, 영화 등 작품에도 많이 나온다. 실제로 많이 먹기도 하고 뭔가 사랑을 느끼기 때문이 아닐까 싶다. 엄마의 사랑이다. 나도 내가 먹어 본 수많은 카레 중에 특별히 좋아하는 카레는 엄마가 만든 시푸드 카레였다. 오징어, 새우, 조개 등 해산물과 양파가 듬뿍 들어 있는 카레다. 엄마도 나도 고기보다 해산물을 좋아해서 우리 집은 해산물 요리가 많은 편이었다. 시푸드 카레는 그렇게 흔하진 않지만 그렇게 특별하지도 않다. 시푸드 카레를 많이 먹는 지역은 홋카이도다. 특히 홋카이도는 수프 카레가 유명하고 해산물에서 나오는 국물로 만든 수프 카레는 정말 맛있다.

카레는 엄마 입장에서도 아이들이 골고루 먹어서 좋은 것 같다. 야채를 싫어하는 아이도 카레에 넣으면 먹는 경우가 많다. 무엇보다 일하는 엄마로서는 만들어 놓고 일하러 나갈 수도 있고, 며칠 먹을 수도 있다. 일본은 대학생이 되면 자취하는 경우가 많은데, 처음으로 만든 요리가 카레라는 사람도 많다. 남녀가 사귀면서 처음 집에 놀러 갔는데 만들어 주는 음식이 카레라는 경우도 많을 것이다. 나도 대학생 때 사귄 남자 친구가 대학 근처에서 자취하고 있었는데, 처음 놀러 갔을 때 남자 친구가 카레를 만들어 줬고 꽤 맛있었다. 많은 사람에게 추억의 음식인 것이다.

지극히 사적인 일본

그런데 남편에게 엄마가 해 준 추억의 요리는 뭐냐고 물어봤더니 "명란 파스타"라고 한다. 대부분의 사람들이 카레라고 답하지 않냐고 물어봤는데, "카레는 너무 뻔해서 사람들 대부분이 다른 걸 대답할 것"이라고 한다. 그럴 수도 있다. 명란 파스타도 정말 많이 먹는 음식이다. 내가 알기로는 시어머니는 꽤 손이 많이 가는 음식도 잘하신다. 아들이 명란 파스타가 추억의 음식이라고 하면 실망하지 않을까 싶다. 카레도 명란 파스타도 원래 외국 음식이었는데, 일본 사람 입맛에 맞게 개발된 메뉴다.

'왜 일본에서는 이렇게 카레를 많이 먹고 한국에서는 별로 안 먹지?'라고 생각해 봤는데, 한국에서 흔히 파는 카레가루나 카레 루가 일본에 비해 맛이 별로인 것도 있지만, 일본은 한국의 찌개에 해당하는 음식이 없어서 한국의 찌개처럼 카레를 먹는 게 아닐까 싶다. 아마 한국에서 엄마의 음식이라고 하면 찌개를 떠올리는 사람이 많을 것이다. 일본도 찌개와 비슷한 나베 요리가 있긴 하지만, 주로 겨울에만 먹고 점심에 먹는 메뉴도 아니다. 미소시루(된장국)는 자주 먹지만, 한국 찌개처럼 메인 음식이 아니다. 찌개도 많은 종류가 있듯이 카레도 많은 종류가 있다. 가장 기본은 소고기(간토는 돼지고기)와 감자, 당근, 양파 등이 들어

있는 카레지만, 닭고기가 들어갈 수도 있고, 우리 집처럼
해산물 위주로 만들 수도 있다. 결국 뭘 넣어도 맛있다. 카
레 우동이나 카레 빵 등 카레 맛 음식도 많이 먹는다.

심지어 낫토도 카레에 넣는다. 카레 체인점 코코이찌방
야에서도 낫토 카레를 판다. 코코이찌방야는 한국에도 있
어서 가끔 가는데 한국에서는 낫토 카레가 없었던 것 같
다. 나는 한국에서 일본 카레가 먹고 싶을 때는 코코이찌
방야에 간다. 일본에서 먹는 것보다 맛이 조금 떨어지지만
그나마 괜찮다. 다른 일본 카레점은 몇 번 가 봤지만 짠 데
가 많았다.

카레는 언제부터 일본에서 국민 음식처럼 많이 먹게 됐
을까? 메이지 초기인 1870년대쯤 인도를 식민 지배했던
영국을 통해 카레 가루가 들어왔다. 일본에서 금지됐던 육
식이 허용된 것은 1871년이다. 고기를 먹기 시작하면서 양
식집이 많이 생기고 양식집 메뉴로 카레가 팔리기 시작했
다.

1905년에는 일본산 카레 가루가 제조되기 시작하고
급속도로 가정 요리로 카레가 보급됐다. 결정적인 것은
1950년대 카레 루의 등장이었던 것 같다. 사실 카레 가루
로 만드는 카레는 실패할 리스크가 있지만 카레 루를 쓰면

지극히 사적인 일본

일본 마트에서 판매하고 있는
다양한 레토르트 카레들.
©Japan Treasure Hunt

거의 실패가 없다. 1960년대에는 레토르트 카레가 등장하고 더 쉽게 카레를 집에서 먹을 수 있게 됐다. 일본 마트에 가면 아주 다양한 레토르트 카레를 팔고 있다. 쉽게 만들 수 있고 맛있고 영양가도 있고 무궁무진하게 다양한 것이 카레가 일본에서 사랑받는 이유인 것 같다.

일본은 음식에 관해 개방적인 편이다. 외국 요리를 거부감 없이 받아들인다. 메이지 시대에 육식이 허용되면서 외국 요리가 막 들어오는데 아주 빠른 속도로 일반화됐다. 그중 하나가 카레이고, 이제는 일본 요리가 된 돈가스다. 돈가스는 원래 서양의 커틀릿에서 유래한 것인데 일본에서는 돼지고기에 빵가루를 묻혀서 튀긴 요리로 1899년에 도쿄 긴자에 있는 양식점 '렌가테이(煉瓦亭)'에서 처음 상품화됐다고 한다.

고베도 항구 도시이기 때문에 오래된 양식 맛집이 많다. 특히 고베는 아담하고 예쁜 식당이 많아 데이트하기에 딱 좋다. 양식은 그렇게 비싸지 않다. 내가 대학생 때 남자 친구와 고베에서 먹은 음식을 떠올려 보면 양식이 가장 많았던 것 같다. 돈가스, 함바그, 새우튀김 등 일상적으로 먹는 메뉴지만, 고베 양식집은 특별히 맛있다. 가끔 한국 사람 중에 내가 고베대학교를 다녔다고 하면 "고베규를 많이 먹었겠네"라고 하는 사람도 있다. 고베규는 효고현에서 생산되는 브랜드 소고기인데 학생이 먹을 수 있는 가격이 아니다. 1인당 적어도 10만 원 이상 낼 각오를 해야 한다. 나도 먹어 봤는데 아주 작은 고기 조각인데도 비쌌던 기억이 난다.

오사카의 소울푸드,
오코노미야키와 다코야키

엄마가 자주 만들어 줬던 요리를 생각해 보면 카레, 오코
노미야키, 함바그, 그라탕, 생선구이, 가라아게 같은 것들
이다. 이중 내가 가장 좋아하는 것은 오코노미야키다. 밀
가루와 계란, 양배추를 비롯한 여러 재료를 섞어서 구워
먹는 부침개와 비슷한 음식이다. 오코노미야키도 카레처
럼 다양한 재료가 들어간다. 계란과 양배추는 꼭 들어가고
기호에 따라 돼지고기나 해산물이 들어간다. 엄마는 내가
엄마 집에 가면 꼭 오코노미야키를 만들어 줬다. 바쁠 때
는 근처 오코노미야키 집에 같이 가서 먹었다. 엄마도 오
코노미야키가 제일 좋아하는 음식이었던 것 같다. 엄마랑
오코노미야키를 먹으면서 맥주를 마시며 영화나 드라마

오사카 사람의 첫 번째 소울 푸드,
오코노미야키.
ⓒ나리카와 아야

를 보는 시간이 나에게 가장 행복한 시간이었다.

오코노미야키는 오사카 사람이라서 더 자주 먹게 된다. 오사카 사람이 가장 많이 먹고 그 주변의 간사이 사람들도 많이 먹는 편이다. 나는 한국에 있으면서 그렇게 일본 음식을 먹고 싶다는 생각이 들지 않지만 오코노미야키는 먹고 싶을 때가 있다.

태평양 전쟁 후 미국에서 구호품으로 받은 밀가루를 사용해서 양배추나 파와 섞어 구워 먹는 오코노미야키가 널리 보급되기 시작했다고 한다. 처음에는 공복을 채우기 위한 음식이었다가 점점 풍부한 재료가 들어가면서 당당한 식사가 됐다. 오코노미야키를 간식으로 생각하는 한국 사람도 있는데 일본에서는 오코노미야키는 한 끼 식사다.

다코야키도 오사카 사람들이 사랑하는 음식이다. 나 역시 간사이 공항에 도착하면 일단 다코야키부터 먹고 움직인다. 다코야키의 다코는 문어라는 뜻이다. 문어가 들어 있는 동그란 다코야키는 생김새가 오코노미야키와 다르지만 맛은 비슷하다. 다코야키는 어렸을 때 주말 점심으로 집에서 자주 먹었다. 집에서는 엄마가 못 먹을 때까지 무한정 만들어 줘서 오빠와 경쟁하듯이 몇십 개씩 먹었다. 대학생 때는 자취하는 친구 집에서 다코야키 파티를 몇 번

나는 간사이 공항에 도착하면
다코야키부터 먹고 움직인다.

했다. 문어 대신 새우나 치즈 등 여러 재료를 넣고 먹었다.

간사이에서는 대부분 집에 다코야키기(다코야키를 만드는 기계)가 있고 간사이에서 대학을 다닌 사람이라면 대부분 다코야키 파티의 추억이 있을 것이다. 다코야키기가 집에 있는 비율은 오사카에서는 90퍼센트 이상이지만, 도쿄에서는 50퍼센트도 안 된다는 통계도 있다. 도쿄에서도 간사이 출신이라면 갖고 있을 가능성이 높다. 한국에서도 다코야키를 사 먹은 적이 몇 번 있는데, 달고 맛이 별로였다. 한국에서는 뭔가 과자처럼 생각하는 건지 설탕 맛이 나는데 일본에서는 다코야키에 설탕을 넣지 않는다.

히로시마야키라는 것도 있다. 오코노미야키와 비슷하면서 조금 다르다. 오코노미야키는 재료를 섞어서 굽는데 히로시마야키는 밀가루 반죽을 크레이프처럼 얇게 구운 다음 그 위에 양배추 등 재료를 올려서 구워 먹는다. 맨 위에 계란프라이가 올려져 있는 것도 특징이다. 그런데 히로시마 사람들은 이것을 오코노미야키라고 부른다. 전국적으로는 오코노미야키라고 하면 오사카 스타일을 가리킨다. 히로시마의 그것은 히로시마야키 또는 히로시마풍 오코노미야키다.

그런데 히로시마에서는 그냥 오코노미야키라고 부른

오사카 스타일의 오코노미야키와는 다른 히로시마야키.
©Getty Images

다. 나는 이 사실을 히로시마에 갈 때까지 몰랐는데 "히로시마에 왔으니 히로시마야키를 먹어보고 싶다"고 히로시마 친구에게 말했더니 조금 기분 상한 표정으로 "히로시마야키가 아니라 오코노미야키"라고 정정해서 충격을 받았다. 아무리 생각해도 오사카의 오코노미야키가 주류이고 히로시마의 그것은 아류인 것 같은데 말이다. 물론 히로시마야키도 맛있다.

그것보다 이해하기 힘든 건 도쿄의 몬자야키다. 밀가루

나 양배추 등 재료는 오코노미야키와 비슷한데 형태가 다르다. 말이 조금 심하지만, 보기엔 토사물처럼 보인다. 익었는지 안 익었는지 잘 모르겠고, 작은 몬자야키 전용 주걱으로 먹는데 먹기도 불편하다. 몬자야키는 도쿄 츠키시마(月島)가 유명하다. 나도 거기서 먹어 봤는데 한 번 경험 삼아 먹어 보는 것으로 충분한 것 같다.

지극히 사적인 일본

스시는 가정 요리가 아니다

카레와 대조적인 존재가 스시가 아닐까 싶다. 일본 대표 음식으로 세계적으로 알려져 있지만, 일단 집에서 만들 수 있는 가정 요리가 아니다. 그리고 맛도 가격도 극과 극이다. 카레는 일상적으로 먹을 만한 가격이지만, 스시는 평균적으로 비싸다. 비싼 스시는 한없이 비싸다. 그래서 생일이나 축하할 일이 있을 때 먹는 경우가 많다. 마트에서 파는 스시나 회전 스시는 저렴한 편이지만, 카운터에서 먹는 스시는 대부분 비싸다. 도쿄에서 저녁에 주방장의 재량에 맡기는 오마카세로 스시를 먹으면 1인당 2만 엔 정도한다. 카운터에서 스시를 만드는 사람은 스시 장인이라고 불린다. 생선에 대한 지식부터 여러 조리 기술 등을 제대로 배우려면 10년 정도의 수행 기간이 필요하다고 한다.

바닷가 지역은 비교적 싸게 맛있는 스시를 먹을 수 있지만, 바다가 없는 지역은 비싸거나 신선도가 떨어지는 경우가 많다. 나는 해산물이 싸고 맛있는 고치와 도야마에 살면서 맛있는 스시를 꽤 많이 먹었다. 고치는 태평양, 도야마는 동해에 접하고 있어서 먹을 수 있는 생선이 전혀 달랐다. 특히 도야마는 도야마에서만 먹는 귀한 해산물이 몇 가지 있었고 회전 스시도 정말 맛있었다. 〈아사히신문〉 도야마 지국 송년회를 스시 집에서 한 적도 있다. 도야마를 떠난 후에도 그 맛을 잊을 수가 없어서 몇 번 스시를 먹으러 도야마에 갔다. 진짜 맛있는 스시를 마음껏 먹고 싶은 사람은 도야마를 추천한다. 일본은 해산물이 맛있는 지역이 많지만 전근이 잦았던 기자들 중에는 도야마가 제일 맛있다고 하는 기자가 많다.

카레는 대부분의 사람들이 좋아하는 한편 스시는 못 먹는 사람도 있다. 내가 도야마에 있을 때 국민 배우 다카쿠라 켄(高倉健)이 〈당신에게(あなたへ)〉라는 영화 촬영으로 도야마에 머물렀던 적이 있다. 도야마현 관계자들은 도야마의 맛있는 스시를 대접하려고 했는데 막상 다카쿠라 켄은 스시보다 파스타를 좋아한다고 해서 당황했다고 한다. 너

지극히 사적인 일본

스시는 도야마에서 먹어 보는 걸 추천한다.

ⓒ나리카와 아야

무나 스시가 어울리는 배우라서 나도 의외였다. 그런데 내 주변에도 스시를 안 좋아하는 친구들이 몇몇 있다. 김치를 못 먹는 한국 사람이 있듯이 일본 사람이라고 다 스시를 잘 먹는 것은 아니다.

나는 입이 고급스러운 편은 아니지만 스시에 관해서는 까다로운 편이다. 맛없는 스시를 먹느니 안 먹는 것이 낫다. 나라에 있었을 때는 괴로웠다. 일본은 바다가 없는 현이 많지 않다. 47개 도도부현 중 바다가 없는 현은 8곳인데 나라현이 그중 하나다. 나라에서는 되도록 스시를 먹고 싶지 않았는데 사건 담당 기자였을 때 정보를 얻어야 하는 경찰관 중에 같이 식사할 때마다 스시 집에 가는 사람이 있었다. 거절할 수도 없고 맛있게 먹는 척하느라 고생했다.

나라에도 맛있는 스시는 있다. 소금에 절인 고등어 등 생선을 밥 위에 올려 감나무 잎으로 감싼 '가키노하 스시'다. 감나무 잎을 가키노하라고 한다. 전국적으로 유명한 나라의 향토 음식인데, 옛날에 냉동 기술이 없던 시절에 나라 사람들이 스시를 먹으려면 멀리 바다에서 오는 생선이 썩지 않게 절여야 했기 때문이다. 나라만 그랬던 것이 아니라 옛날 스시는 쌀밥과 생선을 발효시킨 것이었다. 에도 시대 이후 발효시키지 않고 식초를 섞은 쌀밥에 생선을

도쿄 쓰키지시장 내 스시 음식점.
지금은 시장이 사라졌지만,
옛 시장 주변 스시 맛집은 여전히 많이 남아 있다.

©Getty Images

올리는 지금 스타일의 스시를 먹기 시작했다고 한다. 그래서 그런지 다른 음식은 몰라도 스시만큼은 오사카보다 도쿄가 맛있다는 걸 인정하지 않을 수 없다.

스시에 관해서 아쉬웠던 것은 〈아사히신문〉 도쿄 본사에 근무하면서 스시를 많이 못 먹었다는 것이다. 도쿄 본사 바로 앞에 세계 최대의 수산물 도매 시장이었던 쓰키지시장(築地市場)이 있었다. 그래서 도쿄 본사로 가면 스시를 많이 먹을 줄 알았는데 맛집은 대부분 관광객들이 줄 서 있어서 시간에 쫓기는 기자로서는 줄까지 서서 먹을 여유가 없었다. 맛있는 스시 집이 회사 바로 앞에 있는데도 몇 번 못 가본 것이 후회된다. 내가 퇴사한 다음 2018년에 쓰키지시장은 영업을 종료하고 도요스시장(豊洲市場)으로 이사를 갔지만 시장 주변 스시 집을 비롯한 음식점은 지금도 그대로 남아 있는 곳이 많다. 도쿄에서 스시를 먹고 싶다면 일단 쓰키지에 가보면 좋을 것 같다.

일본의 고기 요리

한국과 일본의 대표적인 고기 요리를 하나씩 꼽으라면 한국은 삼겹살, 일본은 함바그가 아닐까 싶다. 나는 2002년에 처음 한국에 유학할 때까지 삼겹살이라는 존재를 몰랐다. 한국은 야키니쿠(燒肉)라는 이미지가 있었지만 나는 소갈비를 상상했었다. 실제로 한국에 와 보니까 소고기는 기본적으로 비싸서 먹을 기회가 별로 없고 삼겹살을 비롯해 돼지고기를 훨씬 많이 먹는다는 사실을 알았다. 특히 고기의 비계를 싫어하는 나는 처음에 삼겹살을 봤을 때 먹을 수 있을지 자신이 없었다. 그런데 상추나 깻잎에 싸 먹으니까 생각보다 괜찮았다. 자주 먹다 보니 점점 좋아하게 됐고 지금은 누군가와 밖에서 먹을 때 자주 먹는 메뉴 중 하나다. 일본에서는 고기를 야채에 싸서 먹는 습관은 없었는데 지금은 삼겹살 집도 많이 생겼고 싸 먹는 문화도 정착했다.

한편 일본에서는 카레와 마찬가지로 함바그를 집에서도 밖에서도 자주 먹는다. 아마도 초등학생에게 좋아하는 요리를 물어보면 상위권에 함바그가 들어갈 것이다. 사실 어른도 대부분 좋아하지만 어린이가 좋아한다는 이미지가 있어서 좋아하는 음식을 물어봤을 때 함바그라고 답하는 성인은 많지 않을 것이다. 집에서 만드는 함바그는 소고기와 돼지고기의 다짐육을 섞어 쓰는 경우가 많지만, 소고기 또는 돼지고기만 쓰는 경우도 있다.

엄마도 함바그를 자주 만들어 줬는데 고기에 감자를 섞거나 두부를 섞는 등 다양한 함바그를 만들어 줬다. 엄마는 2023년 5월에 갑자기 돌아가셨다. 4월에 내가 엄마 집에 가서 만난 것이 마지막이었다. 내가 오사카의 엄마 집에 도착하니까 엄마는 함바그를 만들기 시작했는데 내가 계속 말을 걸어서 엄마는 손을 멈췄고 "아야 이야기가 재밌어서 더 이상 못 만들겠어. 밖에서 먹자"라고 해서 함바그를 만들다 말고 밖에 나가게 됐다. 그때 나는 갑상선암으로 수술을 받은 후 목소리가 회복되지 않은 상태였다.

지극히 사적인 일본

일본에서 카레만큼이나 자주 먹는 함바그.

엄마는 딸이 뭔가 신나게 이야기하는 것 같은데 뭐라고 하는지 잘 안 들려서 그렇게 이야기하신 게 아닐까 싶다. 안 들린다고 하면 내가 상처를 받을까 봐. 둘이 같이 자주 가는 근처 이자카야에 가서 카운터에 나란히 앉아서 술을 마시며 수다를 떨었다. 엄마의 마지막 함바그를 놓친 것은 아쉽지만 엄마와의 따뜻한 추억으로 남았다.

한국에서는 '후쿠오카 함바그'라는 체인점이 많이 보이는데, 그래서 그런지 후쿠오카가 함바그로 유명한 곳이라고 생각하는 한국 사람도 꽤 많은 것 같다. 함바그가 특별히 유명한 곳은 없다. 그래서 일본 사람이 한국에서 '후쿠오카 함바그'를 보면 "왜 후쿠오카가 함바그야?" 하고 갸우뚱한다. 이는 후쿠오카에 있는 '기와미야(極味や)'라는 함바그 집이 한국 여행객 사이에서 맛있다고 소문이 나서 그렇다고 들었다. 함바그 맛집은 일본 전국에 많다.

또 하나 일본 가정 요리 중에 고기가 들어가는 요리가 니쿠쟈가(肉じゃが)다. 니쿠는 고기, 쟈가는 쟈가이모(じゃがいも)의 줄임말로 감자, 직역하면 '고기감자'다. 고기와 감자, 양파, 당근 등을 간장과 설탕, 미림을 넣은 국물에 조린 요리다. 니쿠쟈가도 주로 간토는 돼지고기, 간사이는 소고기를 쓴다. 재료가 거의 카레와 비슷해서 남으면 다음 날

지극히 사적인 일본

은 카레로 만들어 먹는 경우도 많다.

일본 야키니쿠 집은 한국의 고깃집과 조금 다르다. 한국은 소고기면 소고기, 삼겹살이면 삼겹살을 파는데 일본 야키니쿠 집은 여러 종류의 고기를 파는 경우가 많다. 소고기, 돼지고기, 닭고기에 곱창도 있는 식이다. 물론 한 종류만 파는 곳도 있지만, 야키니쿠라고 했을 때 상상하는 고기는 다양하다. 야키니쿠 집에서 흔히 맨 처음에 시키는 고기는 우설이다. 얇게 썬 우설을 구워 레몬즙에 찍어 먹는데 담백하고 맛있다. 대부분 한국 사람은 우설을 어떻게 먹냐고 징그럽다는 표정을 짓지만 나는 닭발이 더 징그럽다.

그런데 사실 2011년까지 우설보다 먼저 야키니쿠 집에서 시키는 메뉴가 있었다. 육회와 생간이다. 많은 사람들이 즐겨 먹던 그 두 가지 메뉴가 2011년 법으로 금지됐다. 정확히 말하면 육회는 기준에 따라 살짝 가열하면 제공해도 되는데 가열한 육회가 육회인가. 금지된 계기가 된 사건은 내가 직접 취재했던 식중독 사건이었다. 야키니쿠 집에서 육회를 먹은 사람들이 식중독 때문에 5명이나 사망한 것이다. 사실 육회 자체는 위험한 것이 아니고 관리를 못해서 생긴 사건인데 육회를 금지하면서 더 위험한 생간까지 금지됐다. 이때 사건과 무관한 야키니쿠 집 주인들은

焼肉

도쿄 시부야의 야키니쿠 골목.

"왜 관리를 못한 가게 하나 때문에 우리가 육회를 못 파냐"면서 아쉬워했지만 5명이나 사망한 바람에 목소리를 낼수 없었다. 소비자 입장에서도 안타깝다. 그래서 육회나생간을 먹고 싶어서 한국을 찾는 일본 사람도 적지 않다.나는 육회를 먹고 싶다고 하면 광장시장을, 생간을 먹고싶다고 하면 생간을 서비스로 주는 곱창 집을 안내한다.

일본은 메이지 시대부터 고기를 먹기 시작했다고 하지만 그전에는 정말 안 먹었냐고 하면 그렇지도 않았다. 일본에서 육식 금지가 시작된 때는 675년쯤이라고 한다. 불교가 일본에서 퍼지기 시작했을 즈음이다. 불교의 영향으로 당시 덴무(天武) 천황이 육식금지령을 내렸다고 하는데대상은 소, 말, 닭, 개 등이었다. 사슴이나 멧돼지는 먹어도괜찮았다고 한다. 더군다나 당시 일본의 중앙 집권화가 어느 정도였을지 생각해 보면 천황의 금지령이 어디까지 영향력이 있었는지 의심스럽다. 개가 금지 대상에 들어갔던것을 보면 일본에서도 개고기를 먹었었다는 방증이기도하다.

이 금지령을 기준으로 일본에서는 1200년 동안 육식이금지됐다고 하는데 나는 사실 675년의 육식금지령은 잘몰랐다. 그것보다 에도 시대 5대 쇼군 도쿠가와 쓰나요시

에도 시대에 동물 살생 금지령을 내렸던
도쿠가와 쓰나요시.

(德川綱吉, 1646~1709)가 더 잘 알려져 있다. 도쿠가와 쓰나요시는 동물 애호가로 알려져 있다. 특히 개를 좋아하고 개를 보호하기 위해 생류연민령(生類憐みの令)을 내려 동물의 살생을 금지했다. '개장군(犬将軍)'이라고 불리기도 한다. 한국어로 하면 욕하는 느낌이지만 일본어에서는 '개'를 붙인다고 욕이 되지는 않는다. 에도 시대는 전국을 막부가 통치하는 시대여서 어느 정도 효력이 있었을 것 같다. 그래도 배고파 죽겠는데 눈앞에 먹을 수 있는 동물이 있으면 굶어 죽기 전엔 먹었을 것이다.

특히 멧돼지 고기는 '야마쿠지라(山くじら)'라고 해서 팔렸다. 야마는 산, 쿠지라는 고래다. '산에 사는 고래'라면서 멧돼지 고기를 팔았던 것이다. 이런 게 일본의 다테마에 문화다. 산에 고래가 있을 리가 없는데도 "고래 고기면 먹어도 되지" 하고 멧돼지를 먹었다.

에도 시대 소는 논밭을 일구고 무거운 물건을 운반하는 귀한 일꾼이었다. 사람과 함께 일하는 동물로 농민들은 먹는 대상으로 생각하지 않았다고 한다. 그러나 일부 무사들 사이에서는 소고기를 먹는 문화가 있었다. 와규 브랜드 중에 유명한 오미규(近江牛)는 시가현이 원산지인 와규인데 역사가 길다. 400년 역사를 자랑하는데 이는 에도 시대에

도 먹었었다는 의미다. 육식은 금지였지만 오미규는 '약'
이라고 해서 쇼군에 바치기도 했다.

사쓰마번(薩摩藩)에서는 에도 시대 때부터 돼지고기를
먹었다. 지금의 가고시마현이다. 가고시마현은 규슈의 가
장 남쪽에 위치하고 에도에서 멀리 떨어져 있어서 막부의
통제력이 상대적으로 약했기 때문에 먹을 수 있었던 것 같
다. 메이지 유신의 주역 중 한 명인 사이고 다카모리(西鄕隆
盛, 1828~1877)가 사쓰마번 출신인데 체격이 좋았던 것은 돼
지고기를 먹었기 때문이라는 설도 있다.

지극히 사적인 일본

맥주도 와인도
모두 '사케'다

일본에는 '도리아에즈 나마(とりあえず.生)'라는 말이 있다. '도리아에즈'는 '일단', '나마'는 생맥주의 '생'이다. 술을 마시러 가면 '일단 생맥주'로 건배하고 그다음은 각자 먹고 싶은 술을 마시는 것이 일반적이다. 한국에서는 여러 번 건배를 하지만 일본은 처음 마시기 시작할 때 한 번만 한다. 또한 한국에서는 자작하면 재수 없다고 싫어하는 사람도 있는데, 일본에서는 자작에 부정적인 의미는 없다. 그래서 한일 친구들이 같이 술을 마시면 문화 차이 때문에 서로 당황하는 일이 생긴다. 나는 한국 술 문화에는 익숙해졌지만, 일본식으로 알아서 마시고 싶은데 혼자 마시지 말라며 잔을 들 때마다 건배하려고 하는 한국 친구도 있다.

일본에서 술을 마시러 가면
일단 생맥주로 시작한다.
©Getty Images

한국에서도 잘 알려져 있듯이 일본 맥주는 맛있다. 기린, 아사히, 산토리, 삿포로, 에비스가 일본 5대 맥주다. 에비스만 조금 비싼데 그만큼 맛있다. 참고로 〈아사히신문〉과 아사히 맥주는 전혀 상관없다. 한국에서는 워낙 아사히 맥주가 유명해서 내가 〈아사히신문〉 출신이라고 하면 아사히 맥주의 계열사냐고 물어보는 사람이 가끔 있다.

한국도 요즘 많아졌지만, 일본도 지방에 가면 지방마다 '지비루(地ビール)'라고 하는 수제 맥주를 판다. 수제 맥주만 1,300개가 넘는 상표가 있다고 한다. 맥주만 다양한 것이 아니라 사케와 소주도 아주 다양하다.

사실 한국에서 '사케'라고 분류하는 술은 일본에서는 '니혼슈(日本酒)'라고 한다. 일본어 사케(酒)는 니혼슈를 가리키는 말로도 쓰지만, 주류의 총칭이기도 하다. 맥주도 와인도 다 사케다. 나는 〈아사히신문〉에 입사하고 두 번째 근무지로 도야마에 가서 니혼슈의 매력에 빠졌다. 도야마는 물과 쌀이 맛있어서 니혼슈도 맛있다. 해산물과도 잘 어울린다. 도야마의 술로 유명한 것은 '다테야마(立山)'지만 사실 도야마 밖에서 많이 마시는 술이고, 도야마 내에서는 더 다양한 도야마의 술을 즐긴다. 이는 다른 지역도 마찬가지다. 대부분 양조장은 규모가 작아서 현지에서 소비할

요코하마 술집에 전시된 니혼슈. 일본은 해당 지역에서만
마실 수 있는 술들이 많이 있다. ©Getty Images

정도만 만드는 경우가 많다. 그래서 어느 지방에 가도 그
지방에서만 먹을 수 있는 다양한 니혼슈를 만날 수 있다.

일본에서 양조장은 1930~40년대 전쟁 때 큰 위기를 겪
었다. 국민의 주식인 쌀이 부족한데 쌀로 만드는 니혼슈는
당연히 제한 대상이 되었다. 물로 희석한 니혼슈를 팔기도
했다. 공습으로 불에 탄 양조장도 많아, 1930년에 8,000개
였던 양조장이 1945년에는 3,800개까지 줄었다.

어렵게 살아남은 양조장도 요즘은 인구 감소, 후계자 부

지극히 사적인 일본

족과 경영난으로 문을 닫는 경우가 적지 않다. 2022년 기준 양조장은 1,533개다. 1992년 2,407개에서 30년 사이에 많이 줄어들었다. 그중에서 해외 판매로 성공하는 경우도 있다. 나라의 양조장 '우메노야도(梅乃宿)'는 두바이에 진출해서 일본에서 5,000엔에 파는 술을 17만 엔에 팔기도 했다. 우메노야도는 매실, 유자, 복숭아 등 과일이 들어 있는 니혼슈가 유명한데, 요즘은 일본 공항 면세점이나 한국 백화점에서도 볼 수 있다. 내가 2010년쯤 나라에서 인터뷰했을 당시에는 경영 위기를 극복하려고 해외 마케팅에 힘쓰기 시작했을 때였는데, 여기저기서 판매되고 있는 것을 보면 나까지 뿌듯하다.

한국에서 많이 보는 니혼슈에는 일본에서 거의 못 본 것도 있다. '간바레 오또상'이다. 한국에서는 이렇게 불리지만 용기에는 '간바레 도짱(がんばれ父ちゃん)'이라고 쓰여 있다. 어쨌든 '힘내 아빠'라는 뜻이다. 무엇 때문에 이 술이 한국에서 이렇게 많이 팔리게 됐는지는 모르겠지만 이 이름 때문이 아닌가 싶다.

니혼슈는 가격대도 다양하다. 보통 다이긴죠(大吟醸)가 비싸다는 게 상식인데 이는 쌀을 많이 깎기 때문에 비싼 것이다. 깎고 남은 비율을 정미율이라고 하는데 정미율

50퍼센트 이하를 다이긴죠라고 한다. 요즘 한국에서도 많이 알려진 닷사이(獺祭)의 가격대가 다양한 것은 정미율이 다르기 때문이다. 가장 쌀을 많이 깎은 정미율 23퍼센트의 '닷사이23'이 가장 비싸다. 77퍼센트를 깎아 내고 남은 23퍼센트만 재료로 썼으니 비쌀 수밖에 없다. 다이긴죠는 향이 좋고 부드러워 화이트 와인 같은 우아한 맛이 난다.

쌀을 40퍼센트 이상 깎은 정미율 60퍼센트 이하를 긴죠라고 한다. 다이긴죠보다 싸지만 그렇다고 꼭 다이긴죠가 더 맛있다는 것은 아니다. 취향에 따라 긴죠가 더 맛있다고 느낄 수도 있다. 쌀을 많이 깎은 만큼 비싸다는 것이지 비싼 것이 꼭 맛있는 것은 아니다.

니혼슈를 좋아한다면 일본 여행 때 양조장으로 가 보는 것을 추천한다. 내가 처음 가 본 양조장은 고베 나다(灘)에 있는 '슈신칸(酒心館)'이라는 곳인데, '후쿠쥬(福寿)'라는 니혼슈를 만들고 있다. 2017년 노벨상 공식 행사에도 제공된 유명한 니혼슈다. 나다는 내가 다니던 고베대학교에서 가까운데 니혼슈 3대 명산지로 꼽힌다. 나머지 두 곳은 교토 후시미(伏見), 히로시마 사이죠(西条)다. 나는 대학생 때는 니혼슈의 매력을 잘 몰랐다. 주로 대학생들은 싸게 많이 먹으려고 술집에서 노미호다이(飮み放題)를 시키는 경우가

일본 여행 시 양조장 투어를 한 번쯤 하길 바란다.
슈신칸은 둘러봐도 괜찮을 양조장 중 하나다.
©HYOGO TOURISM BUREAU

많다. 술 무한 리필 세트인데 보통 니혼슈 같은 비싼 술은 포함되어 있지 않다. 그래서 대학 근처에 전국적으로 유명한 니혼슈 명산지가 있는 것도 졸업할 때까지 몰랐다. 졸업한 후에 대학 은사와 같이 갔는데 슈신칸은 레스토랑도 있어서 거기서 니혼슈와 그에 어울리는 요리를 먹을 수 있다. 술도 음식도 맛있고 무엇보다 어른이 된 것 같아 설렜던 기억이 난다.

은사하고는 지금도 가끔 만난다. 내가 계기를 만든 것일 수도 있는데 은사는 한국에 관심이 많다. 고베대학교 법대 교수인데 드라마 〈이상한 변호사 우영우〉에 빠져서 이를 교재로 한일 사법 제도를 비교하는 수업을 한 학기 동안 진행하기도 했다. 나도 그 수업의 특강을 한 번 맡았다. 은사는 나에게 여러모로 특별한 존재다. 나는 대학 4학년 때 성균관대학교 법대에 교환학생으로 갔다. 원래 고베대학교 법대와 교환 프로그램이 없었는데, 내가 은사한테 부탁해서 만들어진 것이다. 사실 남편과 처음 만난 것도 은사의 제미(ゼミ)에서였다. 제미는 세미나의 변형으로 일본 대학의 독특한 문화다. 학교마다 조금 다를 수도 있지만 대부분 3, 4학년 때 한 교수 밑에 여러 학생이 소속되어 연구 수업을 한다. 일방적으로 교수가 강의하는 수업이 아니

지극히 사적인 일본

라 학생들이 발표하면서 진행하는 수업이다. 보통 학생은 10~20명 정도인데 내가 소속했던 제미는 10명 이하였다. 그래서 수업 끝나고 같이 밥을 먹거나 학생끼리 친해지는 계기가 됐다.

이야기가 니혼슈에서 벗어났지만 양조장은 보통 역사가 있는 건물이고, 밖에서는 먹을 수 없는 술을 시음할 수 있는 경우가 많다. 술을 만드는 과정을 보여 주는 곳도 많다. 니혼슈 문화를 즐기고 싶다면 양조장에 꼭 가 보시길.

그런데 양조장은 깨끗한 물이 필요하기 때문에 도시에서 동떨어진 곳에 있는 경우가 많다. 렌터카를 빌리지 않으면 가기가 힘들 수도 있다. 그 지방의 술을 사려면 주류 판매점에 들러 보자. 다양한 술을 팔고 있다. 판매점 주인에게 추천을 받는 것도 좋다. 주류 판매점은 여기저기 많이 있어서 어렵지 않게 찾을 수 있을 것이다.

니혼슈의 도수는 보통 15도 정도이고, 아무것도 섞지 않는다. 차갑게 마시거나, 따뜻하게 마시거나 그 차이다. 어떤 니혼슈는 차갑게 마시는 것이 더 맛있고, 어떤 니혼슈는 따뜻하게 마시는 것이 더 맛있다. 메뉴에 써 있을 때도 있다. 종업원에게 어떻게 마시는 것이 더 맛있냐고 물어보면 알려 준다. 따뜻하게 데워서 마시는 니혼슈를 아츠캉(熱

燗)이라고 하는데 약간 아저씨가 마신다는 이미지가 있긴 하다.

한국에서는 거의 마실 기회가 없지만 사실 일본에서는 일본 소주도 많이 마신다. 쇼츄(燒酎)라고 하고, 고구마 소주나 보리 소주가 일반적이다. 메밀 소주, 밤 소주, 흑설탕 소주 등 다양하다. 한국 친구들이 일본에서 일본 소주를 마시면 대부분 맛있다고 한다. 한국 사람의 입맛에 안 맞는 것은 아닌데, 한국에서 거의 안 파는 것은 세금 같은 주세 정책 때문에 수지가 안 맞아서일지도 모르겠다. 일본 소주는 도수가 높은 것도 많다. 가장 도수가 높은 것은 오키나와의 소주 아와모리(泡盛)다. 아와모리는 평균 도수가 30퍼센트 정도이고, 높은 것은 50퍼센트다. 일본 소주를 마시는 방법은 주로 세 가지다. 얼음을 넣는 록쿠(ロック), 물과 얼음을 넣는 미즈와리(水割り), 따뜻한 물을 붓는 오유와리(お湯割り)다. 나는 찬 것을 별로 안 좋아해서 오유와리로 먹을 때가 많다. 엄마랑 집에서 술을 마실 때 가장 즐겨 마신 것은 일본 소주 오유와리, 엄마는 특히 고치의 밤 소주 '다바다 히부리(ダバダ火振)'를 가장 좋아했다.

지극히 사적인 일본

저렴하고 맛있는
일본의 카페와 깃사텐

한국과 일본은 카페에 가는 목적이 조금 다른 것 같다. 한국에서는 누군가와 이야기를 나누기 위해, 커피를 마시며 혼자 작업하거나 공부하기 위해서 가는 경우가 대부분인 것 같다. 물론 일본에서도 그런 목적으로 가는 사람이 많지만, 아침 또는 점심을 먹으러 가는 사람도 꽤 많다. 대부분 혼자 간다.

  나는 기자 생활을 하면서 가장 자주 먹었던 점심 메뉴가 카레와 파스타였다. 일본은 점심을 먹을 수 있는 카페가 많은데, 카페에서 카레나 파스타를 먹고 커피를 마시면서 기사를 쓸 때도 많았다. 카레나 파스타는 주문하면 바로 나오기 때문이다. 자주 파스타를 먹었던 카페는 체인점으

기자 시절에 가장 많이 방문해 파스타를 먹었던 타리즈.
©Marunochi

로 'Tully's Coffee'라는 가게다. 이걸 한글로 어떻게 쓸지 고
민했는데, 일본에서는 타리즈(タリーズ)라고 한다. 원래 미
국 카페 체인점인데 일본에는 1997년에 들어와서 일본에
약 400개가 있다고 한다. 한국에는 없는 줄 알았는데 찾아
보니까 서울에 두 개가 있다고 한다. 일본 타리즈에서 다
파스타를 파는 건 아니지만 내가 자주 파스타를 먹었던 곳
은 맛이 괜찮았다.

체인점이 아니어도 점심 메뉴가 있는 카페가 많다. 대표
적인 메뉴는 카레, 오므라이스, 파스타, 샌드위치 등인데 맛
있는 경우가 많다. 그리고 '히가와리(日替わり) 런치'가 있는

지극히 사적인 일본

카페도 많다. 히가와리는 날마다 바뀐다는 뜻으로 한국어로 하면 '오늘의 런치'다. 밥에 메인 요리와 샐러드, 커피까지 해서 1,000엔이 안 되는 경우가 많다. 히가와리 런치가 맛있는 카페는 자주 가게 된다. 대부분 일본 카페는 점심을 먹으면 커피값은 할인해 준다. 원래 커피값이 한국에 비해 저렴하지만 더 싸진다. 일본 회사원의 점심값에 관한 설문조사 결과를 봤는데 2022년에 575.8엔이었다. 서울에서는 요즘 만 원 이하로 점심을 먹기 힘들다. 비싼 커피까지 마시면 일본 점심값의 두 배가 넘는 느낌이다.

한국도 옛날에는 점심을 먹을 수 있는 카페가 있었는데, 어느새 없어졌다. 2000년대 초반에 유학을 왔을 땐 대학가에는 아직 남아 있어서 카페에서 김치볶음밥이나 오징어덮밥을 먹었던 기억이 난다. 한국은 바뀌기 시작하면 싹 바뀐다.

나는 일본에서 집이 아닌 곳에서 자게 되면 꼭 숙소 근처의 깃사텐(喫茶店)을 찾아가서 모닝을 먹는다. 깃사텐과 카페의 경계선은 명확하진 않지만, 가게 이름에 '깃사'가 들어가면 확실하고 또 분위기만 봐도 이건 깃사텐이다 싶은 레트로 분위기가 난다. 일본에서는 흔히 '쇼와의 분위기'라고도 한다. 아마 헤이세이 이후에 생긴 깃사텐은 많지 않을 것이다. 쇼와부터 영업하던 곳이 그대로 지금도 하고 있는 경우가 대부분인 것 같다. 그래서 노부부가 운영하는 경우도 많다. 1989년에 헤에세이가 시작했으니 기본적으로 깃사텐은 한국 기준으로는 노포다. 한국에서는 20~30년만 지나도 노포라고 하지만 일본은 50년은 지나야 노포라고 한다.

카페는 체인점이 많고 기본적으로 먼저 계산해서 음료나 음식이 나오면 손님이 가지러 가야 하는데, 깃사텐은 대부분 옛날식으로 자리에 앉아 있으면 다 갖다준다. 그게 좋아서 가는 것은 아니지만, 나는 깃사텐의 분위기를 좋아하고, 대부분 깃사텐에 오는 손님은 단골이라서 현지 느낌이 나는 것도 즐겁다. 지역마다 깃사텐 모닝 문화가 다르기도 하다. 예를 들어, 나고야는 모닝 토스트에 팥이 올려져 있는 것으로 유명하다. 깃사텐의 모닝은 기본적으로 싸다. 한국의 커피값 정도로 먹을 수 있는 경우가 대부분이다. 보통은 토스트와 삶은 계란, 과일, 커피 세트가 500엔 이하다.

모닝을 먹으러 깃사텐에 가는 또 하나의 이유는 신문을 읽고 싶어서다. 깃사텐에는 신문과 잡지를 자유롭게 읽을 수 있게 비치한 경우가 많다. 한국 카페에는 왜 없는지 생각해 보니까 혼자 오는 경우가 별로 없기 때문인 것 같다. 일본에서 특히 어르신들은 거의 매일 같이 단골 깃사텐에서 모닝을 먹으면서 신문을 읽는 사람이 많다. 사실 깃사텐 말고도 만화책이나 만화 잡지를 자유롭게 읽을 수 있는 식당이 많다. 어렸을 때 식당에 가는 재미는 만화책 읽기였다. 이어지는 내용이 궁금하니 자꾸 같은 식당에 가게 만드는 것이 식당의 전략인 것 같다.

깃사텐의 아쉬운 점은 지금도 금연이 아닌 곳이 많다는 것이다. 담배를 안 피우는 입장에서는 깃사텐에서 아침을 먹으면 하루 종일 머리에서 담배 냄새가 나서 괴로울 때가 있다.

내가 오사카에 있을 때 자주 갔던 깃사텐은 정말 노포다. 1934년에 창업한 마루후쿠 커피 센니치마에 본점. 언제부턴가 마루후쿠가 전국에 체인점을 내서 요즘은 도쿄에서도 마루후쿠 커피를 마실 수 있다. 하네다 공항에도 마루후쿠 커피가 들어 있다. 그래도 본점의 레트로 분위기는 본점만의 것이다. 한국 관광객도 많이 가는 도톤보리에서도 가깝다. 나는 어렸을 때부터 엄마랑 마루후쿠에 자주 갔었다. 우리 엄마는 커피광이었다. 엄마의 언니, 즉 나의 이모가 깃사텐을 개업하려고 준비했을 때 엄마가 개업을

노포 느낌이 물씬 나는 깃사텐을 방문하고 싶다면
마루후쿠 커피 센니치마에 본점을
방문해 보길 바란다.
©나리카와 아야

도와 주느라 일본 전역을 돌아다니며 맛있다고 하는 커피숍을 찾아다녔는데, 결국 마루후쿠가 가장 맛있었다고 한다. 마루후쿠의 커피는 진한 편이라 한국 사람의 입맛에는 맞을지 모르겠지만, 우리 모녀가 사랑한 추억의 커피다.

일본에서 핫한
한국 음식

최근 몇 년 사이에 일본에 다양한 한국 음식이 들어왔다. 2000년대 초반까지 만해도 한국 음식이라고 하면 김치밖에 모르는 사람도 많았다. 지금은 한국 음식점도 많고 마트에서도 한국 소주나 라면을 쉽게 구할 수 있게 됐다.

　이는 2000년대 이후의 한류 붐의 영향이 아주 크다. 한국 드라마와 영화에는 밥을 먹는 장면이 자주 나온다. 가족에 관한 이야기가 많고 밥을 같이 먹으면서 친해지는 문화 때문인 것 같다. 그래서 자연스럽게 한국 드라마나 영화를 보면 한국 음식에 대한 관심도 커진다. 젊은 층은 K-POP 팬이 많은데 자기가 좋아하는 아이돌과 같은 것을 먹고 싶은 심리도 있다.

2020년 코로나19 때문에 집에서 지내는 시간이 늘어나면서 일본에서도 넷플릭스 가입자가 증가하고 넷플릭스를 통해 한국 드라마에 빠지는 사람이 급증했다. 그 직전에는 봉준호 감독 영화 〈기생충〉이 아카데미상 4관왕을 달성하고 BTS를 비롯한 K-POP 인기도 맞물리면서 4차 한류 붐이라고 불리는 시기가 시작됐다.

일본에서 드라마 〈사랑의 불시착〉의 인기가 대단하다는 것은 한국에 있어도 알 수 있었다. 〈사랑의 불시착〉 관련 인터뷰 요청이 쇄도했기 때문이다. 인기는 많은데 코로나19 때문에 일본에서 한국으로 기자를 보낼 수 없자 한국에 있는 나에게 일이 몰렸던 것 같다. 연출 PD를 비롯해 출연 배우도 여러 명 인터뷰하느라 바빴다. 그러던 사이에 "한국에 치킨 먹으러 가고 싶다"고 하는 지인들이 많아져서 왜 그런가 했더니 이 또한 〈사랑의 불시착〉의 영향이었다. 〈사랑의 불시착〉에는 간접 광고로 치킨이 자주 등장했는데, 일본 드라마는 간접 광고가 거의 없기 때문에 치킨이 광고였다는 것을 모르고 본 사람도 많았다.

일본에서 치킨과 비슷한 가라아게는 일상적으로 반찬으로 자주 먹지만 치킨은 평소에 거의 안 먹는다. 그런데 유독 크리스마스에 먹는 사람은 많다. 크리스마스에 KFC

에 줄을 서서 치킨을 사는 사람들을 보면, '크리스마스 아니어도 파는데 굳이 왜…' 하는 생각은 들지만, 아마도 미국에서 크리스마스에 칠면조를 먹는 문화를 따라 일본에서는 치킨을 먹는 것으로 바뀐 것 같다.

한국 치킨에 관한 관심은 높아지는데 코로나19로 한국에 못 가는 기간이 길어지면서 도쿄 신오쿠보의 코리아타운에 한국 치킨 집이 등장하기 시작했다. 나도 코로나19 시기에 그 소문을 듣고 신오쿠보에 가 봤는데, 한국에 못 가는 대신 코리아타운에서 한국 음식을 먹으려는 사람들로 와글와글했다. 일본은 한국에 비하면 배달 문화가 발달되지 않았는데 코로나19 때 배달로 음식을 시켜 먹는 사람이 갑자기 늘어났다. 치킨은 대표적인 배달 음식이다. 코로나19 시국에 한국 치킨 집이 신오쿠보 외에도 널리 퍼지기 시작했다.

이 시기 드라마 영향으로 일본에서 소비가 급증한 또 다른 것이 한국 소주다. 그전에도 한국 식당에서 소주를 팔았지만 2020년 이후에는 편의점이나 마트에서도 흔히 볼 수 있게 됐다. 4차 붐 때 일본에서 가장 유행한 드라마가 〈사랑의 불시착〉과 〈이태원 클라쓰〉였는데 〈이태원 클라쓰〉의 주인공이 포차를 운영했으니 당연히 소주를 판다.

〈이태원 클라쓰〉 외의 드라마에도 소주가 정말 많이 나와서 "그 초록 병에 든 술은 뭐냐"는 질문을 정말 많이 받았다. 2020년 이후에는 일본에서도 흔히 먹는 술이 돼서 이제는 물어보는 사람이 없다.

내가 놀랐던 것은 도쿄 집 근처에 생긴 한국 음식점의 외관이 모두 한글로 돼 있다는 것이다. 일본어 표기가 아예 없고 심지어 가격 표기까지 엔이 아닌 원으로 돼 있다. 들어가면 일본어로 된 메뉴도 있었지만 한글을 모르는 사람은 무슨 메뉴가 있는지도 모를 정도다. 일단 한국 음식점이라는 것만 알고 들어가는 것이다. 들어가면 젊은 여성들이 많고 만두와 비빔밥, 육개장, 순두부 등 여러 한국 요리를 파는 곳이었다. 메뉴에 만두는 명동교자(明洞餃子)라고 적혀 있었다. 일본 사람은 한국에 여행을 가면 명동에 많이 가고, '명동교자'라는 만두와 칼국수를 파는 식당이 익숙하다. 허가를 받고 쓰는지는 잘 모르겠지만 도쿄 집 근처에서 명동교자를 먹을 줄이야.

심지어 일본 편의점에는 '주먹밥'까지 등장했다. 남편이 이런 것도 판다고 사진을 찍어서 보내왔다. 일본 오니기리가 아닌 한국 주먹밥이다. 같은 것 아니냐고 생각하겠지만 가타가나로 'チュモッパ(주먹밥)'라고 써 있고 그 옆에는 한

도쿄 집 근처에 생긴 한국 음식점. 외관이 모두 한글이다.
ⓒ나리카와 아야

도쿄에 위치한 할인 잡화점 돈키호테의 한국 식품 코너.
ⓒ나리카와 아야

국풍 오니기리라고 설명돼 있다. 한국 편의점에 없는 주먹밥을 일본 편의점에서 파는 것을 보고 정말 일본에서 한국 음식이 핫하긴 한가보다 생각했다.

일본 사람은 매운 것을 못 먹지 않냐고 물어보는 사람도 많지만, 이것도 많이 달라진 것 같다. 한국으로 여행을 온 친구들을 보면 대부분 잘 먹는다. 사실 원래 일본 음식은 매운 음식이 거의 없다. 일본에도 고추는 있지만 작고 맵다. 매우면서 단맛이 나는 한국 고추와 다르다. 그래서 쓸 때는 정말 조금만 쓴다. 한국 음식처럼 빨개질 정도로 많이 쓸 일은 없다.

매운 음식을 거의 안 먹다가 한류 붐 이후로 한국 음식이 들어오면서 매운 것을 먹게 된 일본 사람도 많다. 물론 카레도 매운데 카레의 매운맛과 한국 음식의 매운맛은 다르다. 매운 음식을 아예 못 먹는 사람도 있고, 나처럼 처음부터 잘 먹는 사람도 있고, 먹다 보니 점점 잘 먹는 사람도 있다. 이것도 세대차가 있다. 어르신들은 매운 것을 잘 못 먹는 편이고 젊은 사람들은 잘 먹는 편인 것 같다.

에필로그

이 책을 쓰는 동안 출판사와 많은 이야기를 나누었다. 틈새책방 이민선 대표와 홍성광 편집장이 질문을 던지고 나는 답을 찾기 위해 노력했다. 다른 나라 사람의 눈에는 일본과 일본인이 내 생각과는 다르게 보일 수 있다는 것을 알게 됐다. 살면서 이렇게까지 내가 살아온 나라에 대해 생각한 적이 없었다. 또 한국인들이 복잡한 감정을 갖고 대하는 일본을 어떻게 이야기할지 고민하면서 한국에 대해서도 깊이 생각하게 됐다. 대표와 편집장이 질문한 내용을 숙제처럼 집으로 가져가 곰곰이 생각하고 조사하면서 나도 몰랐던 일본의 새로운 면을 발견하는 일이 많았다. 그 작업이 아주 즐거웠다.

일본이란 나라를 알기 어려운 이유는 '덮는 문화' 때문인 것 같다. 겉과 속이 다르다. 그것이 배려가 될 수도 있고 책임을 회피하는 것일 수도 있다. 이런 문화는 그다지 평균적인 일본인이 아닌 내 입장에서도 어렵다. 하지만 그것이 일본이 가지고 있는 하나의 단면이다. 포장할 일도 비판할 일도 아니다. 그저 일본 사람은 이렇구나 하고 받아들여 주시면 좋겠다.

이 책은 제목처럼 '지극히 사적인' 관점에서 쓴 책이다. 한 사람이 자신의 나라를 완벽하게 객관적으로 설명할 수 없기 때문에 나를 중심에 두고 이야기했다. 내가 말하는 것이 일본에 대한 진실은 아닐 수 있지만 일본이라는 나라와 사람들을 이해하는 하나의 기준선이 되어 주면 좋겠다. 만약 이 책을 도쿄에서 태어나 지방이나 외국에서 살아본 적이 없는 일본인이 쓴다면 전혀 다른 내용으로 채워졌을 것이다. 이 책은 일본의 오사카에서 태어나 여러 지방에서 살아보고 지금은 한국에서 살고 있는 일본인이 한국 독자 여러분을 위해 쓴 책이다. 내가 경험한 선에서, 한국 사람들이 궁금해하는 지점을 최대한 구체적이고 상세하게 이야기하고 싶었다.

내 이야기가 정답은 아니다. 또한 정답이 없는 문제들도 있다. 그저 이 책이 일본과 일본인에 대해 이야기할 때 대화의 단초가 될 만한 무엇인가를 던질 수 있다면 좋겠다.

집필을 제안 받은 후 엄마가 갑작스럽게 세상을 떠나는, 인생에서 가장 힘든 일을 겪었다. 마지막 장의 음식 이야기를 쓰면서 엄마와의 추억이 많이 떠올랐다. 엄마도 이 책의 출간을 하늘에서 기뻐하고 있을 거라고 믿는다.

지극히 사적인 일본

전 아사히신문 기자가 솔직하게 말하는 요즘 일본

1판 1쇄 발행 2025년 5월 30일
1판 2쇄 발행 2025년 6월 20일

지은이   나리카와 아야

펴낸이   이민선, 이해진
편집   홍성광
디자인   박은정
홍보   신단하
제작   호호히히주니 아빠
인쇄   신성토탈시스템

펴낸곳   틈새책방
등록   2016년 9월 29일(제2023-000226호)
주소   10543 경기도 고양시 덕양구 으뜸로110, 힐스테이트에코덕은 오피스 102-1009
전화   02-6397-9452
팩스   02-6000-9452
홈페이지   www.teumsaebooks.com
인스타그램   @teumsaebooks
페이스북   www.facebook.com/teumsaebook
유튜브   www.youtube.com/틈새책방
전자우편   teumsaebooks@gmail.com

© 나리카와 아야, 2025

ISBN   979-11-88949-75-5 03910